Les Nouvelles Affaires Criminelles de la Marne

Bruno Dehaye

Les Nouvelles Affaires Criminelles de la Marne

De Borée

Du même auteur

Mémoires d'outre-Mère, Éditions de l'Arbre, 1995
Mémoires de Fismes, Paroles d'une ville, Office d'édition du livre d'histoire, 1995
Le Canton de Fismes, Éditions Alan Sutton, 1997
Les Fismois de 14-18, édités par l'auteur, 1998
Le Pays fismois, Éditions Alan Sutton, 1999
Victor Étienne, un aviateur fismois, édité par l'auteur, 2001
La Guerre de monsieur Fontaine, éditée par l'auteur, 2004
Dictionnaire des Fismois, Office d'édition du livre d'histoire, 2005
Les Grandes Affaires Criminelles de la Marne, Éditions De Borée, 2008
Les Grandes Affaires Criminelles de l'Aisne, Éditions De Borée, 2008

Imprimé en France en septembre 2009
Dépôt légal : septembre 2009
ISBN : 978-2-84494-886-1

La veuve Loret a trouvé un excellent moyen de se débarrasser des gens qui se mettent en travers de sa route : le poison. La « Loge Pinard », lieu-dit de Moussy, fut le théâtre du drame.
(Collection de l'auteur.)

L'empoisonneuse de Moussy

Affaire M.-C. Leclapart, veuve Loret, et L. Grangé, Moussy
Cour de justice criminelle de la Marne, 19 nivôse an XIII

MARIE-CATHERINE LORET – Leclapart, de son nom de jeune fille – est furieuse. Le rouge au front, les yeux brûlant de rage, les poings serrés, elle est au bord de l'explosion. Elle est en colère car François, son homme, vient d'apostropher violemment le dénommé Louis Grangé, lui expliquant, en termes peu aimables, que sa présence ici n'est pas indispensable. La scène se passe devant la maison conjugale, à Moussy.

Loret est un peu plus calme que son épouse. Simplement, il y a des choses qu'un homme ne peut supporter. Il les dit avec sang-froid. Également imperturbable, Grangé s'en va, sans un regard pour celui qui vient de le jeter comme un malpropre.

Telle est la raison pour laquelle la femme Loret est vraiment fâchée. On peut la comprendre : elle n'aime pas que l'on traite ainsi son amant. Car Louis aime Marie-Catherine. Car Marie-Catherine aime Louis. Mais pour l'heure, l'infidèle ravale les grossièretés qui lui viennent naturellement à la bouche, s'oblige à un silence forcé et s'attarde sur le beau Louis, qui repart vers ses vignes et sa petite maison, là-bas, à la « Loge Pinard ». Puis elle jette un œil furibond à François, ramasse ses jupes et fait demi-tour, laissant son mari seul avec son dépit et ses peines de cœur.

Marie-Catherine entre dans la petite masure, dont elle claque la porte. Elle a à faire. Loret, malgré tout satisfait de son intervention, pousse un grognement et part dans la direction opposée. Lui aussi a du travail. La vigne n'attend pas.

Pourquoi le Louis Grangé s'est-il entiché de la Marie-Catherine, alors que sa femme vient juste d'accoucher d'un beau bébé ? Voilà ce que les uns demandent aux autres. Voilà la question que se posent les habitants de Moussy, vignerons ou non. Voilà ce que personne ne comprend. Mais les mystères de l'amour sont impénétrables. Ne cherchons pas plus loin.

Marie-Catherine n'est pas très grande. Elle mesure un mètre et cinq cent quatre-vingt-quatre millimètres. Elle a les cheveux et les sourcils châtain clair. Ses yeux sont gris ; son nez, petit ; sa bouche, moyenne ; son menton, rond ; et son visage est ovale. Elle a trente-neuf ans. Ou quarante. Elle ne sait pas très bien. Louis, son amant, est plus jeune, puisqu'il avoue trente-deux ans. Il est un peu plus grand que la Marie, car sa taille est de un mètre et six cent quatre-vingt-dix millimètres. Plutôt bien fait, le bonhomme a des yeux d'un bleu profond et une chevelure brune. Sa bouche est grande, et son visage est rond et plein. Avenant. Un bel homme.

Le 20 germinal an XII – en termes moins révolutionnaires, comprenons le 10 avril 1804 –, Marie-Catherine Loret s'en va rendre une visite de courtoisie à l'épouse de Louis Grangé. Quelques jours se sont écoulés depuis la friction entre le mari et l'amant. La Marie arrive à la « Loge Pinard », observe la maison un moment, puis frappe à la porte. La femme Grangé est allongée. Elle se remet à peine de ses couches, qui ont eu lieu peu de temps auparavant. Elle est faible. Ce n'est pas qu'elle aime beaucoup Marie, mais une compagnie est une compagnie… Et son mari est souvent absent, alors… La conversation s'engage entre les deux femmes.

« Y a-t-il longtemps que tu as bu ? demande Marie-Catherine.

– Non, pas depuis le départ de Louis.

– Alors il faut boire… Je vais te préparer quelque chose. »

Et la dame Loret avise une cafetière qui bout sur le feu, s'en saisit et remplit une écuelle en terre. Elle prépare une tisane, la goûte, grimace.

« Il n'y a pas assez de réglisse, constate-t-elle. Je vais en remettre. »

Elle tourne le dos à la malade, sort un petit sachet de sa poche et en verse le contenu dans l'écuelle. Puis revient vers sa rivale en lui tendant la boisson. La femme Grangé boit le breuvage, remercie Marie et poursuit la discussion. Rapidement, Marie prétexte un travail à terminer, quitte sa camarade d'une heure et s'en va.

Quand Louis Grangé rentre de la vigne, alors que le bébé pleure, il trouve sa femme en très mauvais état. Plus tard, son témoignage sera le suivant :

« Elle était prise de vomissements continuels, elle se plaignait de la gorge, ses reins étaient en feu, elle se tournait et se retournait dans son lit, disant qu'elle boirait des seaux et des seaux d'eau. Jamais je ne l'ai vue si agitée. »

Il est inquiet, l'homme. Certainement aime-t-il encore son épouse... Le lendemain soir, la pauvre femme, après plus d'une journée d'agonie, rend l'âme. Horrifié, Louis constate que son corps devient bleu, presque noir. Ses doigts de mains et de pieds sont très écartés. Le médecin, accouru en urgence, ne peut que constater le décès. La cause ? Une suite de ses couches, naturellement. Le médecin ne va pas chercher plus loin. Pourquoi se compliquer la tâche ?

Le 13 floréal est un jeudi. On a déjà plus ou moins abandonné le terme révolutionnaire de « tridi ». Peu importe, il s'est écoulé moins de trois semaines depuis le décès de la femme Grangé. Celle-ci est enterrée. Le veuf est discret. Inconsolable ? Nul ne le sait. Triste, en tout cas.

François Loret, pour sa part, travaille dans une vigne lui appartenant, au Moulin de l'Étang. Il fait chaud. Il fait faim. Heureusement, il sait que sa femme a l'habitude de lui porter un repas. Son estomac le réclame. Ses yeux la cherchent. Il a oublié la petite fâcherie de l'autre jour. Il continue à guetter. Ce n'est pas Marie-Catherine qu'il aperçoit. En effet, il voit son fils arriver avec un bol en terre empli d'une soupe encore fumante. Il attend que le garçon le rejoigne, pose ses outils et prend le bol. Il remercie Jean-Baptiste et lui dit qu'il peut retourner. Il s'assoit le long de la vigne, à l'ombre, et plonge une vieille cuillère dans le potage. Il en avale une gorgée. Deux. Trois. À la quatrième, une étrange sensation s'empare de sa gorge. Sensation qui devient brûlure. Qui devient intolérable. Il pose le bol à terre, se lève et sent d'un coup le monde tourner autour de lui. Une douleur brutale lui transperce l'estomac. Il tente de crier, d'appeler. Puis il se met à vomir. Une soif intense le saisit. Il cherche une bouteille d'eau, l'engloutit d'un trait et rend le tout. Faible et désespéré, il rentre chez lui, appelle sa femme, lui demande de nouveau de l'eau.

« Il m'en faut plusieurs seaux », gémit-il.

Puis :

« Je suis empoisonné, je suis perdu. »

Puis :

« Un médecin, j'ai besoin d'un médecin. »

Comme indifférente, Marie-Catherine lui répond :

« Tu n'en as pas besoin. C'est le trop-plein de bile. Cela va passer. »

Deux jours s'écoulent. Finalement, l'épouse cède aux injonctions de son mari et va quérir un chirurgien, le sieur Duval. Celui-ci arrive dans la nuit du vendredi au samedi. L'homme de l'art ausculte, palpe, secoue la tête. Il n'y a plus rien à faire. Quelques heures plus tard, François Loret décède, dans la douleur et les pleurs. Pendant ce temps, sa femme s'en est allée dormir dans la pièce d'à côté. Indifférente. Aussitôt, la veuve Loret – puisque telle elle est dorénavant – fait enterrer le corps. Le dimanche, elle est libre. Sa rivale est morte et enterrée. Son mari a suivi le même chemin.

Qui met la puce à l'oreille des gendarmes ? Quels indices les font réfléchir ? Le fait est que le 22 floréal an XII, soit le 12 mai 1804, l'exhumation de François Loret est diligentée par les autorités judiciaires. Deux officiers de santé sont commis d'office pour cet acte. On procède à la macabre cérémonie, on emporte le corps dans un hospice. Rapidement, les conclusions sont accablantes. Les termes médicaux sont transcrits sans émotion, mais avec précision : les officiers de santé parlent de « putréfaction établie », de

« grandes taches livides semées sur le côté et d'autres notamment sur la partie antérieure du foie et sur le bas-ventre », « d'estomac légèrement météorisé », etc. Ils examinent le pylore, la courbure des intestins, la vésicule du fiel, la partie cave du foie et bien d'autres parties des entrailles du pauvre François. Le tout est soit noir, soit gris, souvent brûlé, et parfaitement gangrené. Rien de bien naturel dans cet état. L'empoisonnement est patent. Il faut sévir.

Marie-Catherine Loret, née Leclapart, est arrêtée puis présentée au jury départemental d'Épernay. Elle joue les veuves éplorées. Raconte comment elle a préparé la soupe aux herbes qu'elle a donnée à son fils.

« D'ailleurs, je n'ai pas interdit à mon fils d'en manger. Si je l'avais empoisonnée, cette soupe, je l'aurais portée moi-même pour ne pas risquer la vie de Jean-Baptiste ! J'avais même donné deux cuillères. Et vous savez qu'il avait de fréquentes convulsions, mon mari. C'est cela, la cause de la mort, pas l'empoisonnement ! »

Argument recevable. Le chirurgien convié par la femme Loret le jour de la crise confirme l'état de santé parfois chancelant de son patient. C'était d'ailleurs pour cela qu'il avait ordonné l'inhumation. Des problèmes d'estomac persistants… On sait ce que c'est, non ? Argument recevable, donc. Mais pas suffisant. Car il y a le cas de la femme Grangé, morte dans les mêmes circonstances, avec les mêmes symptômes. Il est trop tard pour procéder à une seconde exhumation. Toutefois, un argument plaide en faveur de l'empoisonnement : Louis Grangé a disparu. Il est en fuite. De là à l'imaginer complice, il y a un pas, un tout petit pas, qui est franchi par les gendarmes. Il faut retrouver le bonhomme, et vite.

Pendant ce temps, Marie est emprisonnée à la prison de Châlons-sur-Marne. L'enquête avance à grands pas. Un apothicaire vient témoigner. Selon lui, la maison Loret était tellement infestée de souris et de rats qu'il avait vendu à l'époux une forte quantité de « morte aux rats ». De l'arsenic. C'est une espèce de poudre blanche enfermée dans un sachet de papier. Une perquisition effectuée au domicile – pauvre domicile – des vignerons livre une « pierre de vitriol ». La combinaison des deux poisons est terrible. Marie se défend de nouveau :

« C'est mon mari qui voulait absolument se débarrasser de ces bêtes. C'est lui qui a demandé à acheter la "morte aux rats". D'ailleurs, je peux fournir le certificat pour cela. Je ne sais même pas où mon mari a rangé le poison après son utilisation. C'est lui qui a refusé la venue du médecin. C'est lui qui m'a envoyée me coucher alors que le chirurgien Duval l'a fait veiller deux nuits sans dormir. C'est lui qui... C'est lui que... »

Et elle continue, infatigable tigresse :

« Jamais je ne me suis *mésentendue* avec mon mari. Cela fait des années qu'il se plaignait de son estomac. Je n'ai rien à me reprocher. Je n'ai fait commerce avec aucun autre homme. Je n'ai même pas crié quand les gendarmes sont venus me chercher, sauf pour la peine de laisser mes enfants seuls à la maison ! »

Interrogée sur la femme Grangé, Marie-Catherine répond qu'elle n'est jamais allée chez elle.

« Je ne sais même pas si elle a eu des couches heureuses, c'est pour dire ! »

Dirait-elle la vérité ?

Pourtant, il y a des témoins. Et des paroles. Ainsi, Marie-Catherine a dit à propos de la femme de son amant, de source certaine :

« Il faut que je monte à la "Loge Pinard", que je lui donne sa dose. »

Mais aussi :

« C'est une salope, une femme qui fera jamais rien, une buveuse d'eau-de-vie, tout son linge, ses jupons et chemises sont pourris dans les fossés de la maison. Un bon chien de berger périrait plutôt qu'une drôlesse comme celle-là ! »

Et autres joyeusetés. Et que dire de cette autre parole :

« Je suis malheureuse. Si seulement quelqu'un pouvait lui donner un coup de fusil quand il sortira de la maison ! »

La femme Loret parle de son mari, bien entendu.

L'instruction se poursuit. Marie-Catherine Leclapart – de moins en moins nommée Loret dans les pièces de procédure – est transférée à la maison de justice de Reims. Cette prison se trouve alors derrière le palais de Justice, non loin de la cathédrale. De temps à autre, la veuve reçoit une visite. Un ami, un membre de sa famille.

Le 13 fructidor – soit le 31 août –, son frère vient la voir. On lui annonce un sieur Leclapart. Marie se prépare, ravie de rencontrer quelqu'un. L'habitude de la prison, son incommodité, ses brimades lui pèsent au plus haut point. Son frère ? Soit. Mais au moment de la transférer dans la pièce de réception, on lui demande d'attendre un peu. Car les gardiens, toujours précautionneux, exigent de Leclapart qu'il leur montre son passeport. Or, de passeport, il n'en a pas. Pourquoi ? Comment ? On le questionne, on le presse. L'homme craque, s'effondre. Leclapart n'est pas Leclapart. Arrêté et interrogé, il souffle :

« Je me nomme Louis Grangé.

– Grangé ? Le mari disparu de la femme empoisonnée ?

– C'est moi. »

Une nouvelle fois, la machine judiciaire se met en branle. Les enquêteurs n'ont pas de mal à faire avouer Grangé. Celui-ci, dès qu'il a appris la mort du mari de sa maîtresse, a compris le sort que cette dernière lui avait fait subir. Son esprit fonctionnant correctement, il a même saisi la relation de la mort de Loret avec celle de sa femme. Ce n'est que la peur qui l'a fait partir. La peur et rien d'autre. Non, il n'est coupable de rien. Responsable de rien. Ni complice ni assassin. Le directeur du jury n'a d'autre solution que de l'emprisonner dans la maison d'arrêt d'Épernay. Il faudra attendre le jugement pour tirer l'affaire au clair. Les conclusions de la cour de justice criminelle sont les suivantes :

« Il paraît que les liaisons intimes entre deux personnes qui étaient l'une et l'autre engagées dans les liens du mariage étaient dégénérées en passion violente et ont donné lieu à ces deux crimes. »

Le 10 frimaire an XIII, le jury d'accusation d'Épernay a terminé l'instruction. Il a réussi à démêler le vrai du faux, à retracer les allers et venues de Marie Leclapart, veuve Loret, à prouver que Louis Grangé est intervenu auprès d'Hubert Leclapart, le vrai frère de la suspecte, pour se faire passer pour lui dans le but de donner à celle-ci une liste de témoins à décharge, à réunir suffisamment de paroles lâchées ici ou là, à saisir l'insaisissable. À comprendre l'atmosphère qui entourait les deux familles de Moussy en cette douzième année du calendrier républicain.

La cour de justice du département de la Marne accouche d'un arrêt, rendu par le procureur général impérial le 3 nivôse an XIII – le 24 décembre 1804. Les deux accusations seront liées, et le jugement qui sera prochainement rendu le sera par le même jury, à Reims, et non à Épernay. Deux crimes, deux suspects, une seule affaire.

Le 19 nivôse an XIII, le verdict tombe. Louis Grangé est acquitté. Infidèle, amoureux, fuyard. Peut-être naïf. Mais pas coupable. Il est immédiatement remis en liberté, livré au jugement sans doute moins indulgent de ses compatriotes de Moussy. Marie-Catherine Leclapart, veuve de François Loret, est condamnée à la peine de mort. L'article 4 du titre premier de la première partie du code pénal décrit son supplice à venir de la façon suivante :

« Quiconque aura été condamné à mort pour crime d'assassinat, d'incendie ou de poison, sera conduit au lieu de l'exécution revêtu d'une chemise rouge. Le parricide aura la tête et le visage voilés d'une étoffe noire, il ne sera découvert qu'au moment de l'exécution. »

C'est sur l'une des places publiques rémoises que la guillotine est installée, que Marie est emmenée, pieds et poings liés, habillée de rouge. La Révolution est déjà de l'histoire ancienne. Mais le couperet de l'infernale machine continue de tomber, inusable.

François Thiaffey était un triste sire. Il a tué une pauvre femme, et c'est à Vertus qu'il a commis son forfait.
(Collection de l'auteur.)

Les dernières secondes de François Thiaffey

Affaire François Thiaffey, Vertus
Cour d'assises de la Marne, 15 août 1843

FRANÇOIS THIAFFEY ne sait pas ce qu'il fait ici. Un trou. Un gouffre énorme s'est creusé dans son esprit. À peine sait-il son nom. Thiaffey. Oui, c'est cela. Thiaffey. François ? Félix ? Son prénom commence par la lettre « f ». Voilà qui est certain. Il y a longtemps, quelqu'un s'est noyé. Un oncle ? Un cousin ? Un ami ? Il ne se souvient plus très bien. Ce qu'il se rappelle, c'est sa mère qui répétait quand il était petit :

« Il paraît qu'on voit dans son esprit toute sa vie défiler en une seconde, au moment où on se noie. »

Effondrée sur sa chaise, elle disait encore :

« Il paraît qu'on voit dans son esprit toute sa vie défiler en une seconde, au moment où on se noie. »

Peut-être est-il en train de se noyer ? Car il revoit des scènes. Il entend des voix. Des noms de personnages lui reviennent. De plein fouet. Bonneville. Oudin. Plouvier. Bernard. Dumas. Ah, oui ! Dumas est un abbé. L'homme qui lui tient la main, c'est lui, n'est-ce pas ? Et Thiaffey respire – cela veut dire qu'il ne se noie pas. Et Thiaffey ouvre les yeux. Il regarde autour de lui. Le jour se lève. Des gens le regardent. Toutes sortes de gens. Des soldats. Des gendarmes. Et des badauds. Beaucoup de badauds. Et cette machine, sinistre, redoutable, rouge du sang de ses semblables. Cette guillotine. L'homme comprend. Il vit bien ses dernières secondes. Alors il referme les yeux. Ne sent plus que la main de l'abbé Dumas posée sur son bras. Une main ferme et douce à la fois. Une main miséricordieuse.

« Vous vous êtes évanoui, lui dit l'abbé. Maintenant, vous revenez à vous. Vous êtes entre les mains de Dieu. Ayez du courage. »

Soudain, tout revient. En bloc. En vrac.

La maison est petite. Une chaumière qui tombe en ruine. Elle se trouve au hameau de Bailly, à deux kilomètres de Vertus. L'intérieur est aussi pauvre que l'extérieur. Et la pauvre dame qui vit là n'a pour seule richesse que ses presque quatre-vingts années de labeur, de peines, et de petites et pauvres joies. Cela lui suffit. Souvent, la veuve Oudin repense à son vieil homme, mort il y a quelques années. Elle pense à ses enfants, qui la visitent de temps à autre. Elle pense aussi à Thiaffey, qu'elle héberge à l'occasion. Il est un peu inquiétant, ce bonhomme. Mais que peut-elle risquer avec lui ? Qu'il la vole ? Non, bien sûr. Puisqu'elle n'a rien. Pourtant, au fil du temps qui s'écoule, une certaine forme de peur gagne la petite vieille. Thiaffey vient de plus en plus souvent. Se montre le maître dans la maisonnette. Pose des questions. Parfois, la veuve Oudin s'en va habiter chez ses enfants. Un peu comme des vacances. Histoire de se donner de l'air. D'oublier. Et, oui, de fuir.

Là, au pied de l'échafaud, Thiaffey se souvient de ses jours où il erre, sans but. À la recherche d'un peu d'argent. Chaque matin, il se rend à la chaumière de Bailly. Et se sent le cœur plein de promesses quand il voit les volets brinquebalants ouverts. La vieille est revenue.

Car la veuve Oudin, dans sa naïveté, lui avait laissé entendre qu'elle était en possession d'une somme de 80 francs. Une manne inespérée lui était tombée dans l'escarcelle. Et Thiaffey voulait cette somme. Et les plumes, aussi... D'autres souvenirs surgissent. Serrées dans un grand sac, les plumes de Mme Oudin attendent un acheteur. C'est qu'elles valent un certain prix. S'il pouvait faire main basse sur l'ensemble... Un plan mûrit. Pas bien malin, certainement. Mais un plan tout de même.

Thiaffey cligne des yeux. Les aides du bourreau s'avancent vers lui. « Encore un instant, s'il vous plaît. Je veux me souvenir de tout. Revoir et revoir encore. Connaître les raisons de ma présence ici. Voilà ce que se dit le meurtrier. Ne me volez pas mes dernières secondes. »

Le 25 janvier 1843, au petit matin, Thiaffey se réveille près de la chaumière. Il a froid. C'est l'hiver. Non loin de lui, la maisonnette fume encore. Débris rougeoyants dans le gris de l'aube. Autour de lui, sont étalés des objets et des biens divers appartenant aussi bien à la veuve qu'à lui-même. Thiaffey est hagard, abruti. Il se lève, difficilement. La maison n'est plus que ruines. Prévenus on ne sait par qui, les gendarmes arrivent. Thiaffey explique qu'il est là par hasard. À l'intérieur des décombres, on reconnaît un corps en piteux état. Des vestiges d'être humain. Le feu a fait son œuvre. Et au milieu de tout cela, on trouve une bouteille d'eau-de-vie, qui plus tard se révélera avoir été achetée par Thiaffey la veille du crime. Il est donc bien entré dans la maison le soir du drame. Les gendarmes lui demandent de vider sa balle. Il s'agit d'un sac informe dans lequel se trouvent un tas d'ustensiles et des vêtements de toutes sortes. Des vêtements dont on devine mal l'utilité : un jupon, un matelas en plumes, une robe, des draps, un traversin, des taies d'oreiller. De ses poches, Thiaffey sort une clé, des ciseaux et un couteau. Qui appartenaient à Mme Oudin. Car c'est bien elle qui est morte, dans sa maison.

Meurtre. Vol. Incendie volontaire. On tient là un triple crime. Une triple raison de présenter François Thiaffey devant les Assises. Une triple raison de faire face à la veuve rouge, au couperet maintes fois lavé, et pourtant toujours souillé du sang des meurtriers de la pire espèce. L'assassin vacille, puis se reprend. Il ne veut pas paraître faible. C'est en homme qu'il doit expier. Il sourit, tristement. Aucun de ses arguments, aucune de ses défenses n'ont été utiles.

Le lieu où le crime fut commis s'appelle le hameau de Bailly, à la périphérie de Vertus.
(Collection de l'auteur.)

Le président Ferey, dans cette impressionnante salle du tribunal de Reims, lui pose une multitude de questions :

« Vous aviez agrandi votre voiture, c'était bien dans le but de transporter davantage de choses. Or, comme vous n'aviez rien, vous projetiez de voler. Je ne vois là que préméditation.

– Non, j'avais des objets à moi. Ils étaient en dépôt chez Aubry. C'est pour ça que j'ai modifié la voiture à bras. Je voulais les transporter ailleurs. »

Le problème est que le dénommé Aubry tombe des nues. Jamais, au grand jamais, il n'a engrangé des objets appartenant à Thiaffey.

« D'accord. J'ai acheté toutes ces affaires dans une vente publique, à Gourganson. »

Enquête faite, il n'y a eu aucune vente de ce type à Gourganson depuis au moins dix-huit mois.

« Vous aviez demandé au fils Oudin s'il comptait venir voir sa mère aux alentours de la date du crime... Là encore, vous réfléchissiez au meilleur moment pour accomplir votre forfait... D'autres preuves ? »

Thiaffey reste coi, cherchant désespérément des arguments valables, ne trouvant rien, voyant se profiler un grand couteau affûté.

« Vous achetez des allumettes chimiques. Vous en laissez quelques paquets chez Graux – cette fois-ci, le témoin confirme – et vous prenez le reste avec une chandelle, le jour justement où vous vous rendez chez Mme Oudin... Vous avez toujours un chapeau. Le 24 janvier, vous le délaissez pour vous coiffer d'une nouvelle casquette. Pour ne pas qu'on vous reconnaisse ? Et vous achetez également une bouteille d'eau-de-vie. Pour vous donner du cœur à l'ouvrage, ou pour tenter de saouler Mme Oudin ? »

Pas de réponse. Rien qu'un silence buté, entêtant.

« Autre chose... Une fois arrêté, vous avez prétendu que vous aviez aussi été une victime. Que si on vous a retrouvé à moitié évanoui près de la maison en ruine, c'est qu'une machination vous a laissé là. Vous accusez le fils Oudin de vous avoir vendu les biens, contre 80 francs. On veut bien vous croire. Le fils de la victime est arrêté à son tour. Un parricide, ce n'est pas rien, et les gendarmes doivent vérifier la moindre piste... Piste qui tourne court. Le jeune homme est innocent. Vous accusez les sieurs Plouvier et Henry de vous avoir engagé à voler la vieille dame, toujours contre 80 francs... Ces messieurs sont innocents, eux aussi. Alors ? »

Alors rien de plus. Le procureur du roi, M. Bonneville, requiert la peine de mort. Enfonce le clou. Condamne avec fermeté. L'avocat, commis d'office, déjà défait, se bat pourtant pied à pied. Thiaffey est un étranger, un Belge. Il a eu le courage de venir en France pour nourrir sa femme et ses enfants. Et les preuves ? Où sont les preuves ? Elles sont là. Indubitablement. Thiaffey est la preuve vivante de son forfait. Son attitude. Ses silences. Ses faux alibis. Ses mensonges. Pas l'ombre d'un doute. Pour François Thiaffey, c'est la peine de mort. C'est la guillotine.

Le condamné est conduit en prison. Il attend une grâce qui ne vient pas. Un soir, il surprend une conversation entre les gardiens. Ceux-ci commentent un article de journal.

« La justice se fait plus sévère, explique un des gardiens. Entre le 1er janvier et le 1er septembre 1843, cinquante-quatre condamnations ont déjà été prononcées dans tout le royaume ! Si on continue sur ce rythme, ce sont plus de quatre-vingts criminels qui vont perdre la tête.

– Voilà qui va bien leur changer les idées, va, philosophe un autre maton.

– Écoutez les chiffres, les gars. En 1832, il y eut soixante-quatorze condamnations. Un record. En 1833, quarante-deux ; en 1834, vingt-cinq ; en 1835, cinquante et une ; en 1836, trente ; en 1837, cinquante-trois ; en 1838, quarante-quatre ; en 1839, trente-neuf ; en 1840, cinquante et une ; en 1841, cinquante ; et en 1842, trente-quatre seulement. »

Thiaffey est glacé. Il comprend bien que les gardiens font des mathématiques. Lui, il ne voit qu'une chose : bientôt, il sera mort.

L'abbé Dumas parle. De Dieu. Des hommes. Du bien. Du mal. Thiaffey écoute, les yeux grands ouverts. Une sorte de calme sérénité s'empare de lui. On a jeté une blouse sur ses épaules. Sa plus grande honte était de paraître à moitié nu devant tant de gens. Avec la blouse, sa pudeur est sauvegardée. Soudain, de manière tout à fait incongrue, il ressent une espèce de faim. Il a envie de manger quelque chose. Pourtant, juste avant de sortir de prison, il a englouti deux tasses de café au lait, ainsi que quelques morceaux de pain. Un biscuit. Un verre de Malaga. Suffisamment pour tenir une journée. Plus qu'il n'en faut. Une question lui traverse l'esprit.

« Où vais-je être enterré ?

– Au cimetière du Nord. Ne vous inquiétez pas de cela. Vous aurez une sépulture convenable.

– Je ne serai pas jeté dans le trou comme un chien ?

– C'est la justice, monsieur Thiaffey, qui vous a conduit là. Elle n'est pas un monstre. Elle sait prendre soin de vous, malgré ce que vous avez fait.

– Ce n'est pas moi qui ai tué la vieille dame. Les juges auraient dû se contenter de me "mettre" à perpétuité.

– Si vous êtes innocent, pourquoi voulez-vous être condamné à perpétuité ? »

Les dernières secondes de François Thiaffey

L'abbé Dumas est doux. Face à lui et au condamné, les bourreaux attendent que la conversation soit terminée.

« Et ma cuillère en étain, et mon mouchoir, et deux gros sous, ils ont bien été donnés à M. Bernard ?

– C'est vous-même qui les avez remis au directeur de la prison, Thiaffey. Vous le savez bien.

– Oui, mais c'est pas pour lui, c'est pour mon copain de cellule.

– Monsieur Bernard l'a bien noté. Il fera comme vous le lui avez demandé.

– Et mon chapelet ?

– Vous l'avez entre les mains.

– Et ma médaille ?

– Vous l'avez autour du cou. »

L'assassin cherche encore quelques mots à dire. Il cherche, mais ne trouve pas. L'abbé le presse. Thiaffey demande l'heure. On lui répond qu'il est 7 h 30. Quel jour, alors ? On lui répond que la date est celle du 11 octobre. Les aides du bourreau le saisissent. Fermement, mais sans violence. Il se laisse porter. On le pousse en avant. Il perd l'équilibre, bascule. Ce sont les dernières secondes de la vie de François Thiaffey. Et pendant que le couperet tombe, très lentement et en même temps avec la rapidité de l'éclair, l'homme s'aperçoit qu'il ne revoit pas sa vie défiler devant ses yeux. Rien. Il ne se souvient de rien. Seul le bruit du couteau qui glisse dans les rainures de la guillotine emplit son esprit. Son cerveau n'est plus qu'une immense chambre d'écho.

Les forcenés d'Épernay

Affaire Alphonse, Marie-Rosalie et Louis-Aimé Bouquet, Épernay
Cour d'assises de la Marne, 16 mai 1857

POUR LA PREMIÈRE FOIS de ma vie, j'ai assisté à une exécution publique. Sans mot dire, les yeux fixés sur la machine dans le petit matin sparnacien, j'ai regardé un homme mourir. Je suis resté froid, tel un serpent. L'émotion n'arrivait pas à m'étreindre.

Quelques heures après que justice est rendue, je sens comme un bouillonnement dans mon esprit. Il est temps pour moi de faire tomber ce masque d'impassibilité et de laisser libre court à mes sentiments. Sentiments qui sont partagés, bien entendu, car étant au centre de cette triste affaire, j'oscille sans arrêt de la haine absolue à la pitié la plus chrétienne. Voilà plus de trois mois que je rumine cette affaire. Je pense que la confier à un journal intime pourra exorciser les démons qui me hantent. C'est pourquoi je prends la plume. Plus tard, mes enfants pourront lire ma modeste prose, et saisir les raisons de ma mélancolie actuelle.

Je m'appelle Bazire, et je suis président du tribunal d'instance d'Épernay. Le 12 mars dernier, donc de cette année 1857, je quittai mon domicile pour me rendre au palais de Justice. Il était presque midi. Et j'étais loin de me rendre compte que, bientôt, je me trouverais au centre d'une affaire qui intéresserait la France entière. Car une famille était en train de fomenter un attentat ignoble, une révolte armée, un projet monstrueux. Il s'agissait ni plus ni moins que de tuer un représentant de la justice, symbole même de l'équité de notre impérial système et de la grande valeur de notre société.

Chaque détail est gravé dans ma mémoire. Je m'étais longuement préparé, comme à mon habitude. L'habit noir que je portais – je suis un peu dandy – accentuait la noblesse de ma silhouette. Sous ma veste à larges pans, une chemise blanche boutonnée jusqu'au col était rehaussée d'une cravate également blanche. Mon gilet droit s'ornait de quelques boutons dorés. Et mon pantalon serré tombait avec élégance sur mes bottes vernies. Comme le temps était encore relativement frais, je portais une redingote sur ma veste noire.

J'enfilai la rue du Commerce pour déboucher sur la place Louis-Philippe. Au coin de la rue en question et de la place de notre ancien roi, se trouve un petit magasin de chaudronnerie. L'atelier, dont la devanture et la porte sont entièrement vitrées, occupe le rez-de-chaussée. Je suppose que le premier étage abrite le logement des chaudronniers. En passant devant ce magasin, je remarquai un homme qui me dévisageait. Quand il m'aperçut, il se mit à faire les cent pas devant la vitrine, une fois à gauche, une fois à droite. Il me semblait qu'il évitait maintenant mon regard, gardant la tête basse. Intrigué mais sans plus, je continuai mon chemin. L'homme, dont je situais l'âge entre cinquante-cinq et soixante ans – il en a en fait cinquante-sept –, a une physionomie rude. Yeux enfoncés, sourcils hauts, nez épaté, mâchoire forte et saillante, cheveux ras et barbiche mal taillée. Il portait à ce moment-là une chemise sombre et sale. Les conséquences de son métier, je suppose.

J'arrivai juste à la jonction de la rue du Commerce et de la place Louis-Philippe, au plus près de la boutique. À ce moment, l'homme fit demi-tour et rentra dans la chaudronnerie à toute vitesse. Aussitôt, une femme en sortit. Je stoppai net, car la dame en question me regardait et semblait pétrie de haine. Sa figure ridée, ses yeux vifs, noirs et insolents, son menton pointu et son nez court ne me la rendaient pas sympathique. Elle portait un bonnet de tulle noir garni de rubans violets. Elle était vêtue d'un large tablier. Je remarquai aussi une casserole cabossée dans sa main gauche. Alors que je me demandais pourquoi elle sortait dans la rue avec son ustensile de cuisine, elle dégagea sa main droite, qui était jusqu'à cet instant cachée sous son tablier. Au bout de cette main, j'aperçus un pistolet. La femme marcha vers moi d'un pas décidé. Je ne voyais que son arme. Elle leva le bras et appuya sur la détente. Mon cœur s'emballa d'un coup, et j'entendis un bruit infernal en même temps que je vis la flamme s'échapper du pistolet. Je fus tout étonné de ne rien sentir. Ou j'étais trop atteint pour ressentir la moindre douleur et j'allais rapidement mourir. Ou la dame enragée avait loupé son coup.

« Est-ce sur moi que l'on a tiré ? »

Ma surprise était telle que je posai tout haut cette question. Autour de moi, quelques personnes s'arrêtèrent, ébahies. Quand je vis la femme faire demi-tour et rentrer chez elle en courant, je compris qu'elle avait raté son attentat. À ce moment, l'homme que j'avais vu plus tôt sortit à son tour. Je me précipitai vers lui pour demander quelques explications. Précipitation qui tourna court. Car le vieux bonhomme tenait également un pistolet. Quand tout va vite, on se fixe sur des détails, oublieux du contexte général. Je vois encore nettement l'arme : un pistolet à deux coups, bricolé par un amateur. En revanche, je ne me souviens plus du moment où il a levé son bras. Je n'ai plus eu qu'une seule pensée : fuir, fuir au plus vite. J'ai couru vers la rue du Commerce pour échapper à ce fou furieux. Malheureusement, mon bras était encombré d'un dossier volumineux que je devais traiter ce jour-là au tribunal. Dans la précipitation, la sangle qui retenait les documents s'est détachée, et le paquet s'est effondré sur le sol. En tentant de rattraper le dossier, l'un de mes pieds a buté contre un pavé de la rue, et je suis tombé. Puis... Une douleur soudaine a explosé dans ma tête. Après, mes souvenirs sont flous.

Des gens sont venus à mon secours, m'ont porté dans une maison voisine et ont commencé à me soigner. Je crois que je saignais abondamment. Un médecin arriva peu après. Tout ce que je peux dire à partir de maintenant, ce ne sont que des éléments qui m'ont été rapportés par mon excellent ami, le substitut du procureur impérial, M. Séguier. Comment ne suis-je pas mort ? Le coup de pistolet a été tiré à bout portant, tellement près qu'on aurait pu croire que l'embout de l'arme touchait le collet de mon habit. L'assassin devait être trop ému pour viser correctement. Une balle est partie, s'est enfoncée dans mon cuir chevelu, a parcouru une distance de quarante-cinq millimètres, puis est ressortie juste au-dessus de mon oreille gauche, à environ trente millimètres de son sommet. Le chaudronnier s'est ensuite retranché dans sa boutique, persuadé que j'étais occis pour le compte.

Pour ma part, dans cette demeure inconnue, blessé, assis sur une chaise, la veste ensanglantée, j'étais quelque peu assommé. Fort obligeamment, *Le Courrier de la Champagne* rendit grâce à mon courage. Je crois en fait que j'étais trop abasourdi pour réagir avec vigueur. Le docteur Périer, que – je me répète – l'on appela rapidement, se déplaça aussitôt et constata le peu de gravité des blessures. Je m'inquiétai de mes dossiers. Ils avaient été ramassés. Puis je réagis soudain. On avait bien tenté de me tuer ! Qui ? Et pourquoi ?

C'est en se rendant au palais de Justice d'Épernay que le président Bazire a été violemment agressé par la famille Bouquet.
(Collection de l'auteur.)

Les deux forcenés étaient rentrés dans leur maison, comme je l'ai déjà indiqué. Ensuite, ils décidèrent de ressortir, accompagné d'un homme plus jeune : leur fils. Le bonhomme faisait aussi peur que ses parents. Ses cheveux trop longs, sa barbichette en désordre, sa moustache impressionnante et ses sourcils sombres le faisaient ressembler à un diable inquiétant.

Les trois compères se hissèrent sur leurs ergots quelques instants, les bras croisés, la poitrine avantageuse, défiant des yeux la foule qui commençait à s'amasser devant la chaudronnerie – à distance respectueuse, toutefois.

« Je suis content, il y a longtemps que je voulais faire cela ! »

Ces paroles, c'est le père qui les a prononcées. Les gens parlaient alors entre eux :

« C'est la famille Bouquet, dit un témoin de l'étrange spectacle.

– Drôles de gens, dit un autre.

– Ils ont un autre fils. Mais celui-ci est en prison.

– Et la fille est chez les fous. »

Tout cela est rigoureusement exact. Le chef de la famille s'appelle Alphonse Bouquet. Il est marié à Marie-Rosalie. Louis-Aimé, le fils présent, est âgé de vingt-neuf ans.

Après que le père se fut octroyé son satisfecit, la mère Bouquet se mit à rire et à danser la gigue telle une possédée. Puis, comme une volée de moineaux subitement surprise par un souffle de vent, les trois membres de cette drôle de famille rentrèrent dans la maison. Une fois les portes et les fenêtres closes, ils attendirent. Car ils ne pouvaient pas ignorer que les forces de police arriveraient bientôt. De fait, les gendarmes, emboîtant le pas au substitut Séguier, envahirent la place Louis-Philippe. À travers la vitrine du rez-de-chaussée, on voyait tout ce que préparaient les forcenés. La mère rechargea son arme. Le père en fit autant, remplaçant la balle qui m'était destinée. Et le fils exhiba à la fenêtre un gros pistolet pétard.

Aussitôt, mes collègues magistrats accoururent sur les lieux de l'attentat. Il n'y a en effet pas loin du palais de Justice à cette maison. Les gendarmes, déjà arrivés, on l'a vu, étaient nombreux. La place Louis-Philippe grouillait de bonshommes en habits de drap bleu avec des bordures retroussées écarlates, des pantalons bleu ciel, des bonnets également bleus – bonnets rehaussés d'un nœud hongrois pour les officiers. Je répète que j'accorde une grande importance aux modes vestimentaires, et j'ai toujours trouvé ces uniformes impériaux très élégants. Mais ces uniformes ne sont rien sans les armes qui vont avec... Et d'armes, il n'y en avait point ! En effet, cette affaire arrivait au plus mauvais moment, celui de la visite du capitaine d'artillerie inspecteur. Les armes étaient toutes dans la gendarmerie, en pièces détachées à fin d'inspection ! Difficile de déloger des forcenés barricadés sans matériel adéquat. Hardiment, Séguier s'approcha de la façade vitrée et tapa à la porte.

« Je vous somme de vous rendre ! »

Et la foule entendit le rire perçant de la femme Bouquet. Plusieurs fois, le substitut réitéra ses sommations. Plusieurs fois, la femme répondit par des moqueries et des insultes. Le maréchal des logis Baudon vint prêter main-forte à Séguier. L'un et l'autre brisèrent quelques vitres, tant de la porte que de la devanture, le but étant d'attraper le verrou à l'intérieur afin d'ouvrir cette porte aux gendarmes impériaux. Il s'agissait aussi de forcer les Bouquet à faire feu. L'imprécision des armes reconnues était un atout. Mieux valait les faire tirer avant que les militaires soient dans la chaudronnerie. Juste derrière la porte, Marie-Rosalie continuait à parler haut et fort, le pistolet braqué sur le maréchal des logis.

« Si tu avances, brigand, je te tue ! »

Son mari était un peu plus loin, braquant son pistolet à deux coups sur le devant de sa maison. Et sur la droite, à l'arrière de la pièce, le fils tenait son arme appuyée contre le chambranle d'une porte pour mieux viser. Courageusement, Baudon donna un violent coup de pied dans la porte, qui acheva de voler en éclats, ouvrant grand le chemin aux forces de l'ordre. La femme fit feu. Maladroite, elle n'en blessa pas moins le gendarme au visage. La joue brûlée, le sang jaillissant, celui-ci continua sur sa lancée, se précipitant sur la folle. La balle alla se perdre dans les hauteurs après avoir transpercé le chapeau. Baudon entra bientôt dans la dangereuse pièce, immédiatement suivi par Séguier et par les gendarmes Venner, Bauzemont et Wisson. Le procureur impérial, le capitaine de gendarmerie et de nombreuses personnes, parmi lesquelles le greffier du tribunal et son commis, ainsi que le responsable de l'enregistrement, pénétrèrent dans la maison. Les cris et les hurlements étaient à leur comble.

La boutique de la famille Bouquet faisait face à la place Louis-Philippe, actuelle place de la République.
(Collection de l'auteur.)

La boutique, si elle fait face à la place principale d'Épernay, est longée par une petite impasse. Une porte donnant sur cette ruelle, il était prudent que quelqu'un s'y postât, afin d'éviter toute fuite des agresseurs. Ce rôle fut rempli à merveille par le gendarme Oudart. Une fois certain que ses collègues étaient entrés dans la maison, il défonça à son tour cette petite porte et franchit le seuil, pour opérer un mouvement de tenaille.

Pendant ce temps, Séguier et deux hommes, se jetant sur la femme, la bousculèrent, la firent choir. Tout en hurlant à la mort, la furie ne put que céder devant la force masculine. Le substitut lui enleva le pistolet des mains. Baudon, pour sa part, s'occupa du redoutable père Bouquet. Surpris sur plusieurs côtés, le chef de famille mordit à son tour la poussière, face contre terre, terrassé comme un géant soudain affaibli. Goliath terrassé. Malheureusement, il continuait à tenir fermement sous lui le fameux pistolet à deux coups, tentant de le diriger contre l'un ou l'autre. Il réussit à appuyer sur la gâchette. Le coup partit… Et un gendarme réussit à lui confisquer l'arme avant que le second coup blessât quelqu'un. Restait le fils. Le fils et son pistolet pétard. Wisson et Bauzemont lui étaient tombés sur le paletot. Au même moment, le pistolet avait craché son venin de feu, illuminant tout le fond de la boutique, plongé dans l'ombre parce que loin des vitres. Les coups de pistolet du père et du fils étaient partis presque en même temps. Le gendarme Oudart avait reçu une balle dans le ventre. Des témoins affirmèrent qu'avant de s'effondrer sous le nombre, Bouquet fils s'était posé sur un genou, passant son pistolet sous la jambe, et avait tiré. Oudart avait crié et était tombé, le ventre transpercé.

Les trois voyous étaient maîtrisés, la femme continuait à asséner obscénité sur obscénité. Et Oudart râlait sur le sol. Rapidement, un appel à l'aide fut lancé. Le médecin arriva, et le gendarme fut emmené à l'hôtel-Dieu. Il était sérieusement touché. Le lendemain, le pauvre homme était mort. Non sans avoir accusé le fils Bouquet de l'avoir tué.

Que puis-je dire de plus pour comprendre cette tragédie ? Vous parler des Bouquet ? Est-ce vraiment important de raconter qu'ils ont, les uns et les autres, longtemps fréquenté les tribunaux pour vols et voies de fait ? Qu'ils ont tous connu, à un moment ou à un autre, la prison ? Que la femme – la plus féroce – a commencé sa carrière de voleuse en 1830 ? La misère, certes. Mais aussi la méchanceté. Le vice. L'alcool.

Toutes les mésaventures que les Bouquet ont subies avec la justice ont fait mûrir chez eux un sentiment de haine inextinguible. Ils voulaient tuer un magistrat. L'ancien président du tribunal étant décédé depuis peu, ce fut à ma personne qu'ils décidèrent de s'en prendre. Ils convinrent de faire de moi un symbole, un exemple. Mais pas seulement de moi. Car voilà plus d'un an qu'ils proféraient menace sur menace. Autant le père que la mère clamaient partout le besoin de tuer les juges, les gendarmes, et tout ce qui de près ou de loin a à voir avec la justice. Le fils, habile artisan, passait son temps à confectionner des armes. D'ailleurs, le pistolet pétard a été fabriqué par ses soins. Tout comme le pistolet à deux coups et l'arme simple de sa mère. Les balles, c'est le père qui les a lui-même fondues. La préméditation est évidente. La cause, indéfendable.

C'est le 16 mai 1857 qu'a eu lieu le jugement, à la cour d'assises de Reims. Bien sûr, j'étais l'un des témoins essentiels. Il n'est point question que je rapporte les détails du procès dans l'ensemble. Trop long, trop fastidieux. Les témoins, nombreux et unanimes, tirèrent tous dans le même sens. Les quelques paroles des accusés ne pourront rien nous apprendre de plus. Toutefois, je tiens simplement à en écrire quelques-unes. Juste pour éclairer mes enfants sur la nature humaine. Ils en connaissent le bon – du moins pensé-je leur en avoir montré certains côtés. Ils doivent en connaître le pire. La mère, d'abord :

« On a voulu faire passer ma fille pour folle. Elle ne l'est pas... Mon premier fils est en prison. Par la bévue de ces messieurs, les juges l'ont condamné malgré mes explications... J'ai peut-être eu tort de tirer sur le président du tribunal, mais ils ont eu mille fois plus tort que moi. Mais il n'a pas reçu la balle, puisqu'il est encore vivant. Et c'est bien dommage... »

Le père, ensuite :

« Je reconnais avoir tiré sur le président par le moyen qu'il voulait faire languir tous mes enfants... Je formais ce projet depuis cinq mois, allant souvent rue du Commerce pour le guetter... Mais quand j'ai su qu'il n'était pas mort, j'ai dit : “Tant mieux pour lui.” »

Le fils, enfin :

« J'ai été souvent condamné. Mais ce sont des condamnations injustes. Je m'en suis plaint à M. le ministre, mais il ne m'a pas répondu. »

Quoi qu'il en soit, le jugement a été rapide. Les deux parents ont été condamnés à la peine de mort. Le fils a, quant à lui, écopé des travaux forcés à perpétuité.

Voilà l'histoire. Elle est arrivée à son terme. Presque. Car le plus terrible reste à vivre.

Ce matin, 23 juin, Alphonse Bouquet a été guillotiné. Sa femme avait été graciée quelques jours auparavant. Ainsi, lundi 22, elle avait quitté la prison de Reims pour être emmenée à Paris. Son fils avait également pris un train. Mais son voyage sera plus long.

Il s'en va pour le bagne. Avant leurs départs, ils avaient fait leurs adieux au père. Lui, était résigné. Elle, continuait à crier sa haine et son désarroi.

À minuit quarante, Alphonse avait grimpé dans le train d'Épernay. Il connaissait le but de son départ. Il était accompagné de trois gendarmes et de l'aumônier de la prison. À la sortie du train, les soldats venus de Châlons l'avaient escorté jusqu'à sa dernière cellule. Il ne cessait d'insulter les uns et les autres. Arrivé en prison, il s'était un peu calmé, fumant pipe sur pipe. Pendant ce temps, la guillotine était installée place Louis-Philippe, face à la rue du Commerce. Très près de sa boutique de chaudronnerie. La foule arrivait peu à peu, investissant l'ensemble de la place, les fenêtres et les toits, les rues adjacentes. Et Alphonse Bouquet continuait à tirer sur sa pipe. Quand était venue l'heure, il avait lui-même ôté sa blouse, vidé ses poches, demandé aux ecclésiastiques – qui étaient trois – de distribuer ses maigres biens, dont sa pipe encore allumée, à quelques personnes de sa connaissance.

« Voilà huit ans qu'ils en ont après ma famille, avait-il dit une fois de plus. Il fallait bien qu'on en finisse un jour. Oh ! la mort ne m'effraie pas. Mais j'ai juré de dire jusqu'au bout ce que je pense de la justice. Je ne me démentirai pas. »

Il avait fini par arriver devant la charrette qui devait l'emmener vers l'échafaud. Il parlait aux aides du bourreau, leur disant de ne pas trop serrer les liens.

« Vous me ferez bien assez mal tout à l'heure ! Allons, puisqu'il le faut, faites votre devoir. Ah ! mon pauvre Bouquet... Je ne vous en veux pas à vous, les curés, mais aux juges ! Ah ! mon pauvre Bouquet, c'est fini pour toi. »

Il était monté dans la carriole. Et quand les gendarmes s'étaient approchés pour l'escorter, il avait hurlé :

« Portez armes, marche ! Je suis français pour la gloire et pour l'amour. »

Puis, sans aide, il s'était présenté face à la guillotine, pâle et rude, avait farouchement regardé la lame d'acier et s'était laissé pousser. Non sans insulter une dernière fois les magistrats. Un silence terrible régnait sur la place. Chacun regardait le visage de l'aumônier de la prison de Reims, ravagé par la pitié et le chagrin.

J'étais là. Ému presque jusqu'aux larmes par cette fin malheureuse autant que par la piété du curé.

C'est vraiment la fin de l'histoire. Je pose ma plume. Je vais marcher un peu, tenter, maintenant que la foule est partie, d'arpenter la rue du Commerce, de traverser la place Louis-Philippe. Sans trembler comme à chaque fois. Mais ça va être difficile.

Le parricide de Colligny

Affaire Auguste-Étienne-Anthime Ginat, Colligny
Cour d'assises de la Marne, 26 août 1884

LE TEMPS a fait son œuvre. Peu à peu, les langues se délient. Et les différents protagonistes de cette sombre histoire de famille – de ma famille – sont maintenant disposés à parler. J'ai aujourd'hui plus de vingt ans. Je suis l'un des enfants d'Anthime Ginat, le meurtrier. Mon prénom est Berthe. Jusqu'à ce jour, jamais personne n'a voulu me raconter ce qu'il s'est réellement passé. Je l'ai su, bien entendu. Puis j'ai oublié.

Je me souviens que j'ai été entendue par un tribunal. Il y a longtemps. J'avais huit ans, à l'époque. Mais c'était tellement difficile que la mémoire a fini par me fuir. Je suis tombée un peu malade. Pendant un temps, j'ai cru mon père mort. Puis, ici et là, des indiscrétions, des phrases lâchées, des regards entendus échangés m'ont remise sur la piste. La prison, bien sûr. Mon père est en prison. Il a tué grand-mère. C'est ça, le secret des Ginat. Maman ne veut plus en parler. Hier, je me suis fâchée. Je ne suis plus une gamine. Alors j'ai apostrophé maman. Durement.

« Je revois par bribes les messieurs du tribunal, les gens qui t'interrogent. Les jurés. Et puis, il y a Auguste. Il y a Albert. Mes frères. Et la grande sœur, Julia. Mais eux non plus ne veulent pas parler ! Tu vas bien me donner les détails. Je veux savoir. Tout savoir.

– Je ne peux rien te dire. C'est trop difficile pour moi. Tu sais, j'ai honte. Demande à ta grande sœur. Va la voir chez elle. Elle te racontera. »

Tel un limier sur la trace du gibier – un gibier qui est le passé de mon père –, je me mets en chasse. Il y a bien longtemps que je n'ai vu Julia. Elle a quitté le village. Qu'importe. Je vais aller à sa rencontre. La route n'est pas bien longue.

« Ah ! voilà ma petite Berthe. Tu vas bien ? me demande Julia.

– Oui. J'aimerais te parler. J'ai eu une grande conversation avec maman, hier... Enfin, "grande" est un bien grand mot. Je veux que tu me racontes toute l'histoire de papa. Je crois que je me sentirai mieux quand j'aurai assemblé toutes ces pièces qui me manquent.

– Tu ne te rappelles vraiment rien ?

– Si, bien sûr. Mais...

– D'accord. Il faut que je reprenne depuis le début, alors... Notre père s'appelle Auguste-Étienne-Anthime Ginat, il est né à Colligny en 1834. Il a un peu vadrouillé, puis il s'est marié. Il est revenu habiter à Colligny en 1857. Il exerçait alors le métier de charron. Non loin de notre maison – à exactement quatre-vingt-six mètres, d'après les enquêteurs ! –, vivaient nos grands-parents. Le grand-père, qui s'appelait Toussaint, est mort en 1879. Notre grand-mère, Joséphine – c'était une fille Laurain –, avait quelques biens. À la mort de grand-père, elle décida de partager tout son avoir en quatre parts égales. Car avec notre père, il y avait trois autres enfants, ça, je pense que tu le sais. La seule condition était que chacun d'entre eux laissât une rente viagère à leur mère. Elle demandait 240 francs par an. Avec ce qu'elle laissait, c'était vivable. Seulement, papa n'était pas très courageux...

– Ah !

– Je suis désolée, Berthe, mais tu veux savoir. Alors tu vas entendre des choses pas très sympathiques sur papa.

– Je m'en doute. Continue...

– Bientôt, il apparut que 240 francs étaient une somme trop importante pour Anthime – parfois, je préfère l'appeler par son prénom plutôt que par le mot "papa". Quoi qu'il en soit, il était toujours à court d'argent, peut-être à cause de mauvaises fréquentations. Je ne sais. Il s'arrangea avec notre oncle Sulpice – sans doute en échange d'une partie de l'héritage touché – pour ne plus devoir à la grand-mère que 120 francs par an. Réglables par trimestre. Or, même cela, il ne fut pas capable de l'honorer. Notre grand-mère n'osait pas lui demander son dû. Anthime était trop violent. En fait, il faisait peur à tout le monde, et à notre mère en particulier. À tes frères. À moi aussi. Il n'y avait que toi qu'il adorait. Jamais il ne te touchait.

– Il vous faisait mal ?

– Sans arrêt, il disait à maman qu'il la tuerait et qu'ensuite il se suiciderait ! Il était malade. Il avait mal à l'estomac tout le temps. S'en plaignait. Se plaignait de tout et de tous. Se plaignait de son frère qui le roulait.

– C'était vrai ?

– Je ne crois pas, non. Je pense que papa était à moitié fou. Parfois, il perdait la mémoire... Et cette violence... Cette violence ! Tiens, une fois, j'étais toute petite, j'étais à la cave avec lui pour découper le cochon. Il y avait des vers dans la viande. Alors, de colère, il m'a balancé un jambon en pleine face. J'ai eu plusieurs dents cassées. Une autre fois, il m'a lancé un marteau dans le dos, pour une sombre histoire de froment. J'en souffre encore.

– Pourquoi ne m'a-t-on jamais rien dit ?

– Nous voulions peut-être te préserver... Auguste aussi a dérouillé pas mal. Un jour qu'il s'était enfui du catéchisme, le père lui a cassé l'épaule. Comme ça... Clac. Il était comme fou. Albert – il avait douze ans à l'époque, alors qu'Auguste était déjà âgé de seize ans – a été frappé à coups de sabot. Un jour, Anthime lui a fracassé un pot sur le visage. Il y avait du sang partout !

– Et la grand-mère, alors ?

– J'ai dit que papa lui devait de l'argent. En fait, il manquait 60 francs. Mais la vieille avait peur de son fils. Alors elle avait vu un notaire, Me Person, qui s'était chargé de réclamer sa dette au père. Le clerc qui l'avait reçue a dit à la gendarmerie que notre grand-mère s'était confiée à lui : “Je ne mourrai pas de ma belle mort, un jour il me tuera !”

– Triste prémonition.

– Oui. C'est grand-mère qu'il a tuée. Mais ça aurait très bien pu être l'un ou l'une d'entre nous. Pour lui, il n'y avait pas de différence. Tout ce qui se mettait en travers de sa route devait être balayé d'un revers de main.

– Raconte...

– Le 2 avril, il reçut la lettre du notaire Person. Il était dans une rage folle ! Le 4 avril, il se leva à 4 heures du matin, en disant à maman qu'il allait payer “la rente à la vieille taupe”. Mais ce ne fut pas de l'argent qu'il prit avec lui. C'était une solide corde qu'il avait arrangée d'un nœud bien coulant. Il avait dit la veille à maman que sa mère était tellement folle qu'elle ne tarderait pas à se pendre. Rien de tel pour mettre la puce à l'oreille ! Anthime pénétra dans la maison et, avant même que la vieille se doutât de ce que son fils faisait, il lui passa la corde autour du cou. La pauvre grand-mère tenta de se débattre, cogna violemment ses genoux contre le sol. Puis elle succomba rapidement. Alors notre meurtrier de père traîna le corps et le pendit à une cheville à l'intérieur de la cheminée. Soigneusement, il effaça ses traces. Referma bien les portes. Puis il rentra à la maison, comme si de rien n'était. Dans la journée, des gens s'inquiétèrent que les volets de la vieille restassent clos. Que les poules ne fussent pas lâchées. Au début, papa ne répondait que par des grognements. Puis il alla à la maison, en se faisant accompagner. Et là, grand-mère fut découverte, pendue ! Au début, tout le monde pensa à un suicide. Mais maman reconnut la corde ! C'était la nôtre. Elle en parla à Anthime, qui la supplia de ne rien dire à personne. Et quand le médecin émit des doutes sur l'origine de la mort de la vieille, maman craqua. Elle raconta tout aux gendarmes. C'est elle qui a dénoncé papa ! Voilà pourquoi elle a honte, voilà pourquoi elle ne veut en parler à personne... Tu sais tout.

– Il y avait des témoins au procès ?

– Oh ! ils étaient bien nombreux. Et pas un pour excuser le père. Il était bien mal vu, tu sais.

– Je peux en rencontrer quelques-uns ?

– Je vois que tu veux creuser bien loin... Le maire du village était le vieux Doire. Silas Doire. Tu peux aller le voir. Il avait bien des choses à dire. »

Ensuite, nous bavardons de choses et d'autres, comme des sœurs ordinaires. Les enfants. Le travail. Les fêtes du dimanche. La vie, quoi...

De retour à Colligny, je me rends chez l'ancien maire du village. Effectivement, Silas se souvient très bien de l'affaire. Ce n'est pas tous les jours que l'on témoigne à la cour d'assises.

« Oh, je leur ai dit tout ce que je savais. Tout ce que je supposais. Ton père n'était hélas pas quelqu'un de bien sympathique. Pas comme toi, ma petite Berthe... Je revois encore son visage. Il avait l'air buté, violent, avare. Il a eu la chance d'avoir un grand avocat. Un parisien. Maître Lachaud, il s'appelait. Très connu dans la profession. Jamais je n'ai entendu un homme parler si bien, si longtemps. Si ton père est encore en vie, c'est bien grâce à lui. Car le parricide, c'est vraiment le plus horrible des meurtres. Rares sont ceux qui échappent à la guillotine. »

Un peu mal à l'aise, je le coupe dans ses considérations. Tâchant de le ramener aux faits eux-mêmes.

« Ce jour-là, Ginat est venu me chercher, car il s'inquiétait de ne pas voir sa mère. Je suis sorti avec lui. On est passé chez le maréchal-ferrant, qui nous a accompagnés à son tour. Avec ses tricoises, il a ouvert la porte. La Joséphine était pendue à la cheminée. J'ai bien vu que quelque chose ne tournait pas rond. Le nœud était bien trop serré pour avoir été fait par une vieille femme. De plus, les pieds touchaient le sol ! Drôle de moyen de se pendre. Il y avait du sang plein son caraco. J'ai eu des soupçons immédiatement. Mais comme Ginat a coupé lui-même la corde, personne à part moi n'a pu constater qu'elle était trop longue ! J'ai tout de même averti le juge de paix, qui n'est venu que le lendemain. C'est également le lendemain que les gendarmes ont découvert un battoir plein de sang.

« Plusieurs fois, ta mère était venue se plaindre à moi que son mari la battait. Je lui avais alors conseillé d'écrire une lettre. Jamais elle n'a voulu le faire ! C'était bien malheureux. Dans un café, de nombreux témoins avaient vu ton père saisir sa femme à la gorge et la renverser sur une table. Tout cela parce qu'elle avait le cran de venir le chercher alors qu'il était en train de boire. Personne n'avait osé intervenir. “C'était juste pour lui faire peur.” Voilà ce qu'il avait dit ! Ton père était un violent, ça, tu le sais. Mais dans la famille, ce n'était guère mieux. Un oncle a été interné. Une de tes tantes s'est noyée dans un moment de démence. Et l'autre sœur, à l'époque, restait constamment enfermée et ne sortait que pour insulter les voisins. En revanche, ses propres frères, notamment Sulpice et Jules, étaient parfaitement normaux. Ta grand-mère, qui n'avait que soixante-neuf ans, était très estimée dans le pays. Travailleuse, gentille, aimable, elle craignait par-dessus tout Anthime. Attends, ne bouge pas. »

Et le vieux bonhomme me laisse quelques instants, fouille dans une vieille malle… et en ressort, triomphant, un vieil exemplaire du *Courrier de la Champagne*, qui retrace l'intégralité du procès. Je peux y découvrir le nom des témoins. Et même le mien. Il est écrit :

« Le cinquième témoin, c'est Berthe Ginat, une charmante petite fille de huit ans et qui n'en paraît que six à peine. »

J'y trouve le nom du maréchal-ferrant : Arthur Legrand. Et ceux de nombreux membres de la famille, ou de connaissances. Alfred Noël, cultivateur à Vert-la-Gravelle ; Clovis Ploix, le boulanger du village ; Irma Lalire, une amie de ma mère ; le docteur Bonnet, médecin à Vertus. Et bien d'autres. Le réquisitoire du procureur de la République, M. Renard, est impitoyable. Il retrace le crime une nouvelle fois, apportant des détails nouveaux. Ainsi, quand le maire a fait part de ses soupçons, étayés par les paroles de ma mère, les gendarmes sont venus chercher papa. Qui s'est sauvé à travers champs. Et maman de crier : « Le criminel se sauve ! Arrêtez-le ! » Je comprends que, des années après, elle en soit encore traumatisée. Monsieur Renard décrit mon père comme quelqu'un de sournois, querelleur, paresseux. Mais intelligent.

Peu à peu, les larmes me viennent aux yeux. Tout le passé de celui qui est mon papa est décortiqué, analysé. Les soupçons qui pèsent sur ses épaules pour un incendie dont les causes n'ont jamais été élucidées. Les soupçons qui pèsent sur lui pour un vol. Mes frères battus. Ma sœur malmenée. Et quand l'avocat prend sa défense, c'est pour l'entasser davantage. « Cet homme est un fou ! Cet homme n'a rien d'humain ! Cet homme est bestial. » J'en comprends bien la raison. Maître Lachaud veut le faire passer pour irresponsable, faire admettre les circonstances atténuantes. En somme, le sauver de la guillotine. Et l'avocat conclut ainsi :

« Nous ne pouvons donc ici refuser à Ginat l'atténuation psychologique… Au nom de la science, je vous demande de donner à Ginat les circonstances atténuantes. Et combien ne devons-nous pas remercier la science ? Grâce à elle, l'horreur du crime s'en trouve atténuée ; elle nous a appris qu'il a fallu une décadence lente d'une race pour que son rejeton puisse commettre un crime. C'est elle enfin qui nous autorise à dire : Ginat, vous vivrez. »

« La décadence lente d'une race… » C'est de mon sang dont il parle ainsi. Que ces mots font donc mal ! Comment pourrais-je pardonner à cet homme dont je suis l'enfant ? Et en même temps, comment ne pas lui pardonner ? C'est mon père ! En tout cas, les jurés ont tranché. Trop fou pour être guillotiné ! Anthime Ginat est condamné aux travaux forcés à perpétuité. Mon père est en prison. Et mes frères, ma sœur, moi-même, tous, nous appartenons à une race maudite.

Joseph Vacher et son fameux bonnet en poils de lapin.
Cet épouvantable tueur en série est venu – bien malheureusement – traîner ses guêtres du côté de Reims et de Courcelles.
(Droits réservés.)

Le tueur de bergers

Affaire Joseph Vacher, Courcelles, Bénonces (Ain), etc.
Cour d'assises de l'Ain, 26-28 octobre 1898

Courcelles, août 1896

DES GAMINS jouent le long du canal de l'Aisne à la Marne, à Courcelles, tout près de Reims. Éternels jeux d'enfants. Courses, cris, rires. Besoin de souffler. Les enfants se posent quelques instants, les yeux emplis de plaisir. Ils plaisantent. Par hasard, le regard de l'un d'eux navigue un instant sur le canal. Accroche quelque chose qui flotte. Se fige. Le gamin se met à crier, à vitupérer. D'un doigt tremblant, il désigne cette « chose qui flotte ». Un corps, à n'en pas douter. Comme une volée de moineaux, lui et ses copains se sauvent. Des adultes travaillent dans un champ de betteraves. Les enfants les rejoignent, leur parlent, hurlent. Les adultes posent binettes et hoyaux, et courent à leur tour en direction du canal, entraînant les petits avec eux. C'est bien un cadavre qui repose entre deux eaux. Nouveau demi-tour. Pas question de toucher à cela avant l'arrivée du maire. Lequel est prévenu aussitôt. Il vient sur place, accompagné de son garde champêtre. Ensemble, le maire, qui s'appelle M. Sorbon, l'employé municipal et quelques arracheurs de betteraves se munissent de perches et de crochets et hissent le corps sur la berge. Il s'agit d'une jeune fille de dix-sept à dix-huit ans, vêtue en tout et pour tout d'une petite chemise et d'un caraco noir. Une belle fille aux formes pleines et mûres. Une belle fille morte, détruite, cassée. En miettes.

Monsieur Gatelier, le commissaire de police du quatrième canton, est saisi de l'affaire. Il y a eu meurtre. Il y a donc meurtrier. Le policier le trouvera, il l'arrêtera, il le punira. Qui est la victime ? Gatelier a sa petite idée. Car le lundi 24 août au soir, il a eu la visite d'un certain M. Clément, chef de train à la Compagnie de l'Est, domicilié à Reims, au numéro 61 de la rue du Mont-d'Arène. L'homme est père de trois enfants. Parmi ceux-ci, Marie, dix-sept ans. Marie, qui a disparu depuis lundi matin ! La petite sœur de Marie est emmenée près du cadavre de la jeune fille. La petite sœur la reconnaît. La petite sœur sanglote. Gatelier est un peu gauche, un peu gêné. Comment consoler une gamine inconsolable ? Le père arrive, peu après. Le scénario est le même. Une seule solution. Trouver le meurtrier, l'arrêter, le punir.

Marie était une jeune fille un peu – un peu trop ? – libre. Alors que son père lui interdit de sortir, dimanche soir, elle se fâche, promet qu'il lui paiera ça. Le lundi, elle disparaît. Le soir, inquiet, M. Clément avertit la police. Jeudi, il retrouve sa fille. Battue, violée. Le bas du crâne et les vertèbres du cou brisés. Le bras droit cassé net. Les côtes éclatées. Tout le corps marqué de violents coups de chaussure. Un massacre. L'œuvre d'un fou. Ou de plusieurs. Cela n'empêche pas les gens de parler. Mœurs dissolues. Imprudences. Provocations. La pauvre Marie est traînée dans la boue avant même que d'être enterrée. Un journaliste du *Courrier de la Champagne* vient en aide aux malheureux parents. La famille est sans reproches. Le père surveillait sa fille. La famille est honorable. Pourtant, si elle a été violée, c'est bien parce qu'elle l'a cherché, non ? Eh bien, non.

Peu à peu, les jours passant, la vision qu'ont les Rémois de la petite Marie change. À tel point que son enterrement est suivi par une foule nombreuse. Les badauds se pressent rue du Mont-d'Arène. Le cercueil est recouvert d'un drap blanc, placé dans le corbillard, décoré de cinq bouquets de fleurs naturelles et de deux couronnes. Deux employés du chemin de fer le portent. Le père conduit le deuil des hommes. La mère et la sœur, celui des femmes. De l'église de Saint-Thomas au cimetière de l'Est, les amis et les curieux se pressent sur le passage du cortège.

Pendant ce temps, le commissaire Gatelier poursuit son enquête. Pendant ce temps, le commissaire Gatelier piétine. Car il ne trouve pas. Et il ne trouvera jamais l'assassin du pont de Courcelles... Alors, affaire classée ? Voire...

Bourg-en-Bresse (Ain), octobre 1898

Joseph Vacher entre dans le tribunal de Bourg-en-Bresse. Joseph Vacher entre dans l'histoire. Devant le juge, les jurés, les avocats, la centaine de journalistes – français, suisses, espagnols, américains, italiens – et tous les acteurs de ces Assises d'octobre 1898, Vacher lève les bras au ciel et hurle ces mots :

« Gloire à Jésus ! Gloire à Jeanne d'Arc ! Au grand martyr du temps ! Et gloire au grand Sauveur ! »

Puis :

« Qui n'entend qu'une cloche n'entend qu'un son ! »

Il lève haut une pancarte sur laquelle il est inscrit : « J'ai deux balles dans la tête. » L'homme est-il un simulateur ou un dingue fou à lier ? Faisons connaissance... Le plus simple est de laisser parler l'homme. Celui qu'on appelle le « Tueur de bergers », le « Jack l'Éventreur français ».

Le conseiller de Coston préside ces Assises extraordinaires. Il a une multitude de questions à poser à Vacher. Ça tombe bien, l'assassin est prêt à répondre. Vacher s'assoit. Il roule des yeux, effraie les femmes. Il bouge ses bras dans tous les sens. S'accroche à la barre d'appui placée devant lui. De temps à autre, il se frappe dans les mains. Fortement. Il se serre le coup. Et agite de nouveau ses bras. Il est vêtu d'un costume de velours marron et d'un bonnet blanc en poils de lapin. Cet accoutrement a fait le tour de la France. Tous les journaux le reproduisent à satiété. Vacher se lève et demande à s'exprimer. D'un geste, de Coston acquiesce. Vacher sort des feuilles noircies d'une écriture tremblée.

« M'adressant en premier lieu et en particulier aux personnes qui se sont occupées ou vont s'occuper de moi, je dois leur dire que je ne relève que de Dieu, et que je n'ai été qu'un instrument de sa volonté.

– Combien en avez-vous comme ça ? demande le président.

– Trois feuillets.

– Ah... Bon, lisez-les vite. »

Vacher pose son bonnet de poils sur la tête et salue les jurés. Un clown. Un clown dérisoire et monstrueux. Puis il raconte sa vie. Sa naissance dans une honorable famille de paysans. Le mysticisme de sa mère. Sa mort. Et sa grande excuse :

« J'ai été léché par un chien enragé ! Pour me guérir, on me fit boire un mauvais remède préparé par un empirique. Ces remèdes m'ont hébété, vicié le sang.

– Votre père a eu seize enfants.

– Exact. De deux mariages.

– On vous dit, quand vous étiez jeune, méchant et sournois.

– Non ! Ce n'est pas ça, ce n'est pas ça ! »

Vacher hurle et s'agite encore davantage.

« Vous avez été en pension chez les frères maristes.

– Oui.

– On vous en a chassé pour des actes immoraux. Vous vous livriez sur vos camarades à de sordides... manipulations.

– Non ! Ce n'est pas ça, ce n'est pas ça !

– À l'armée, vous avez voulu couper le cou d'un sous-officier.

– On ne vous a pas dit que j'ai voulu me suicider ?

– Il est malheureux que vous n'ayez pas réussi ! »

La salle trépigne de rire.

« Vous avez eu une opération. »

À cette évocation, l'assassin se mure dans un silence boudeur. Il n'aime pas qu'on lui parle de son opération des testicules. En effet, après avoir contracté une maladie « honteuse » chez sa sœur, prostituée, les médecins doivent l'amputer d'une partie de sa virilité. Cet épisode le rend comme fou. Passons maintenant au fait qu'on lui reproche. Si Vacher est aux Assises, c'est parce qu'il est accusé d'avoir tué un petit berger de seize ans, du nom de Victor Portalier, à Bénonces, dans l'Ain. Il l'a égorgé. Il l'a éventré. Victor était la gentillesse même.

« Ma maladie m'a pris subitement, et comme j'ai aperçu le jeune berger, je me suis jeté sur lui et je l'ai tué... Je suis un pauvre malade innocent dont Dieu a voulu se servir pour faire réfléchir le monde dans un but que nul humain n'a le droit de sonder… »

Puis le pire arrive :

« Vous reconnaissez avoir commis d'autres assassinats ?

– Parfaitement.

– Dites combien à messieurs les jurés.

– Onze.

– Voyez comme vous précisez. Vous avez une bonne mémoire pour un fou.

– Si ça continue, je vais le redevenir ! Mais voici la preuve qu'il y a une providence : voyez le soleil, aujourd'hui, je ne peux le supporter.

– Mais il y en a très peu…

– Huissier, enlevez le soleil ! »

Mais son avocat veille et revient sur les meurtres attribués à son client. Car ici, Vacher est jugé pour le meurtre de Victor. Pas pour celui des autres victimes.

« Il est important que le jury sache à qui il a affaire, dit le président.

– N'empêche, tonne Vacher, que vous vous occupez de choses qui ne vous regardent pas ! »

Dans la salle, la foule gronde à son tour :

« À mort, à mort. »

Puis :

« À l'eau, à l'eau. »

Et le bonhomme de continuer à débiter des phrases sans queue ni tête, où il est question de « martyr », de « providence », de « justice divine », de « murs des criminels » et autres « crimes épouvantables ».

Le grand professeur Alexandre Lacassagne l'examine en long et en large. Ses travaux font autorité dans le domaine judiciaire. Toutefois, l'homme est un fervent partisan de la peine de mort. Il n'est pas psychiatre. Est-ce pour cela que Lacassagne déclare Vacher sain d'esprit ? Peut-être. Car manifestement, le « Tueur de bergers » n'est pas tout à fait… normal. Mais le débat est vaste, loin d'être encore tranché. En attendant, il continue à tempêter et à hurler. À un moment, il jette son bonnet blanc en l'air. Exaspérés, les gendarmes s'en emparent. Vacher tente de le récupérer. Tire sur le couvre-chef. En quelques instants, le chapeau emblématique de

Vacher est en loques. Déchiqueté. Amer, le meurtrier clame son dépit au président, qui doit se fâcher pour le faire taire. Alors, Vacher se mure dans un silence boudeur. Puis il se frappe plusieurs fois sur la tête. Peut-être voyage-t-il par la pensée, dans le désordre le plus complet, à travers la France ?

Éclose (Vienne), 18 juillet 1884

Un garçon excite la curiosité de Vacher. Il est si mignon. Si gentil. Vacher s'en approche. Et devient fou. Il ne se contrôle plus. Il se jette sur le petit. Joseph Amieux, dix ans, est retrouvé étranglé trois jours plus tard. Le premier meurtre de Vacher ? Le premier recensé, en tout cas.

Condrieu (Rhône), 11 avril 1897

Madame Cadet est une personne âgée. Ni bergère, ni prostituée. Pourtant, c'est avec la même violence sauvage que Vacher la tue. Et sépare la tête du tronc. Il n'aime pas plus les vieilles dames que les jeunes filles.

Beaurepaire (Isère), 19 mai 1894

Eugénie Delhomme a vingt et un ans. Joseph Vacher l'étrangle. L'égorge. La frappe. La mutile. La viole.

« À chaque fois, explique le meurtrier, je suis pris d'une espèce de fièvre, d'un tremblement nerveux. Je ne veux ni tuer ni violer, mais il faut que je le fasse. »

Et il le fait. Dans le Sud-Est de la France, un nouveau monstre sévit.

Courzieu (Rhône), 18 juin 1897

Un petit berger. Tué et violé. Il avait treize ans. L'assassin est dans un autre monde.

Dôle (Jura), 1893

Vacher est interné.

« Le sieur Joseph Vacher est atteint d'aliénation mentale, caractérisée par le délire des persécutions. »

Ainsi écrit le docteur Guillemain, après sa tentative de suicide. Car Vacher, après une déception amoureuse, a tenté de tuer son ex-fiancée – et l'a ratée –, puis a tenté de se tuer – et s'est raté. Il n'empêche que deux balles ont traversé sa tête, entraînant des maux de crâne considérables, une paralysie du côté droit du visage, un œil perpétuellement injecté de sang, une oreille qui suppure, une bouche qui se tord quand il parle. Quelques mois plus tard, il est relâché. Guéri… Ou presque. Mais la médecine psychiatrique n'existe pas encore vraiment. Comment condamner ceux qui passent à côté du pire ?

Truinas (Drôme), 23 septembre 1895

Une jeune bergère. Tuée, violée. Elle avait seize ans. Vacher, toujours Vacher.

Bénonces (Ain), 1er septembre 1895

Victor Portalier. Il s'agit du berger qui lui vaut le procès aux Assises de l'Ain. Tué et violé. Le pauvre garçon s'est trouvé au mauvais moment au mauvais endroit.

« Il y a des moments où je n'étais pas maître de moi et où je courais comme un fou à travers le monde, droit devant moi, me guidant sur le soleil, et ne sachant où j'ai erré. Ce n'est pas ma faute si on m'a empoisonné le sang. »

Un peu partout en France

La liste n'est pas close. Loin de là. Vacher s'attaque en majorité à de jeunes filles, bergères de préférence. Ou à des dames âgées.

Pour ces dernières, il accuse la colère ou la contrariété. Les petits garçons sont aussi des victimes de choix. Il les viole avec autant de férocité que les filles. Le monstre a un comportement erratique. Il va de département en département, travaillant ici ou là, de préférence dans les fermes. Il marche et marche, sans fatigue, dans tout le Sud-Est, puis en Bretagne, en Haute-Marne, dans la Marne, porté par ses crises et ses délires. Il tue et massacre. Il étrangle, il éventre, il égorge, il poignarde, il viole, il mutile les organes sexuels. La police n'arrive pas à faire le lien entre les différents meurtres. Pour ceci, il faut l'arrivée à Belley, dans l'Ain, d'un jeune juge, Émile Fourquet. C'est lui qui recoupe les faits, qui découvre le *modus operandi*. Qui refuse aussi de considérer Vacher comme un fou furieux. Grâce à Fourquet, Vacher est poursuivi et arrêté en août 1897. Chaque jour, le juge rencontre l'assassin, discute. Arrive à lui arracher des aveux. Certes, de manière informelle. L'homme ne pourra être jugé que pour le cas Portalier. Mais c'est une vingtaine de meurtres qui lui sont imputables. Dont...

Courcelles, août 1896

Joseph Vacher se promène dans la Marne. Il est à Reims. Il est à Courcelles. Il marche sur le pont de Courcelles. Il voit une fille. Belle, jeune. Elle est rebelle, en colère contre son père. Prête à se lier avec n'importe qui. Or, Joseph Vacher n'est pas n'importe qui. Quand elle le rencontre, au détour de la nuit, elle prend peur. Il sent mauvais, il est aussi laid que l'enfer. Elle veut fuir, mais lui a déjà fait son choix. Pour elle, pour Marie, ce sera la peine de mort. Il la poursuit, la jette à terre, la bourre de coups de pied, cassant les os les uns après les autres. Puis, quand elle est pantelante, à deux doigts de mourir, il se jette sur elle, la viole. Ensuite, il la balance du haut du pont dans le canal. Où elle achève sa si courte et si prometteuse vie.

Le commissaire Gatelier n'aura jamais ni la possibilité ni même l'idée de rattacher ce meurtre à ceux commis par « l'Éventreur du Sud-Est ». Pourtant, c'est bien lui, l'assassin.

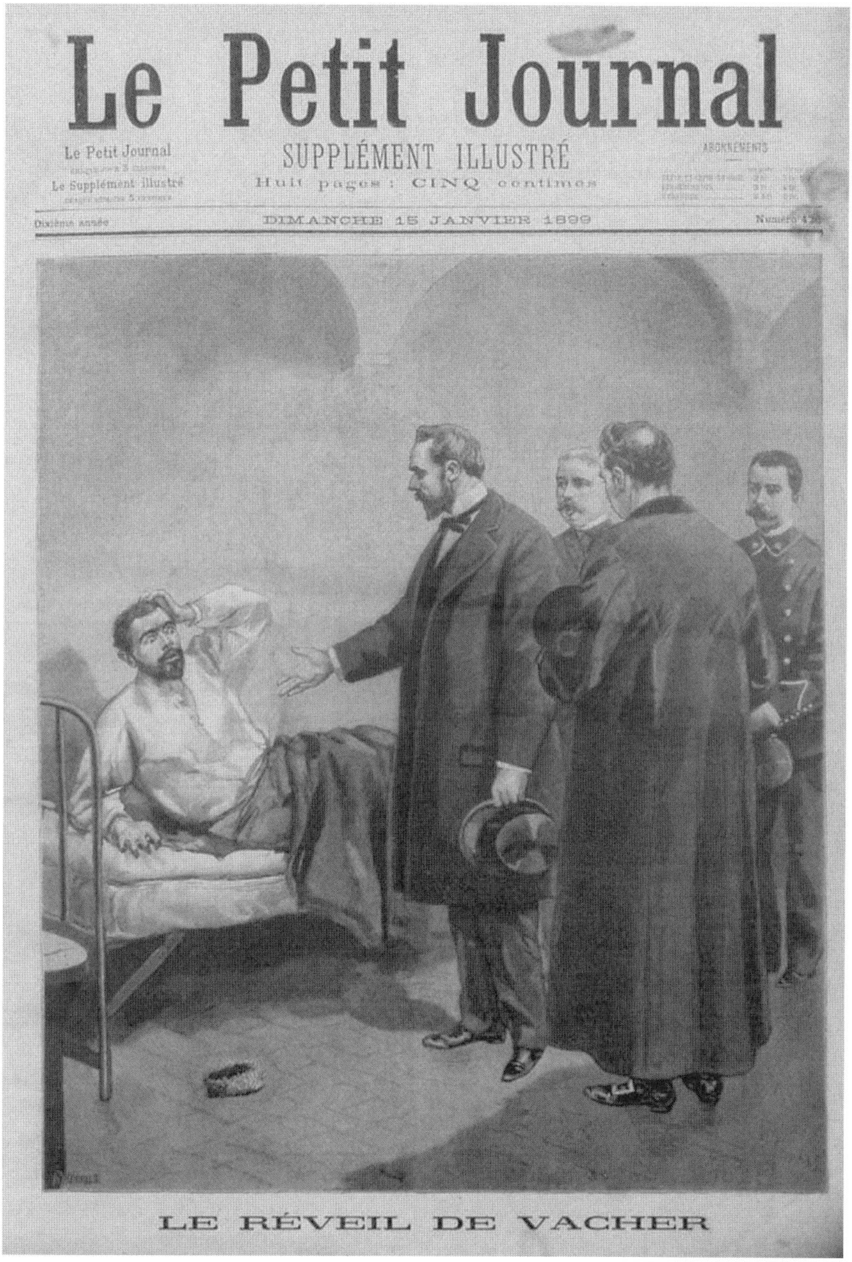

Vacher, quelques minutes avant son exécution.
(*Le Petit Journal*, 15 janvier 1899.)

Bourg-en-Bresse (Ain), 31 décembre 1898

Joseph Vacher est condamné à mort le 28 octobre 1898. Le 31 décembre, Louis Deibler, l'exécuteur en chef, est à Bourg-en-Bresse, sur le Champ-de-Mars. Ce n'est pas sans répulsion que le bourreau accueille celui qu'il appelle « l'ignoble Vacher ». En hurlant, le « Tueur de bergers » arrive, résistant tant et bien aux aides de Deibler. Pendant qu'on le hisse dans le fourgon, il crie :

« La voilà, la victime des fautes des asiles ! »

Puis :

« Portez-moi si vous voulez, je me refuse à marcher. »

Un abbé veut l'entendre en confession. Il lui dit :

« J'embrasserai Jésus-Christ tout à l'heure. Vous croyez expier les fautes de la France en me faisant mourir. Cela ne suffira pas, vous commettrez un crime de plus. Je suis la grande victime de cette fin de siècle. »

Pendant ce temps, la foule mugit :

« À mort ! Lâche ! Il ne sait pas mourir proprement ! »

Mais il meurt quand même, quand le couperet tombe sur sa tête. La foule applaudit, longuement. Pour Louis Deibler, c'est le dernier round. Demain, 1er janvier 1899, il passe le flambeau à son fils, Anatole. Il était temps. Louis ne supporte plus le sang ! Au loin, on entend cette chanson :

« Petits bergers pleins de peines,
Le soir, prenez garde à vous.
Il est des bêtes humaines,
Inhumaines, inhumaines ;
Lâches assassins ou fous,
Plus terribles que les loups. »

Depuis le pont de Courcelles, on jette quelques fleurs...

Les émeutes de Champagne ont ensanglanté toute la région d'Épernay, et particulièrement la ville d'Ay.
(Collection de l'auteur.)

Vignes de feu, vignes de sang

Affaire des émeutes d'avril 1911, Ay, Épernay, Trépail, Cuis, etc.
Cour d'assises du Nord, août 1911

LE PEUPLE VIGNERON gronde, le peuple vigneron hurle. Attention, bourgeois, l'or vert du champagne est menacé par la sueur rouge des travailleurs !

Avril 1911. Les murs des communes viticoles se couvrent d'affiches vengeresses. À Damery, on annonce que l'on « va faire sauter » les maisons Jacquel, Menudier et Delouyin. À Épernay, le maire se terre dans sa mairie. Il remet d'ailleurs ses pouvoirs de police au sous-préfet. Les gendarmes, en surnombre, quadrillent les rues. Le 31e régiment de dragons est consigné dans sa caserne. L'ambiance est lourde. Comme un ciel d'orage gros des œuvres d'un dieu en colère. À Reims, les militaires sont également consignés. Les permissions de Pâques sont supprimées. Les gendarmes à cheval de Sainte-Menehould se dirigent vers la ville de « l'Ange au sourire ». Qui n'a peut-être pas le cœur à rire. À Ay, à Dizy, à Venteuil, à Cumières, d'autres placards sont apposés sur les murs. D'abord en pleine nuit, pour éviter les poursuites. Puis au grand jour. La révolte se vit en pleine lumière. L'appel est le suivant :

« Vignerons de Champagne,

« Monsieur Menis [le responsable des vignerons de Champagne] nous avait promis qu'on ne toucherait pas à la délimitation de la Champagne ; à ces promesses, la commission de l'agriculture vient de répondre en proposant d'incorporer les vignobles de l'Aube, de la Haute-Marne et de Seine-et-Marne.

« Vignerons, l'heure est grave ! Nos intérêts vont à nouveau être compromis. Vous ferez votre devoir ; vous connaissez tous les auteurs de cette misérable campagne : ce sont nos ennemis, les fraudeurs.

« Avant de succomber, nous saurons leur faire payer leur trahison. »

Signé : « le Comité de défense des intérêts viticoles. »

Les gendarmes tentent d'arrêter les colleurs d'affiches. Bien protégés, ceux-ci leur échappent. Toutefois, il n'y a pas que des affiches. De grosses lettres tracées à la craie ou à la peinture tonnent clairement les messages. Damery est toujours en première ligne. On lit : « On fera sauter ta boîte, canaille ! » Ou bien : « Ta dernière heure est venue ! » Ou encore : « Tu sauteras demain ! » À défaut d'arrestation, les pandores frottent les murs pour effacer les menaces. Dans les bistrots, l'émotion est à son comble. Il fait nuit noire quand quelques-uns tentent de forcer les portes d'un cellier. Tous ont le même mot d'ordre : sus aux fraudeurs. Et soudain, le 11 avril, une dépêche met le feu aux poudres : le Sénat vote une motion et confirme l'idée de fin de délimitation de l'appellation champagne. Le train des émeutes est lancé. À grande vitesse.

Alors, qui sont les criminels ? De quelle fraude parlons-nous ? Depuis des dizaines d'années, les petits vignerons de la Marne travaillent d'arrache-pied leurs petits lopins de vignes. Oh ! souvent, ils n'ont pas grand-chose. Quelques ares qu'ils bichonnent, qu'ils soignent comme la prunelle de leurs yeux. En contrepartie, les maisons de Champagne leur achètent leur raisin selon des critères qui prennent en compte ce travail, cette qualité. Or, depuis quelque temps, des maisons fraudeuses achètent en catimini des raisins en dehors des limites reconnues de ce vin exceptionnel. À moindre coût, naturellement. Et la fin des limites de l'appellation champagne officialise cet état de fait. On pourra acheter le vin ailleurs et le traiter selon la méthode champenoise. D'après la dernière étude des experts, c'est la ruine assurée pour cinquante mille viticulteurs de la région d'Épernay et de Reims. Cinquante mille ! Les cavistes sont déjà en grève depuis plusieurs jours. Les journaux en font leurs gros titres. Peur ou volonté de mettre de l'huile sur le feu ? *Le Petit Journal* titrera bientôt : « À qui profitera la jacquerie champenoise ? Au profiteur allemand ! » On a un peu tendance à tout mélanger.

Le père Thuillier est bûcheron à Ay. Le 12 avril, comme chaque jour, en bras de chemise, il cogne un arbre de toute la force de ces bras musculeux quand son fils vient le chercher.

« Viens donc, le père, c'est la révolution. On va tous les massacrer. »

Le bûcheron jette sa cognée – avec le manche – et s'empresse de suivre son fils. Il entend cris et insultes, en bas, dans le village. On y est, c'est le grand jour ! En courant, pour ne rien perdre de la révolte qui naît, le fils raconte au père les dernières informations :

« Il y a eu des réunions à Venteuil, à Damery. À chaque fois, le mot d'ordre est le même : "Tous debout, nous vaincrons ou nous mourrons !" Hier, il y a eu des carreaux de cassés. Les gendarmes n'ont rien pu faire. Des municipalités commencent à démissionner, par solidarité avec nous. Maintenant, on n'attend qu'une chose : c'est que les biffins mettent la crosse en l'air, qu'ils nous rejoignent.

– N'y crois pas trop, fiston, réplique le père. S'il faut charger, ils chargeront.

– Voire ! Après, quand nous aurons gagné, on marchera sur l'Aube. C'est la guerre entre nos deux départements.

– Tu te rends compte que c'est ouvriers contre ouvriers ?

– Ils veulent nous tuer. »

Quand les deux hommes arrivent sur la commune, ils ont bien du mal à se frayer un chemin, tant la foule est compacte, houleuse. Comme une mer poussée par un vent de tempête.

« Du nouveau ? demande le fils Thuillier à l'un de ses camarades.

– Cette nuit, la troupe a chargé.

– Tu vois, dit le père. Je te l'avais dit.

– Des dégâts ?

– Trois blessés.

– Ils payeront pour cela. »

Sur la place de l'Église, c'est une véritable scène d'apocalypse. La nuit a été terrible. Morceaux de caisses et de cuves, bouchons par milliers, paniers en vrac jonchent le sol. Les gendarmes tentent de disperser les manifestants. Sans succès. On crie, on se bouscule. Et d'un coup, les cris ne sont plus rien, masqués qu'ils sont par le tocsin qui se met à sonner, à sonner. À Ay, à Dizy, partout. Les cloches sonnent la révolte. Les Thuillier, père et fils, voient arriver d'Hautvillers, de Cumières, des vignerons armés de grands échalas, de fourches. Les gendarmes, débordés, s'en vont chercher du renfort. Bientôt, quatre mille vignerons envahissent la commune. Ay est en train de devenir le symbole de toute une région.

Il est 11 heures quand de nouveaux dragons arrivent. Une voix s'élève alors. C'est celle de Émile Michel-Lecacheur. Il est vice-président de la Fédération des syndicats viticoles de la Champagne. Émile parle, Émile harangue. Émile se fait bientôt criminel. Oh ! il ne tuera personne. Simplement, ses paroles, l'excitation qu'il transmet à ses camarades, en font de la graine de cour d'assises. Il s'adresse ensuite aux dragons :

« Camarades, hier, vos collègues du 17e ont levé la crosse. Je vous en conjure. Imitez-les. Mettez la crosse en l'air. »

Incitation à la rébellion. Les juges sauront trouver les bons articles pour condamner.

Et soudain, c'est le débordement. Les émeutiers sont maintenant six mille. Les militaires, six cents. Les vignerons continuent à venir. Plus de cinquante communes sont représentées. Il n'y a plus qu'une voie de libre pour entrer dans la ville : le boulevard du Nord. Il est 2 heures de l'après-midi. Tous l'empruntent et se précipitent vers la maison Bissinger. L'homme est un riche propriétaire d'Ay. La maison est une grande bâtisse blanche surmontée d'une cheminée monumentale. Les insurgés l'encerclent, grondent et se précipitent sur les portes qu'ils enfoncent. Bientôt, la foule hurlante envahit les pièces cirées, casse les fenêtres et balance tout ce qu'elle trouve. Monsieur Bissinger fait face, courageusement. Les dragons tentent d'intervenir. Bissinger sort un pistolet et braque le premier pillard qu'il voit. C'est le fils Thuillier.

Pendant ce temps, le père est resté au-dehors. Les chevaux sont lancés à pleine vitesse. L'un d'entre eux renverse le bûcheron, qui s'évanouit un court instant. Blessé, il est emmené hors des limites de l'échauffourée. Des gendarmes viennent prêter main-forte à Bissinger. Et embarquent le jeune Thuillier, qui ne voit pas son père allongé sur le sol, un peu plus loin. Des flammes commencent à s'élever, ici et là. La maison Bissinger est incendiée. En quelques minutes, elle flambe comme un feu de la Saint-Jean. Ruines et cendres. Monsieur Bissinger pleure de rage. Il ne voit plus que des murs noircis, des chais détruits, des poutres tordues.

Un peu plus loin, c'est la maison Ayala qui est la proie des émeutiers. Mêmes causes. Mêmes conséquences. Partout, dans Ay, des celliers sont forcés. Des bouteilles de champagne disparaissent. Des milliers. Des dizaines de milliers. Le grand pillage commence. Ay sent le vin, Ay sent la poudre. Car des coups de fusil partent. Heureusement, sans blesser personne. Miracle. Seul un cheval s'effondre, emportant avec lui son cavalier. Qui se relève, indemne.

Toute la journée, les émeutes se poursuivent. Pour ne pas être chargés par les dragons, les révoltés cassent des bouteilles sur le sol. Les chevaux, gênés par ces monceaux de verre cassé, ne peuvent plus avancer. C'est la déroute. Autour d'Ay, les paillons flambent également. Il s'agit des couvertures que l'on pose sur les vignes pour les empêcher de geler. Les pieds de vignes ne gèleront plus. Ils brûlent. La maison Moët et Chandon perd une superficie immense.

Il n'y a pas qu'à Ay que ça chauffe. À Épernay, des centaines de vignerons prennent possession des rues et, sur l'air de *L'Internationale*, chantent *La Champenoise* :

« Debout, les damnés de la terre !
Debout, les forçats de la faim !
La raison tonne en son cratère,
Et la fraude est sur son déclin.
Du passé, faisons table rase.
Foule esclave, debout ! Debout !
Vign'rons, il faut changer de base ;
Nous ne sommes rien, soyons tout. »

Les établissements Bissinger ont particulièrement souffert des émeutes de 1911. Il ne reste ici que ruines et désolation.
(Collection de l'auteur.)

Refrain :
« C'est la tuile en Champagne.
À la fraude de nos vins,
Vignerons de la Marne
Défendons notre bien
Défendons notre bien. »

Les « rouges » sont bien là. Le préfet ne peut rien faire d'autre que dégager Ay pour défendre Épernay. Dans la soirée, la capitale du champagne est libérée. Ay est en ruine. À Venteuil, à Pierry, à Mareuil, on pille et on vole. À Reuil, le drapeau rouge flotte sur la mairie.

Et les Thuillier ? Le fils est en prison. Le père va mieux. Les arrestations se poursuivent. Les meneurs – ceux qui relèvent des Assises – sont recherchés. Ils ont pour noms Lagache, Dubois, Moreau, Dorquigny, Jobin. Achille Beautrait, le mal nommé à cause de son bec-de-lièvre, est également un suspect de premier plan. C'est lui qui a ouvert le bal chez Ayala. On court aussi après l'anarchiste Renaudel.

Le lendemain, la fièvre continue à gagner la région. À Vinay, la maison Blondel est mise à sac. Cinq cents pièces de vin sont défoncées à coups de marteau et de hache. À Moussy, les propriétaires ouvrent leurs maisons. C'est cela ou le feu. À Venteuil, des barricades sont dressées. À Avize, à Pierry, des habitations brûlent.

Paul Galland a quarante-huit ans. Vigneron à Moussy, il suit quelques camarades. Sans trop savoir comment, ils se retrouvent à Pierry, justement. Ici ou ailleurs. Les rues sont déjà jonchées de tessons de bouteilles. Et pleines du bruit des soldats qui ne comprennent rien à cette révolte paysanne. Ils se croient au XVIIe siècle. Depuis quand la Commune s'exporte dans la cambrousse ? Alors Paul sent la colère le gagner – le gagner encore davantage. Il hurle, bouche tordue par la haine, lève le poing, chante, révolutionne. Enfonce une porte, vole des bouteilles, en casse d'autres. Se fait charger par la police – ou les militaires, il ne sait pas. Paul Galland se retrouve en prison. Comme d'autres. Comme tant d'autres.

La troupe campe. Dix-huit mille hommes occupent la région. Bientôt, ils sont quarante mille. Parmi eux, le caporal Camille Barré. Les chevaux sont fébriles. Les cavaliers ont bien du mal à tenir leurs montures. On leur avait dit qu'ils auraient quelques paysans à calmer. C'est une révolte qu'ils ont à mater. Les cœurs s'emballent, les mains sont moites. Camille Barré appartient au 155e régiment de ligne. Il est stationné à Cuis. Le cavalier Heussler est quant à lui avec ses collègues à Trépail, où des événements graves se passent aussi. Les régiments – des numéros, encore des numéros – s'abattent sur la Marne comme une nuée de sauterelles galonnées. Les 101e, 54e, 66e, 45e et 94e de ligne viennent renforcer le 155e. Puis les cuirassiers, puis les chasseurs, puis les dragons, encore les dragons, s'y mettent, s'installent. Épernay est en état de siège.

Les 13, 14 et 15 avril, les flammes s'élèvent dans le ciel champenois. Les ministères tremblent. Puis les émeutes cessent. Les négociations avancent. Et les prisons s'emplissent. Commence alors une vague de répression sans égale. Vingt, trente, cent vignerons sont arrêtés. Et jugés en comparution immédiate. Pour eux, pas d'Assises. Seulement la correctionnelle. Des listes de noms défilent dans les journaux. Listes suivies de condamnations. La prison d'Épernay est surpeuplée, d'un coup. Qu'importe, on transfère à Reims, où la troupe patrouille nuit et jour. Les jours passent. La mort arrive. D'un coup.

Le bûcheron Thuillier se remet mal de sa bousculade. Sa femme le soigne. Le médecin ne vient pas. Pour quoi faire ? Un ou deux os froissés ? La belle affaire. Mais le père Thuillier meurt, pendant que son fils est en prison. Le lendemain, ils sont vingt-huit à son enterrement. Une misère. Un enterrement même pas récupéré par les révolutionnaires ! Les communards auraient porté le cercueil en triomphe, en auraient fait un symbole. Un étendard.

Un soir – nous sommes alors le 25 avril –, la troupe se repose à Trépail. Les hommes soufflent un peu. Aujourd'hui a été un jour calme. Le cavalier Heussler est assis. Il parle, plaisante, rit. S'effondre. Il sent un choc, un simple choc, à sa gorge. Il y porte la main. La retire alors qu'elle dégouline de sang. Puis il entend une détonation. Près de lui, un copain écarquille les yeux, épouvanté. Dans sa main, son arme encore fumante tremble. Alors qu'il nettoyait son pistolet, le coup est parti. Tout seul. Heussler meurt, entouré de tous.

Camille Barré est au bord du gouffre. Pris en flagrant délit de vol – des broutilles dérobées à quelques camarades –, il se sait dans l'œil du cyclone. Demain, le colonel va le convoquer. Demain, le colonel va le révoquer. En attendant, il est enfermé dans une petite pièce. Cadenassé comme l'un de ces révolutionnaires d'opérette. Comme un somnambule, il fouille l'endroit, ouvre les portes des placards. Et trouve un revolver. Il le porte à sa tempe droite. Appuie sur la gâchette. Il meurt, le haut du crâne emporté, tout comme ses sombres pensées qui le quittent. Définitivement.

Paul Galland, depuis sa colère de Pierry, ne décolère pas. Les poings serrés, les mâchoires éclatées à force de se crisper, il rumine. Ses vignes lui manquent. Sa femme lui manque. Ses enfants lui manquent. Et ce juge qui lui a dit hier que, peut-être, les Assises… Quelle horreur ! La tristesse le mine. En pleine nuit, en pleine déprime, il démonte son lit, en retire quelques fibres de rotin qu'il tresse en cordelette. Il accroche sa corde improvisée à un petit crochet qui pend sous la minuscule fenêtre de sa cellule. Il passe sa tête dans le nœud coulant de fortune et s'allonge sur le sol. Va-t-il se pendre ? Allongé sur le sol ? Il faudrait une sacrée dose de volonté. Il l'a. Il tire alors de toutes ses forces sur le lien, hoquette, souffre. Une traction, puis une autre. Il se garrotte lui-même ! Jusqu'à ce que la colonne vertébrale cède. Un sillon noirâtre est profondément incrusté dans la peau du cou. L'énergie du désespoir. Le médecin ne peut que constater le décès.

D'après les autorités – et elles ont raison –, les militaires ont été exemplaires de retenue. Malgré les pillages, les insultes, les charges, la violence a été contenue. Les blessés sont légers. Les morts ? Dommage collatéral, dirait-on aujourd'hui.

Pendant ce temps, les émeutes se poursuivent dans l'Aube. Pour la raison exactement inverse. Comme il est difficile de s'y retrouver !

Revenons aux condamnations. Elles sont immenses par rapport aux faits reprochés. Quelques exemples, parmi des dizaines et des dizaines d'autres.

Monsieur Grongé, boulanger à Pierry, excité et surexcité, a vu passer des prisonniers escortés par des gendarmes. « On devrait ficher les gendarmes avec ! » Les renseignements sur ce boulanger sont excellents. Heureusement. Six jours de prison.

Gabriel Playoul a été arrêté alors qu'il buvait au goulot une bouteille de champagne provenant de la maison Ayala. Un mois de prison.

Lucienne Watteau, dix-huit ans, Edmond Barré, vingt et un ans, et Léon Inhoff, dix-sept ans, étaient assis sur un talus à Ay. Ils buvaient une bouteille qu'un pillard venait de leur donner. Un mois de prison à chacun.

Marthe Hermant a volé des rideaux dans la maison Bissinger. Puis les a abandonnés le long de la route. Trois mois de prison. Même peine pour sa complice, Pauline Galland.

Hippolyte Colas a volé trois bouteilles. Trois mois de prison. Son frère Eugène en a pris six. Six mois. Quand on sait que des millions de bouteilles ont été volées, brisées, bues, on imagine des millions de mois de prison ! « Ils ont bu ; maintenant, ils trinquent. » Cette boutade est d'un journaliste.

Un caviste a dérobé vingt-sept boîtes d'allumettes. Un mois de prison.

Une gamine de quinze ans a offert un verre de vin à un gamin de douze ans. La fille restera un mois en prison ; le garçon, trois semaines !

Pierre Antoine a volé des pneus et une paire de bottines de chez Bissinger. Treize mois.

Tous les villages où ont eu lieu des exactions sont concernés par ces condamnations. Des jeunes hommes et femmes de Cumières, de Vertus, de Verzenay, de Mutigny, de Port-à-Binson sont incarcérés. Une vraie saignée dans les rangs des vignerons.

Et les meneurs ? Les Michel-Lecacheur, Dubois, Beautrait, Jobin, les vrais anarchistes, les véritables incendiaires. Les vrais criminels, eu égard aux articles du code pénal ? Ils sont arrêtés, bien sûr. Emprisonnés, naturellement. Et jugés par la cour d'assises, cela va de soi. Mais pas par celle de Reims. Il ne faut pas réveiller les passions qui dorment.

C'est en août 1911 que les prévenus passent devant la cour d'assises de Douai. Il y a quarante-six accusés. Et ils le sont pour d'autres choses que des vols de bouteilles : incendie, dégradation, incitation à la révolte ou à la désertion. Et pourtant, seuls sept d'entre eux sont condamnés à des peines légères. Les autres sont acquittés. Deux poids, deux mesures ? Mais à Douai, que sait-on de la grande jacquerie des vignerons champenois ?

Le nomade du bord de l'Ardre

Affaire Jacques-Joseph Lambert, Saint-Gilles
Cour d'assises de la Marne, 13 novembre 1911

La pièce sent l'encaustique et l'encre. Le bureau du juge d'instruction en impose. L'immense meuble en chêne massif est situé non loin de la fenêtre. Ciré de près, il est à peine encombré d'un dossier flambant neuf et d'une écritoire de prix. Mon bureau – ou plutôt la petite table qui m'est dévolue – ne fait pas la comparaison. Normal, je ne suis qu'un modeste greffier. Il est tôt, en ce matin d'août 1911. Bientôt, il fera trop chaud. C'est pour cela que le juge aime travailler à la fraîche. Moi, ça m'indiffère. Ce moment ou un autre. Pas de famille, pas de rendez-vous. Rien ne me presse, et rien ne me retarde. Je suis à disposition. La porte s'ouvre. Le juge entre.

« Bonjour, mon cher Félix. Déjà prêt ?

– Comme vous, monsieur le juge. Quelle affaire traite-t-on aujourd'hui ?

– Une nouvelle histoire de crime. Le suspect est un dénommé Lambert. Nous allons commencer par entendre un gendarme. On peut y aller ?

– Oui, je fais entrer, monsieur le juge. »

Je me lève alors et ouvre une autre porte donnant sur un couloir du palais de Justice de Reims. J'avise un gendarme en uniforme. Je lui fais signe de venir. Lui propose un siège. Il se découvre, salue le juge et commence à parler :

« Monsieur le juge, je suis le maréchal des logis Jean Maillard, de la brigade de Fismes. C'est moi qui ai fait les premières constatations.

– Je vous écoute.

– Cela s'est passé le 19 juillet 1911. Un corps a été découvert dans l'Ardre, entre les communes de Saint-Gilles et de Courville. C'est un pêcheur de Reims, M. Ravaux, qui a fait la sinistre trouvaille. Il est accouru à la gendarmerie de Fismes, tout décomposé, le pauvre. Je me suis rendu sur place. Il s'agissait d'une femme que nous identifiâmes rapidement comme s'appelant Pauline Cadet. La femme n'était vêtue que d'un petit maillot. Elle portait cinq blessures graves à la tête. À première vue, une blessure résultait d'un coup tranchant. Les autres coups ont été donnés par un instrument contondant.

– Elle était si peu vêtue ?

– Oui. Nous avons remonté la rivière, et nous avons trouvé un peu plus haut deux jupons qui lui appartenaient. L'un d'eux était taché de sang. Les gens du village nous apprirent que, depuis quelque temps, cette fille vivait en concubinage avec Jacques Lambert. C'est un nomade qui avait installé son campement sur les bords de l'Ardre, justement. À moins de trois cents mètres du lieu où nous avons trouvé le corps.

– Ensuite ?

– Le lendemain, nous l'avons appréhendé. Et depuis, il nie toute implication dans ce meurtre… Car je crois que c'en est un, n'est-ce pas ?

– Oui, le médecin légiste a confirmé le fait… Que vous a dit Lambert au moment de l'arrestation ?

– Depuis le 15, il avait constaté sa disparition. Sans nous en informer, bien entendu. Il avait dit ici et là, dans Saint-Gilles, qu'elle l'avait quitté. Puis il nous a dit qu'elle s'était certainement suicidée.

– Et les coups ?

– Les coups, selon lui, avaient été donnés avant le “suicide”.

– Par lui ?

– Il n'affirme rien... On a retrouvé chez lui un couteau qui pourrait être l'instrument coupant dont je vous ai parlé.

– Bien. Vous avez fait une enquête de moralité, je suppose ?

– Nous avons sur lui tout et bien plus qu'il n'en faut pour prouver sa culpabilité. Son passé est particulièrement fourni.

– C'est un fait. J'ai jeté un œil sur le dossier. Mais je vous laisse me raconter sa vie. Cela ne pourra qu'être édifiant... Ne serait-ce que pour mon greffier. »

Ce faisant, il me lance un regard. Je vais noter l'intégralité des paroles du gendarme, naturellement. Je pose un instant ma plume pour reposer mon poignet. Le bout de mes doigts est constamment taché d'encre. La marque du métier. Je réponds à son invitation d'un signe de tête pour lui dire que je suis prêt et reprends mon instrument de travail.

« Bon... Notre homme s'appelle Jacques-Joseph Lambert, né le 3 janvier 1857 en Belgique. Il est marchand de balais, sans domicile fixe. Les seules résidences qui lui ont été attribuées ces dernières années ont été des cellules de prison. »

Le juge sourit poliment au trait d'humour de notre gendarme fismois.

« Car Lambert a déjà été condamné une fois à dix ans de prison pour le viol de sa sœur.

– Joli personnage.

– Et une seconde fois en 1888 pour le meurtre de sa concubine. L'enquête avait donné du fil à retordre à nos voisins belges, car il avait enterré le corps. La dame s'appelait... euh... Victoire Dupuis. La femme Dupuis a été retrouvée les cheveux coupés. Or, on a également coupé les cheveux de Pauline Cadet.

– Plus qu'une coïncidence, je pense.

– Oui, monsieur le juge... Lambert a été condamné à quinze ans de prison. Mais, en Belgique, les détenus font rarement l'intégralité de leur peine.

– C'est vrai. Là comme ici, on a la passion de l'humanitarisme.

– C'est bien dommage ! Quoi qu'il en soit, il est venu en France, s'est installé à Saint-Gilles et a vendu des balais à de nombreuses personnes de la région.

– Personnes que je vais entendre, soyez-en certain. Je vous remercie, maréchal des logis. Votre aide m'a aidé à clarifier certaines choses. Je crois que je vais entendre maintenant notre lascar… Greffier, pouvez-vous le faire mander ?

– Oui, monsieur le juge. »

Moins de deux heures plus tard, le triste sire est assis à la place du gendarme. Je remarque tout de suite son air arrogant. Je connais ce genre d'individu. Avant même de se faire questionner, il remue la tête de gauche à droite. Non. Non. Je sais que ce sera sa seule défense. Lambert est un homme de cinquante-cinq ans, au teint basané. Il a une petite moustache grise et un front presque inexistant. Son regard est celui d'un animal traqué, furetant de droite à gauche, mais ne fixant jamais son interlocuteur.

Commence le face-à-face. Le combat. Car c'en est un. Automatiquement, il doit y avoir un vainqueur et un vaincu. Il est bien rare que le vaincu soit le juge. Dans un premier temps, mon patron rappelle à Lambert son passé, le viol, le meurtre, le laxisme de la justice belge. L'homme n'en disconvient pas.

« Vous êtes méchant, violent, brutal.

– On est comme on est.

– Vous avez travaillé chez différents cultivateurs. Vous les avez toujours menacés. Et vous avez cassé les dents à une veuve !

– Mais non.

– Mais si. Que faites-vous en France ?

– Je suis un nomade. Je fais des paniers et des balais.

– Vous traînez de village en village, avec votre misérable voiture à bras. Vous volez une poule de temps en temps. Vous vivez de rapines et de mendicité.

– On n'a jamais vu ça !

– On vous a vu à Paris avec la femme Cadet. Oh ! ce n'était pas une bien belle femme. On la disait même vicieuse. Mais elle avait peur de vous, cela est certain.

– Je ne l'ai pas choisie. J'ai pris la première que j'ai trouvée.

– Elle a tenté plusieurs fois de s'échapper. Que faisiez-vous alors ? »

Lambert éclate de rire.

« *Ben*, je cherchais après !

– Vous la torturiez sans arrêt. Un jour, vous lui avez coupé les cheveux. Vous l'avez rendue idiote.

– Elle a déjà été dans une maison de sottes, alors... Et pour les cheveux, c'était parce qu'elle avait des poux. »

Et il rit de nouveau.

« Elle avait de nombreuses traces de coups sur le corps.

– Ce n'est pas moi.

– J'ai une chose à vous montrer.

– Je suis prêt. »

Le juge ouvre son dossier, agite quelques papiers et sort un document qu'il regarde d'abord longuement, puis qu'il pose violemment sur le bureau. Face à Lambert. Le voyou se penche. Et recule brusquement. Son teint olivâtre a viré au gris.

« Je refuse de vous répondre, désormais. »

Sans mot dire, le juge remet le document à sa place. Je sais ce que c'est : il a montré au suspect la photo du cadavre tel qu'il a été trouvé dans l'Ardre.

« Je ne me contenterai pas de cela, monsieur Lambert, il va falloir m'en dire plus.

– Rien à dire.

– Parlons cependant de la femme Cadet... Elle faisait parfois des propositions malhonnêtes à des passants. Qui refusaient toujours poliment.

– Elle était moche.

– Une fois, un homme lui a donné 50 centimes pour qu'elle le laisse tranquille... Des voisins disent que vous l'attachiez à votre bras, avec une cordelette à la jambe.

– Naturellement, c'était pour pas qu'elle se sauve.

– Et quand elle disparaît le 15 juillet, vous cherchez partout, sauf du côté de la rivière.

– Je ne savais pas qu'il y avait une rivière ! »

Là, le juge reste sans voix ! Comment comprendre une telle absurdité ? J'ai moi-même failli éclater de rire. À ce niveau, c'est plus que du mensonge, c'est de la bêtise.

« Vous aviez dit à un témoin : "Pour moi, elle s'est jetée dans la rivière." Comment expliquer le coup de couteau et le nez brisé ?

– Elle est tombée de voiture.

– Le long de la rivière, il y a de la terre jaune. Et comme vous savez qu'il est difficile de distinguer le sang humain du sang animal, vous avez pris votre chien...

– Je n'ai pas de chien.

– Vous vous en êtes procuré un ce jour-là, nous en avons la preuve... Et vous avez alors fait une chose terrible, inouïe : vous avez mutilé le chien là où vous aviez frappé votre maîtresse ! Vous laviez ainsi le sang d'un être humain par celui d'un animal.

– Ce n'est pas vrai.

– Vous êtes un monstre. Un cultivateur nous a dit que, une fois, par plaisir, vous avez crevé les yeux d'un veau.

– J'ai le droit de m'amuser !

– Revenons à Pauline Cadet. Madame Keller, d'Arcis-le-Ponsart, certifie que, le 11 juillet, la jeune femme était bien habillée. Le lendemain, elle était en haillons et avait le visage couvert d'ecchymoses. Madame Keller vous a apostrophé pour cela, et vous avez répondu : "Elle est tombée dans un buisson d'épines. Je suis plus malin que ça. Quand je frappe, il n'y a pas de traces."

– C'est vrai. J'ai dit cela.

– Un jeune garçon de Damery vous a entendu dire que vous alliez donner un coup de couteau à la femme, car elle ne ramassait pas assez de bois.

– C'est vrai aussi.

– Vous avez parlé à l'épicière de Saint-Gilles, Mme Saille, à des habitants de Courville et même à un gendarme qui passait par là, en leur disant que votre femme avait disparu, avec ses cheveux coupés. Et qu'elle était folle.

– C'est vrai, mais je ne l'ai pas tuée.

– À Mme Richon, vous avez dit : "Ma femme s'est détachée. Elle est allée se noyer dans la rivière. Ce sera une grâce pour elle, car elle n'est plus bonne à rien."

– Vous en savez des choses !

– C'est mon métier. »

Avec son petit sourire suffisant, le juge signifie alors à l'accusé que l'interrogatoire est terminé. Nous n'avons rien appris de plus. Mais la certitude est bien présente. Cet homme est coupable.

Le lendemain est consacré à l'audition des témoins. Habitants de Saint-Gilles, de Courville ou d'Arcis-le-Ponsart se succèdent. Ce sont des clients occasionnels du nomade ou de vagues connaissances de la femme assassinée. Tous ont la même opinion. Les témoignages concordent. Suffisamment pour clore le dossier. Il ne reste plus qu'une chose à faire : confier le dossier aux Assises, déterminer la date du procès. Ce sera donc le 13 novembre 1911.

Le temps passe. Les premières neiges arrivent. Un jour où je travaille sur un autre dossier, le juge me dit :

« Vous vous souvenez de l'affaire Lambert. »

Ce n'est pas une question. Je me souviens de toutes les affaires qu'il traite.

« Bien sûr, monsieur le juge.

– Il y a du nouveau.

– Ah oui ?

– Un autre témoignage. Il arrive après la clôture de l'instruction. Mais il pourra être versé au dossier. Le président – ce sera M. Fabre, conseiller à la cour d'appel de Paris – aura beau jeu pour mener les débats. Le ministère public boit du petit-lait.

– Un témoin de la scène du meurtre ?

– Non. Cet imbécile de Lambert est allé tout raconter à son compagnon de cellule. Vous pensez bien que l'autre, pour se faire bien voir, a tout de suite demandé à parler au directeur de la prison.

– L'assassin a tout avoué !

– Pratiquement... Le prisonnier en question s'appelle Louis Jamain. Il faut dire qu'il est en prison pour délit de chasse. Dans huit jours, il est libre ! Lambert savait que son collègue serait bientôt dehors. Il lui a confié une mission. "Veux-tu me faire une course à ta sortie ? a-t-il demandé. C'est pour écrire une lettre anonyme. J'ai 50 francs de gagnés à Muizon, chez M. Baudon, tu les toucheras. Tu mettras sur cette lettre : 'L'innocent est en prison, et le coupable roule encore.'" Et comme Jamain ne savait pas écrire, c'est un autre détenu, mis dans la confidence, qui a écrit à deux adresses différentes. L'une au charbon de bois, l'autre avec du sang.

– Du sang ?

– Oui, Lambert s'est coupé à un pied, et l'autre n'a eu qu'à puiser à la source. Ensuite, le voyou a dit à Jamain : "Tu vois bien que le juge d'instruction est un imbécile – c'est lui, l'imbécile, non, monsieur le greffier ? –, parce que si ma femme était tombée par terre, elle serait blessée au front et au bout du nez. Or, la blessure a été faite avec la pierre qui me sert à caler ma voiture."

– Voilà donc l'arme du crime.

– Le matin même, d'après Jamain, Lambert avait dit à sa compagne : "Mange, mange, tu peux bien te bourrer, c'est la dernière fois que tu manges !" Et dans l'après-midi, il a frappé Cadet entre les deux yeux avec la pierre, a monté le corps sur son épaule et s'en est allé le balancer dans le petit ruisseau qui se jette dans l'Ardre.

– Fin de l'histoire. »

Effectivement, plus rien n'est possible pour Lambert. Quel va être le réquisitoire ? Peine de mort ou travaux forcés à perpétuité ? L'homme est un récidiviste. Il risque sa tête. Mais je connais bien la justice. La victime n'était pas une bourgeoise. Alors... C'est sans impatience que j'attends le compte rendu de *L'Indépendant rémois* qui paraît le 15 novembre. Jacques Lambert est condamné aux travaux forcés à perpétuité. C'est ce qu'a demandé le substitut du procureur. C'est ce que les jurés ont choisi de suivre. Il ne leur a pas fallu plus de dix minutes pour cela.

C'est dans ces bâtiments qu'était abritée la mitrailleuse du 106e...
Par la faute de Deschamps, elle fut au cœur
d'une grosse affaire d'espionnage.
(Collection de l'auteur.)

Mais où est passée la mitrailleuse du 106e ?

Affaire Maurice Deschamps, Châlons-sur-Marne
Cour d'assises de la Marne, 14-16 novembre 1911

Le général Brun, ministre de la Guerre, est vert de rage. Il marche dans le bureau, frappant le sol de ses lourdes bottes, comme si c'était un terrain de bataille.

« Avec cette affaire, nous allons être la risée de l'Allemagne. La honte de la France ! »

Il n'ose pas dire : « … du monde entier ! » Mais il y pense.

C'est en ces termes brutaux que le militaire s'adresse aux autres ministres. Le président du Conseil, Aristide Briand, qui dirige cette réunion se tenant à Rambouillet, le regarde d'un œil peu amène. L'histoire est édifiante. Dramatique, même. Car elle n'est pas la première du genre. Et risque de ne pas être la dernière. En effet, la patrie souffre d'une grave maladie : l'espionnite aiguë. Il va falloir y remédier. Et vite.

« Expliquez-vous, général, s'impatiente l'un des ministres.

– La mitrailleuse du 106e régiment d'infanterie a disparu.

– Disparu ? Et on ne sait pas où elle se trouve ?

– *Ben* non, puisqu'elle a disparu ! »

Le ministre pris en faute d'inintelligence baisse la tête. Laisser passer l'orage. C'est la seule solution.

« Nous avons toutes les raisons de penser que non seulement elle a disparu, mais qu'en plus elle a quitté la France... pour l'Allemagne, reprend le général.

– Alors, si on sait qu'elle est en Allemagne, elle n'a pas disparu, ironise un autre ministre, venant au secours de son collègue. Elle a été volée, tout simplement...

– Euh... En quelque sorte, oui. Elle a été volée.

– Et comment ?

– Le 106e est un régiment de Châlons-sur-Marne. Il est situé dans la caserne Chanzy, laquelle jouxte le quartier Forgeot, qui abrite le 25e régiment d'artillerie. Or, le 106e était dépositaire d'une mitrailleuse 1907, voisine du modèle déjà ancien Maxim. Le vol de cette mitrailleuse me paraît plus important que l'engin lui-même. C'est le symbole qui compte, qui me met en colère. Car seuls le tube et la culasse se sont envolés. L'affût trépied et le support pivotant sont restés sur place, dans la chambre requise à cet effet.

– Et on connaît le voleur ?

– Il s'agit – il s'agirait, restons prudents – d'un nommé Maurice Deschamps. Il a déserté le 20 août dernier, et la mitrailleuse s'est volatilisée quelques jours plus tard, le 28 août 1909.

– Est-on certain que le déserteur et le voleur soient la même personne ?

– Certain est un bien grand mot... Disons que les présomptions sont fortes... Nous avions déjà des soupçons sur ce caporal. Depuis trois mois, un inspecteur de la Sûreté, un nommé Kretz, le surveillait.

– Et il a pu déserter et emporter le colis tout en étant surveillé ? Bravo ! »

Le ministre auteur de cette intervention se hausse du col et se tourne vers ses collègues pour faire valoir son bon mot.

« C'est-à-dire que... hésite le général.

– Oui ?

– Kretz a été muté il y a un mois. Et l'autorité militaire n'ayant pas été prévenue de ces soupçons, personne n'a repris la surveillance... Mauvaise coordination.

– C'est le moins que l'on puisse dire, dit Aristide Briand, amer.

– Euh... Oui, monsieur le président. »

Si le ministre de la Guerre est fâché – autant par ce qui arrive à son régiment que par le jugement de ses collègues –, les journaux ne le sont pas moins. Dès que l'affaire est ébruitée, les journalistes tirent à boulets rouges sur l'organisation militaire. Et si l'on sait une chose, c'est que les soldats n'aiment pas qu'on leur tire dessus. D'où une colère toujours plus forte chez notre général. Il est vrai que les éditorialistes appuient là où ça fait mal. Voici quelques extraits d'un article de *L'Industriel de la Champagne* de septembre 1909 :

« L'émotion produite dans le pays par cette extraordinaire affaire ne fait que grandir. Sans être de ceux qui voient des espions partout, il faut tout de même bien admettre qu'il y en a beaucoup... Il y a toute une organisation d'espionnage et de tentation qui fonctionne sur la frontière de l'Est, et... l'affaiblissement de la notion du devoir dans les jeunes générations favorise les entreprises des agents de corruption qui cherchent à circonvenir le moindre de nos caporaux... »

Et le journal de stigmatiser les instituteurs qui insufflent dans les villes et les campagnes la peste du pacifisme, qui vilipendent le culte du drapeau. Bref, qui ne sont pas patriotes. Pis, il y a les loges maçonniques qui empêchent les autorités de récompenser les bons militaires ! Amalgames douteux, raccourcis rapides, prises de positions partisanes. Tout est fait pour désorienter le lecteur et pour lui insuffler la haine de l'ennemi héréditaire : l'Allemand. Selon le journaliste, les services de contre-espionnage français ont complètement baissé les bras, hésitant à s'investir, de peur principalement de faire des vagues, de commettre ce que l'on appelle maintenant une « bavure ». Pour lui, tout cela, c'est la faute de « l'affaire ». Il parle bien entendu – sans la nommer – de la cicatrice Dreyfus, qui est loin d'être refermée et qui empoisonne toujours les hautes sphères de l'État. Il enfonce le clou – celui qui crucifie les politiques – et frappe sans état d'âme ceux qu'il estime responsables.

« Il y a du haut en bas de l'échelle un relâchement général de la discipline... Naturellement, on va essayer de nous leurrer d'explications verbeuses qui n'expliquent rien, mais qui permettent aux officiers et aux complaisants de se laisser rassurer à peu de frais. Il sera plus facile de trouver de mauvaises excuses que de retrouver la mitrailleuse disparue... On est donc dans nos casernes comme dans le palais de la Belle au bois dormant, et l'on peut sortir avec une mitrailleuse sur l'épaule sans que personne ait l'indiscrétion de vous demander d'explications...

« On va faire une enquête. On ferait mieux de faire un exemple...

« On constate que les multiples et tapageurs déplacements de M. Chéron, notre récent sous-secrétaire d'État de la Guerre, n'ont pas eu tous les miraculeux effets qu'on se plaisait à claironner. C'est qu'il faut autre chose que des velléités décousues pour remettre sur base une organisation qui a flotté à la dérive pendant des années. Il faut de la méthode, de la volonté, de la discipline, du travail silencieux, toutes choses qui ne sont pas celles que l'on rencontre d'ordinaire chez un politicien. »

Voilà qui est brutal. Et il y en a comme cela des lignes et des lignes. L'ambiance étant posée, il est temps d'entrer dans le détail de cette mystérieuse affaire. Qui ? Comment ? Pourquoi ?

C'est le 28 août 1909 au matin que les responsables du 106e régiment d'infanterie découvrent la supercherie. Une partie de l'engin de guerre est toujours présente dans le local qui lui est affecté. Mais il manque le tube et la culasse, comme le rapportera quelques jours plus tard le général Brun. Aussitôt, le branle-bas est lancé. Les soldats – ces fameux pioupious des chansons populaires – sont aux abois. Ne devait-il pas y avoir des hommes présents autour de la mitrailleuse ? Bien sûr que si. Et ces gens ne devaient-ils pas y passer leurs jours comme leurs nuits ? Réponse toujours affirmative. Or, il n'en était rien. Pas plus d'homme de troupe que de caporal. Rien. Personne. Le manquement est grave. À qui la faute ?

Après enquête, il semble que la chaîne de commandement ait été quelque peu rompue. En juillet, le commandant du 106e s'appelait M. Moreau de Bellaing. En août, il est parti en retraite. Le lieutenant-colonel Martin a été promu colonel, ce qui a fait qu'il a quitté la caserne pour une autre destination. Quant au chef du 2e bataillon, il a également quitté le régiment. Les nouveaux, le colonel Maistre, le lieutenant-colonel Derrive et l'intendant du 2e bataillon, sont arrivés en même temps. Il leur a fallu prendre la mesure des tâches, en comprendre le fonctionnement. Bref, ils ne connaissaient rien ni aux lieux ni aux personnels. Pis, les autres officiers du 106e ont été détachés pour superviser le camp de Verdun, ce qui n'a laissé à Châlons que le major, dont les fonctions sont purement administratives. Bel exemple d'organisation.

Une autre affaire complique la situation. Avant que n'éclate la triste histoire du vol de la mitrailleuse, des officiers du régiment du quartier Chanzy ont été condamnés au civil. Cela explique peut-être les nombreux déplacements et reclassements. En juin, tout Châlons en a fait ses choux gras : quelques officiers ont été condamnés pour avoir employé des domestiques étrangers. Quatorze valets de chambre, cuisinières, cochers et autres institutrices étaient aux ordres des officiers, sans que ces domestiques pussent présenter leurs déclarations de séjour. Ils étaient venus en France frauduleusement, sans papiers, et avaient trouvé à se faire embaucher par les militaires – qui devaient certainement les payer moins cher que les autres. Certains officiers avaient jusqu'à trois ou quatre employés irréguliers. Et chacun de ces étrangers était allemand !

Le général du 6e corps d'armée, Léon Durand, pousse un cri d'alarme. Chaque jour, des commerçants, des bergers, des colporteurs, des ouvriers agricoles, des chemineaux sont démasqués. Le département de la Marne est certainement celui où l'on recense le plus d'espions ! On comprend bien que la disparition de la mitrailleuse soit la goutte qui fasse déborder le vase.

Passons maintenant à Maurice Deschamps. Ce caporal a mauvaise presse. Il passe son temps dans les bistrots, dans les cafés-concerts, nombreux à Châlons-sur-Marne. Cet homme grand, blond, bien de sa personne, toujours parfaitement vêtu, fait un malheur parmi la gent féminine. Il a la réputation de voler de conquête en conquête. Quelques amis, militaires comme lui, l'accompagnent généralement dans ses virées nocturnes. Deschamps vit sur un grand pied. Il n'hésite pas à dépenser beaucoup. Sa solde de caporal ne suffit certainement pas. Il vit au-dessus de ses moyens. À quelqu'un qui s'étonne de tant de prodigalité, il répond :

« Bah ! je connais bien des moyens de gagner de l'argent. »

De fait, la surveillance dont il est l'objet de la part de Kretz révèle que, en tant que caporal de l'habillement, il se sert de temps à autre dans le magasin du régiment et revend les vêtements ainsi subtilisés. « Il finira mal ! » Telle est la rengaine que les clients des auberges entendent dès que le militaire a le dos tourné. Puis, soudain, il disparaît. Cela se passe le 20 août. Il faut attendre quelques jours pour qu'il soit officiellement porté déserteur. Et le 28, cette histoire de mitrailleuse qui se rajoute au passif du régiment. Tous ont la même idée : c'est Deschamps. Car c'est un gymnaste de bonne prestance, capable de belles performances. Le voleur, c'est lui. S'ensuit alors le scandale qui grimpe jusqu'aux plus hautes autorités.

On cherche des complices. On en trouve. Un brigadier du 25e régiment d'artillerie passe pour être son meilleur ami. Lui aussi avait dit dans un café, lors d'une soirée bien arrosée, que trouver de l'argent n'était pas un problème. Propos bien imprudents. L'homme, qui s'appelle Jacob, est arrêté. Ainsi que quatre autres militaires, du 25e ou du 106e. Il fallait nécessairement des complices pour sortir un tel engin. De même, la dernière maîtresse en titre de Deschamps, Marcelle Brunette, a disparu. Bizarrement, on ne l'a pas revue depuis le 20 août. Date de la désertion du suspect. Cette fois-ci, les autorités militaires et les policiers de la Sûreté générale collaborent. Il est bien temps. Le responsable de la Sûreté est M. Mottet, chef de la 12e brigade mobile de Châlons-sur-Marne. Le capitaine Boyer, rapporteur près le conseil de guerre de la 6e région, est chargé par Léon Durand de suivre l'affaire pour les militaires.

Pour sa part, le ministre général Brun expédie une circulaire musclée ordonnant à tous les généraux commandant les corps d'armée de lui envoyer très vite et le plus fidèlement possible les mesures qu'ils comptent prendre pour surveiller tant le matériel que les documents secrets en leur possession. L'affaire de Châlons a fait office d'électrochoc. L'armée française est humiliée. Cela ne peut pas durer.

Loin de ces considérations, Maurice Deschamps tente de vendre sa mitrailleuse. Il prend le train, son arme extraordinaire sous le bras, passe la frontière sans encombre et se retrouve à Strasbourg. Le *Strassburger Buerger Zeitung* relate le fait qu'un Français a débarqué début septembre en Alsace. L'homme, habillé d'un bourgeron bleu tel qu'en portent les ouvriers serruriers, et coiffé d'un chapeau mou destiné à lui cacher les yeux, s'est adressé à un douanier et lui a directement avoué qu'il voulait voir la police parce qu'il avait une mitrailleuse ! L'information paraît incroyable.

Avertis, deux agents du contre-espionnage se précipitent en Alsace, enquêtent, furètent de droite et de gauche. Et retrouvent la piste du voleur. Lequel a contacté depuis ce moment un officier de l'armée prussienne, à qui il a proposé la mitrailleuse. Les discussions ont dû être difficiles, car l'homme était en disgrâce auprès de sa hiérarchie. Membre du bureau de renseignements de l'armée allemande stationnée à Strasbourg, il se devait d'organiser un coup de maître pour regagner la confiance de ses supérieurs. Deschamps touche 1 250 francs pour son larcin. Seulement 1 250 francs. Car la somme est bien dérisoire par rapport à la valeur de ce qu'il apporte. Les agents du contre-espionnage ne le lâchent pas. Ils le filent en Allemagne, en Autriche, en Suisse.

Pendant ce temps, les investigations se poursuivent en France. Les complices – ou pseudo-complices ? – de Deschamps sont harcelés de toutes parts. Ils avouent bien quelques broutilles, des détournements, des manquements à la discipline. Mais aucun n'admet avoir participé à ce qui est devenu un événement national. Les preuves sont minces. Ils seront inculpés pour ces broutilles, ces détournements, ces manquements à la discipline. Guère plus.

En revanche, la petite amie de l'ex-caporal est repérée par les hommes de Mottet, qui s'accrochent à ses traces. Le monde du café-concert tourne en vase clos. Il suffit d'interroger l'une ou l'autre des chanteuses. Hélène Thiery, dite « Hélène Mailleville », chante à Laon. Lucienne Ercole, dite « Lucienne Mailleville », chante à Soissons. Pourquoi tous ces noms changés, bousculés ? Il semble bien que ce soit une tradition. Car ces dames connaissent une Marcelle Brunette. Elle serait partie à Nancy. Mais son patronyme ne serait pas celui-ci. Mottet envoie Pothier, Sébrier et Scherer à Nancy. Leur mission n'est pas désagréable : ils doivent écumer les cafés-concerts. Ils repèrent une jeune dame de vingt-neuf ans qui, au dire de ses collègues, toujours langue bien pendue, aurait des ennuis. Cette chanteuse, qui officie au *Jardin d'été*, s'appelle Marguerite Belpoix, épouse Marlet. Son nom de scène est Marcelle Brunette. C'est bien elle. En fouillant un peu, ils s'aperçoivent que la belle chanteuse passe son temps à tenter de débaucher les militaires, les engageant fortement à déserter. N'est-ce pas ce qui est arrivé à Maurice Deschamps ? La fille est emballée et transférée illico à la prison de Toul. Là, on peut l'interroger en toute tranquillité. On dit aussi qu'elle aurait hébergé quelques jours auparavant un jeune homme blond, grand, bien découplé. Deschamps. Cela se passe le 7 septembre 1909. Une bonne semaine après les faits. Rien cependant ne relie Marcelle Brunette au vol. Qu'importe, il reste suffisamment de lois violées pour qu'elle reste en prison. Car pendant ce temps, les contre-espions français continuent de poursuivre l'espion châlonnais. C'est tout bêtement que le bonhomme, cessant son voyage qui le mène – on l'a vu – d'Allemagne en Suisse, revient en France. Il se fait prendre à Paris, en septembre. Il a un couteau à cran d'arrêt sur lui. Port d'arme prohibée. Ce délit suffit à l'emprisonner.

Commence alors une bataille juridique opposant civil et armée. Maurice Deschamps a volé une mitrailleuse appartenant au patrimoine militaire français : il doit passer en cour martiale. Certes, approuvent les juges du pénal. Toutefois, quand il a volé l'arme, il avait déserté depuis plus d'une semaine. Donc il n'était plus considéré comme un soldat, mais comme un civil. Il faut éplucher les textes, disséquer la jurisprudence. On finit par tomber d'accord. Il sera jugé aux Assises pour le vol. Et passera entre les mains du conseil de guerre de la 6e armée par la suite pour délit de désertion à l'étranger en temps de paix.

Après avoir moisi quelques mois en prison, le temps que ces messieurs décident de la porte par laquelle il doit passer, Deschamps est enfin convoqué par le juge d'instruction. Puis interrogé. Il avoue tout le 10 avril 1910. Avec cynisme et désinvolture. Pendant les mois qui suivent, il donne des détails précis.

Voici la prison militaire et le conseil de guerre.
Deux lieux abondamment fréquentés par le soldat Deschamps après son forfait antipatriotique.
(Collection de l'auteur.)

L'escalade en pleine nuit, l'emploi de fausses clés fabriquées pour la circonstance, son hébergement chez Marcelle, sa fuite en Alsace. Les 1 250 francs – là, il admet s'être fait avoir dans les grandes largeurs. Et le port du couteau à cran d'arrêt. À l'occasion du dernier interrogatoire, le 23 juin 1911, celui qui précède le passage en cour d'assises, il revient sur ses déclarations. Nie tout en bloc. Cela permettra à son avocat, Me Mennesson-Dupont, de plaider l'acquittement.

L'audience se prolonge trois jours. Militaires et gendarmes cernent les Assises. Le huis clos est décrété. Il s'agit de ne pas renouveler l'erreur d'un précédent procès consacré à l'espion Taffin, pendant lequel l'entière stratégie du contre-espionnage avait été divulguée... obligeant les services compétents à tout revoir, car leurs plans avaient été étalés dans les journaux ! Vingt-cinq témoins sont convoqués. Nombreux sont les policiers, agents de la Sûreté et membres du contre-espionnage à s'expliquer. Deschamps a l'air serein, comme s'il était jugé « pour un vulgaire vol de cravates à son patron ». Le procureur de la République est impitoyable. Il demande vingt ans de travaux forcés. L'avocat quémande l'acquittement. Selon lui, si on peut subtiliser puis transporter dans un train une mitrailleuse, comme un vulgaire tuyau de poêle, et le passer au nez et à la barbe des militaires, des employés des chemins de fer et des douaniers, il y a là quelques failles qui ne sont pas du fait de son client !

Mais l'espionnite est plus que jamais présente dans l'esprit et le cœur des Français. Le 16 novembre 1911, Maurice Deschamps est condamné à vingt ans de travaux forcés. Ensuite, il pourra aller se faire pendre – c'est une image – dans les filets des juges militaires de la 6e armée.

C'est dans l'hôtel Véron, à gauche de la rue d'Ardre,
que le jeune Maurice Kaal tua la petite Blanche par jalousie.
(Collection de l'auteur.)

Deux crimes fismois

Cour d'assises de la Marne, 1914 et 1925

Le crime de l'hôtel Véron
Affaire Maurice-Auguste Kaal, Fismes
Cour d'assises de la Marne, 28 avril 1914

Le cocher de l'hôtel Véron, Maurice-Auguste Kaal, est amoureux de la jolie Blanche Juilliard. Laquelle est amoureuse de Maurice Mulot. Un autre Maurice, un autre cocher. La vie, quoi. Or, Maurice, le premier, le jeune Kaal, est un jaloux. De la pire espèce : celle des violents.

Plantons le cadre, d'abord. L'hôtel Véron est l'un des plus huppés de la petite ville de Fismes. Situé à quelque cent mètres de l'hôtel de ville, tout près de la porte de Soissons, qui ouvre sur les remparts et sur le faubourg. Face à cet hôtel, qui sera pendant la Grande Guerre le quartier général de l'aviateur Guynemer, se trouve une fort belle maison rehaussée d'une magnifique statue de saint André. Régulièrement, Mme Véron donne des bals qui attirent de nombreuses personnes de Fismes et des environs. Par ailleurs, un cercle y accueille les notables, les hommes qui comptent. Ils lisent les dernières nouvelles, échangent, parlent argent, ébauchent des projets pour la ville. Et jouent un peu.

Le monde de Kaal, de Mulot et de Juilliard est un autre monde. Celui où on se lève tôt pour se coucher tard, où on rejoint son amant à la sauvette dans un coin d'écurie, où on parle plus souvent aux chevaux qu'aux hommes. Le 17 février 1914, Blanche demande un service à Kaal. Ce même Kaal qui lui a offert de l'épouser et qu'elle a rejeté quelques semaines plus tôt. Tête de linotte, Mlle Juilliard ?

« Peux-tu trouver Maurice et lui dire de me rejoindre dans l'écurie tout à l'heure ? Je l'attendrai... »

Bien sûr, l'amoureux éconduit ne transmet pas le message. Faut-il vraiment qu'elle se moque de lui ? Ainsi, quand elle entre dans l'écurie et qu'elle se trouve face au mauvais Maurice, Blanche n'est pas très contente.

« Où est Mulot ?

– Je ne l'ai pas vu. »

Elle se prépare à faire demi-tour, en colère.

« Allons, allons, pas si vite. Je vais aller le chercher.

– Vas-y, alors...

– Mais avant, j'ai envie de toi. C'est donnant-donnant. Moi en premier ; ensuite, je t'amène Maurice. »

Blanche est folle de rage. Elle lève la main. Et frappe Kaal au visage. Une fois, puis une autre. Furieux à son tour, Maurice se baisse et fouille sous un tas de harnais, qui se trouve près de la porte. Il en sort une massette de cantonnier. Un outil qu'il a apporté avec lui. N'est-ce pas de la préméditation ? Il prend la massette et frappe à son tour. La fille s'effondre. Kaal continue de frapper, comme un fou, comme une machine. Tellement fort que la matière cérébrale pénètre dans l'arrière-bouche. Il sort en courant, laissant sa victime pour morte. Il sort en courant et en criant :

« Au secours, au secours ! »

Il raconte alors une histoire. Une drôle d'histoire d'agression de la jeune fille par un individu bizarre. Lequel individu s'est enfui à son arrivée dans l'écurie.

En fait, Blanche Juilliard n'est pas morte. Pas encore. Ce n'est que trois quarts d'heure plus tard qu'elle succombe. Elle avait vingt-sept ans. Maurice en a dix-huit. Les gendarmes ont des doutes. Ils questionnent le cocher encore et encore. Finalement, au bout de la nuit, il craque. Avoue son meurtre. Mais attention, hein, sans préméditation ! Elle l'a agressé. Il s'est défendu. Il est devenu fou. Voilà... Son avocat, Me Dupont-Nouvion, insistera d'ailleurs sur ce point. Deux mois plus tard, le 28 avril 1914, Maurice-Auguste Kaal sera condamné à huit ans de prison. Avec circonstances atténuantes.

Le crime du baraquement de la sucrerie

Affaire Jules-Louis Radière, Fismes
Cour d'assises de la Marne, 2 décembre 1925

Décidément, se disent les Fismois, c'est la série rouge. Les habitants de la petite cité située aux confins de la Marne et de la Champagne, ouverte sur l'Aisne et sur les invasions qui la bousculent depuis deux millénaires, sont encore remués par le sinistre double meurtre qui a eu lieu à Romain, non loin de chez eux, quelques jours auparavant[1]. L'histoire de ce Maltais qui a assassiné lâchement deux Italiens dans les carrières de la petite commune a fait le tour de la région. Le meurtrier, un nommé Feneck, risque la peine de mort. La justice n'est pas tendre en cette période d'après-guerre. La vie n'est pas tendre. Il faut dire que les temps sont au désordre.

Nous sommes en 1924. La guerre – la « Grande », la dernière, la meurtrière, la « Plus jamais ça ! » – est présente dans tous les esprits, mais aussi dans chaque pierre, dans chaque pouce de terrain de cette région dévastée. Fismes a été mutilée, détruite, anéantie en 1918. La ville n'est plus que l'ombre de la florissante commune qu'elle était avant le conflit mondial. Une ombre qu'il faut étoffer, qu'il faut remplumer. C'est pourquoi le bruit des marteaux, le cri des ouvriers, le piétinement des chevaux qui déblaient les ruines et qui amènent les matériaux neufs jour après jour redonnent un peu de vie à la cité. Des baraquements

1. *Voir le chapitre intitulé « Meurtres en sous-sol » dans* Les Grandes Affaires Criminelles de la Marne, *du même auteur et chez le même éditeur.*

provisoires – un provisoire qui dure, qui dure – sont édifiés dans les Promenades et à la périphérie de la ville en pleine reconstruction. Il y en a à Fismette, à Chézelles, sur la route de Soissons. Et sur le faubourg de Reims. La ville est cernée par ces constructions faites de bric et de broc, financées à la va-vite en 1919 par l'argent qui provient de l'organisme des Régions libérées[1]. Par ailleurs, les écoles ouvrent leurs portes. L'hôpital fonctionne à nouveau. Les abattoirs fournissent de la viande en quantité maintenant suffisante. Les champs alentour brillent de l'or de son blé. La cité reprend du muscle et de la vigueur. Encore trois ou quatre années, et le pire sera passé. En attendant, il faut vivre dans la boue, la promiscuité. Et tenter de se faire comprendre par toute cette population hétéroclite, polyglotte, venue aider au grand chantier. Cependant, dans l'affaire qui nous occupe, nulle rivalité entre Italiens et Polonais, pas d'insultes entre Belges et Espagnols, aucune tromperie entre Portugais et Maltais. Le fameux « Ah, ces étrangers ! » restera remisé au fond de la poche.

Le 29 juin 1924 est un dimanche. Un bal populaire est organisé en plein air. Un bal qui clôture la fête des fleurs. Le maire, M. Maquerlot, est satisfait. Il s'est montré tout au long de la journée, a serré de nombreuses mains et a continué son explication, son leitmotiv, sa mission. Sa vision de la nouvelle Fismes a eu quelque mal à passer au sein de la population. Il a fallu tout repenser, tout redessiner. Il est sur la bonne voie. Il ne lui manque plus qu'un bel hôtel de ville pour parfaire son œuvre.

De leur côté, les gendarmes soufflent un peu. La fête était d'envergure, et les débordements envisageables. Aujourd'hui a été une bonne journée. Tout s'est bien passé. Les fleurs, magnifiques, sont faites pour apaiser l'âme. Quoique… Car soudain, à 11 heures du soir, la clochette de la gendarmerie retentit. Un homme en uniforme vient ouvrir la porte, regarde celui qui lui fait face et a un mouvement de recul. L'inconnu tient un revolver à pleines mains. Il tente de s'exprimer, bafouille, fait de grands moulinets – qui impressionnent le gendarme – avec son revolver et parvient à dire :

1. *Ministère qui attribuait des subsides aux villes détruites.*

« Je m'appelle Jules Radière... Je viens de tirer plusieurs coups de revolver sur mon voisin... Voici mon arme. »

Et l'homme tend l'arme en question, connue sous le terme de « Bull-Dog ». Le gendarme saisit l'engin, enlève les quatre douilles et les deux cartouches qu'il contient, et fait asseoir Radière dans une pièce qu'il verrouille. Il se hâte de réveiller son supérieur, le chef de brigade Donneger. Ce dernier appelle à son tour le gendarme Mallarme. Ils sortent en courant de la gendarmerie et s'en vont quérir le juge de paix, M. Joffre, ainsi que le garde champêtre. Le maire, certainement en train de rêver qu'il continue à serrer des mains, est à son tour tiré du lit. Ensemble, ils se rendent sur le lieu du crime. Car il s'agit bien d'un crime.

Le drame s'est passé faubourg de Reims, dans la partie est de la ville. Là, s'étend un parc de baraquements appartenant à la sucrerie. C'est la principale industrie locale. Nombreux sont les ouvriers qui participent à la transformation de la betterave en sucre. Les bouviers, qui mènent les bœufs et leur charge, traversent souvent la ville de leur pas lent et cadencé. Radière est l'un d'eux. La victime aussi. Elle se nomme Henri-Eugène Gaulier de Couvron. Elle appartient à une famille d'ouvriers, tous fismois de longue date. Les Gaulier de Couvron sont en effet des habitants connus et respectés de tous. Le baraquement qui est investi par les gendarmes est composé de trois familles : Radière, les Gaulier et un couple d'étrangers. Lorsque les forces de l'ordre arrivent, un homme est déjà penché sur le corps inanimé qui gît au coin de l'habitation. Il s'agit du docteur Nouvian, appelé en hâte par Mme Gaulier qui se morfond à quelques pas de là. Le docteur est un homme jeune, doux et énergique. Plus tard – mais c'est là de l'histoire à venir –, il sera le chantre fismois du Front populaire et s'opposera avec force et conviction au maire de 1936, Fernand Génillon, lui aussi médecin et humaniste. En attendant, l'homme de l'art ne peut que constater le décès de Gaulier, allongé sur le sol inégal, en chemise et pieds nus.

Le chef Donneger fait entrer Mme Gaulier dans le baraquement et commence l'interrogatoire. Parallèlement, un autre gendarme, resté à la brigade, enregistre les déclarations du meurtrier. Au départ, les affirmations de l'un comme de l'autre sont confuses, voire contradictoires. Il faudra toute la patience des enquêteurs, bientôt relayés par le juge d'instruction, pour faire la lumière sur le drame. En effet, le lendemain après-midi, Radière est emmené à Reims, où il est confié à M. Collignon, juge de la deuxième chambre.

Le corps de la victime est emporté à l'hôpital local, afin d'y subir l'autopsie réglementaire. Elle est effectuée par le docteur Saguet. Le légiste constate que les balles de plomb, du calibre 8/10, ont atteint les organes essentiels. L'homme est mort instantanément :

« Il était en chemise. Cela lui a été fatal, explique le médecin. Les balles ne sont pas très puissantes, et des vêtements épais auraient amorti le choc. Voire lui auraient sauvé la vie. »

Mais il est bien rare de se promener fortement vêtu en plein été.

Le juge doit dans un premier temps faire connaissance avec les protagonistes de l'affaire.

Radière, d'abord. Petit et brun, les yeux vifs et malins, cet homme de cinquante-huit ans, au visage buriné et toujours assombri d'une barbe de huit jours, n'a rien d'un bandit des grands chemins. Pourtant, ce fils de peintre rémois a eu une jeunesse quelque peu orageuse. Très influencé par la bouteille de gros rouge, il eut de fréquents démêlés avec la police. Il n'eut d'autre choix que de s'engager dans l'armée. Il fut accueilli par les terribles « Bat' d'Af ». Rentrant d'Afrique, il se rangea, épousa une jeune fille du coin et vécut dix-neuf ans en bonne intelligence avec elle. Survint la guerre. Il fut incorporé au 46e régiment territorial. Mis à la retraite en septembre 1914 en raison de son âge, il persista et s'engagea dans l'infanterie coloniale. Cet homme-là avait le sens de l'armée, du devoir et de la patrie. Mais, blessé au front, il fut rapidement fait prisonnier. Cela se passa à La Harazée en décembre 1914. Il fut rapatrié pour vieillesse après quarante mois de captivité. Après l'armistice, il reprit le travail, devenant bouvier à la sucrerie de Fismes en février 1924. Et par là même, le « meilleur ami » de Gaulier. Ce « meilleur ami » qui le fera passer de vie à trépas quelques mois plus tard.

Eugène Gaulier de Couvron, pour sa part, était un homme calme. Né en 1876, il était marié à Lucie, âgée de trente-huit ans. Ils avaient un jeune fils de dix ans, André. Eugène, fismois de pure souche, travaillait à la sucrerie depuis plus de trente ans. Un modèle de stabilité. Alors, pourquoi ce dérapage ? Ce drame ? Cette fin stupide ?

La soirée du 29 juin se termine comme la journée a commencé. Dans une ambiance de fête. Il est à peine 8 heures du soir quand Radière entre chez les Gaulier. Les deux hommes discutent, plaisantent. Vident une chopine de rouge. Fatigué, Eugène annonce qu'il va se coucher. Radière continue de parler avec Lucie. Puis, alors que la nuit tombe, il se lève et rentre chez lui, juste à côté. Heureusement, il n'y a pas beaucoup de chemin. Peu après, Mme Gaulier se rend chez Radière. Afin, dira-t-elle, de récupérer du linge. Était-ce elle qui lavait les vêtements de l'homme ? Probablement. Quoi qu'il en soit, Eugène Gaulier se réveille brutalement, se rend compte que son épouse n'est pas encore dans le lit conjugal et se lève. En chemise et pieds nus, comme les gendarmes le constateront. Comme les bourgeois de Calais à qui on allait passer la corde au cou. La colère le prend. Il pénètre en trombe dans l'appartement de Radière – si tant est qu'on puisse appeler ainsi ces parties de baraquements – et se met à invectiver sa femme. C'est une crise de jalousie. Violente et caractéristique. Lucie, qui était assise, parlant toujours avec Radière, se lève, penaude, et prend la direction de la porte. Non sans avoir reçu un coup de pied aux fesses de la part de son mari furieux. Le féminisme n'a pas encore franchi les portes de la ville.

« Tu n'es qu'un vieux cochon, hurle Gaulier à Radière. Je te laisse, mais demain, je viens te casser les pattes ! »

Et sur ces paroles bien senties, le coléreux mari quitte son ami en claquant la porte. Radière reste interdit un court moment, puis, gagné lui aussi par un échauffement subi, ouvre la porte qui vient de se fermer bruyamment, sort et repousse celle-ci brutalement derrière lui. Les murs en tremblent. Tout à côté, les étrangers se gardent bien d'intervenir. Pas d'histoires avec les Français ! Surtout s'il y a une femme dans le coup ! Radière rattrape Gaulier sur le seuil de la demeure des époux. Il crie à son tour :

« Puisque tu veux me casser les pattes, autant que tu me les casses tout de suite ! »

L'algarade prend des proportions sérieuses. La pauvre Lucie voit bien que les mots sont devenus inutiles. Les deux hommes vont en venir aux mains. Est-ce la chaleur de la soirée ? Le vin bu ensemble ?

« Tu n'as pas besoin d'avoir peur, je n'ai pas mon "rigolo" avec moi. »

Gaulier a très bien compris. Radière parle de son arme. S'il dit ne pas la porter en ce moment, c'est qu'il dit la vérité. Il s'avance alors vers son comparse. Prêt à en découdre. Dès lors, tout va très vite. Radière sort son revolver que, finalement, il cachait dans sa poche. Et il tire. Une fois. Deux fois. Encore et encore. Ce sont quatre coups qui partent. L'agresseur est si près de sa victime que la chemise commence à s'enflammer. Eugène Gaulier de Couvron s'effondre. Il meurt instantanément. Radière a les bras ballants. Il semble revenu sur terre, comme s'il émergeait d'un long rêve. Un rêve qui se transforme en cauchemar.

De son côté, dès le premier coup de feu, Mme Gaulier rentre chez elle. Elle ne veut pas voir cette boucherie. Elle ne veut pas comprendre. Elle se ferme. Le petit André, le fils Gaulier, se lève et, sans comprendre, se jette dans les bras de sa mère qui pleure. Le garçon pleure à son tour.

Brusquement, Radière empoche son arme et s'en va en courant. Il ne fuit pas. Non. Ce n'est pas son genre. Quelques minutes plus tard, le gendarme de faction l'accueille, lui prend le revolver. L'affaire Radière commence. Pour les Fismois, ça recommence. C'est la série rouge.

Le jugement a lieu le 2 décembre 1925. Le froid a remplacé les chaleurs de l'été. La fête des fleurs est oubliée. Mais pas le meurtre. Séance banale d'une cour d'assises pour un meurtre banal. Les jurés jurent. Le président préside. Le procureur accuse. L'avocat plaide. Le tout sans haine, sans passion. Il n'y a pas préméditation. Simplement une affaire triste, malheureuse. Qui laisse une veuve et un orphelin. Et un meurtrier qui regrette et qui ne comprend pas son geste.

« Je n'ai même jamais pensé à la bagatelle avec cette femme-là ! »

Il n'a pas compris la violence soudaine de son ami. Car tel il le définit. Tel il devait être. Le verdict tombe alors, rapidement, sans excès. Jules-Louis Radière est condamné à huit années de travaux forcés. En 1932, il sera libre. Il aura soixante-six ans. Dans quel état sera-t-il alors ?

Les *bancabies* d'André Martin

Affaire André Martin, Cumières
Cour d'assises de la Marne, juillet 1914

AUJOURD'HUI, JE PARS à la guerre. Comme beaucoup d'autres. Tout autour de moi, c'est la liesse. Les fleurs se haussent au bout des fusils. Les filles embrassent les soldats. Cris et joie. La gare d'Épernay frémit de ce départ en fanfare. Une phrase, toujours la même, sort de toutes les bouches :

« Nous allons exterminer les Boches. Dans deux mois, nous serons de retour au pays, l'Alsace et la Lorraine dans notre besace ! »

Ma famille a tenu à m'accompagner. Mais elle détonne sur ce fond de rires et d'espoir. Car elle est marquée. À vie. Elle a peur. En effet, mes proches savent. Ils connaissent mon humeur, ma tristesse. Mon désarroi. Oui, ils savent. Que je vais à la guerre, la rage au ventre, pour oublier, oublier encore. Et peut-être – et surtout – oublier jusque dans la mort. Sombrer dans le néant. Je vais vivre cette guerre comme une macabre *bancabie*. Une orgie de hurlements et de sang. Je m'appelle Max Suisse.

Avant de vous parler de mon ami André, je vais vous présenter les membres de ma famille. Car ils sont ceux que j'aime, ceux que je vais laisser. La famille Suisse pousse dans le petit village de

Cumières comme autant de pieds de vignes sur les coteaux de la Marne. Cousins et cousines sont dans toutes les rues du village, nombreux. Mon père et ma mère sont de petits vignerons, à la vie dure et âpre. J'ai parfois l'impression qu'ils se sont laissés aller, vaincus par le nombre de leurs enfants. Pas par manque de courage. Par fatigue, simplement. C'est que nous sommes neuf. Cela fait du monde ! Il y a les filles : Paule, ma sœur aînée, puis Marguerite, Renée, Rose et Jeannette qui a quatre ans. Et puis, il y a les garçons : Germain, l'aîné de la famille, qui est tout jeune élève officier dans l'armée ; Fabien, notre cher boulanger qui nous fournit en pain ; moi-même, qui fais la fête, et le jeune Gabriel. Toute cette marmaille est bien difficile à élever. Alors mon père s'enferme dans un autre monde. Chaque soir, il se couche à 8 heures. Pour se lever quatre heures plus tard. Jusqu'à l'aube, il joue de la musique et fume, chante et fume, lit et fume. Une vraie locomotive ! Quand il se lève, à minuit, donc, il croise ma mère qui va se coucher, qui veille avec Marguerite. Vous devez nous trouver bizarres, non ?

Pourtant, il y a beaucoup d'amour dans cette famille. On a toutefois nos préférences, c'est humain. À part mon grand frère, que j'admire par-dessus tout, j'ai un petit faible pour ma Paule. C'est une artiste. Une cantatrice. Elle est au conservatoire de Paris, où elle chante avec de grands noms. Personne que je connaisse particulièrement, mais il paraît que ces gens sont célèbres… L'un de ses professeurs est un grand compositeur. Il s'appelle Gabriel Fauré. C'est le directeur. Par ailleurs, Paule aime beaucoup la classe de chant de Mme de Montalant. J'apprécie le côté aristocratique de ce nom. Ici, à Cumières, c'est un autre monde. Mes parents travaillent dans leurs vignes. Ils attendent octobre pour vendre leur raisin. C'est le moment de payer les dettes de l'année. De fait, ça n'a pas beaucoup changé depuis les émeutes de 1911[1]. J'y étais ! Insouciant, révolté, blond étendard de la lutte contre les voleurs et les tricheurs. C'était hier. C'était avant.

André Martin est mon ami. Était mon ami. Non qu'il soit mort. Mais pour moi, c'est tout comme. Nous avons grandi main dans la main. Souvent, André venait à la maison, près de l'église. Nos

1. *Voir le chapitre intitulé « Vignes de feu, vignes de sang ».*

souvenirs se mêlent. Nous étions ensemble en 1905, quand les pluies sont tombées si fort qu'elles ont entraîné avec elles les vignes jusqu'aux rives de la Marne. Malgré nos huit ou neuf ans, nous avons, comme tous les habitants du village, remonté sur notre dos la terre et les pieds précieux qu'il fallait replanter. Ensuite, nous étions toujours l'un avec l'autre, face aux soldats, pendant cette fameuse « guerre du champagne ». Peut-être toutefois qu'André a vécu ces événements avec moins d'intensité que moi. Il est vrai que son père était menuisier. Mais je parle, je parle, je radote – à mon âge. Voilà bien la jeunesse, dirait mon père ! Elle veut tout casser, elle veut tout diriger, et le moment venu, elle tergiverse, recule, renonce. Je ne dois pas tergiverser, pas reculer, pas renoncer. J'ai besoin de cette page blanche pour tuer mes démons. Sus à eux !

Max Suisse, l'ami d'André Martin, est dans la petite voiture.
Il est entouré de Germain, Fabien et Paule.
(Collection de Dominique Franque de Luxembourg.)

Les parents Martin ont quitté Cumières peu avant les premiers jours de 1914. André est resté seul avec sa petite sœur.

« Mes parents sont à Dijon, me dit-il.

– À Dijon ? Et que diable font-ils là-bas ?

– C'est l'oncle. Il est malade comme une bête. Il n'a personne, le pauvre, pour le soigner. Alors mes parents s'y attellent.

– C'est vrai que ce sont de chouettes gens, tes parents.

– Ouais... Peut-être un peu sévères. Je n'arrive pas à faire ce que je veux.

– Plains-toi.

– Oh ! je ne me plains plus. Ils m'ont laissé assez d'argent pour vivre pendant quelques jours.

– Ils reviennent quand ?

– Oh ! je ne sais pas. Bientôt. Courant janvier... Quand l'oncle sera guéri. »

En attendant, il avait la maison pour lui tout seul. Il s'occupait aussi de sa sœur, Camille, qui dormait au rez-de-chaussée, dans un lit-cage. Quelques jours après le nouvel an, il me demanda de venir avec lui.

« On va à Épernay. »

Chaussés de nos grosses galoches, bien emmitouflés dans nos pelisses pour échapper à la morsure du gel, nous nous mîmes en chemin. Par la route bordée de plaines humides, Épernay n'est pas bien loin. J'aimais cette balade sur ce terrain plat où l'on peut voir la ville doucement s'approcher et songer à tout ce qu'on va y faire. De temps en temps, un merle s'énervait, dérangé dans sa quête de nourriture. Rapidement, les premiers faubourgs apparaissaient. Les maisons de champagne. La ville. Notre grande ville. Je ne connaissais rien des raisons de ce voyage. Un petit sourire en coin sur le visage d'André me laissait augurer de bons moments. Je n'avais pas tort. Après avoir marché en direction du centre d'Épernay, André s'arrêta face à un magasin qu'il contempla, debout, jambes écartées, bras croisés. Il avait rejeté sa casquette en arrière, très satisfait de lui-même.

« Pour nous, la belle vie commence ! »

En effet, dans la vitrine, se trouvait la plus belle collection de phonographes et de gramophones que j'avais jamais vue.

« Eh ! tu comptes en acheter un ? »

Il ne répondit pas, se contentant d'extraire de sa poche un paquet de billets neufs. Un vrai pactole.

« Où t'as déniché ça ?

– Le père, je te l'ai déjà raconté. Il m'a dit : "Tiens, c'est pour toi, gamin, on sait pas quand on reviendra." Alors, c'est la *bancabie.* »

Pour vous autres, qui n'êtes pas du coin, peut-être que le mot « *bancabie* » ne vous dit pas grand-chose. Une *bancabie,* c'est la fête, le banquet, le charivari. Nous, les Champenois, on aime ça, les *bancabies*... Seulement, là, ça s'est très mal terminé.

Nous sommes entrés dans le magasin. Un vieux bonhomme en blouse grise nous a accueillis. À peine André avait-il commencé à lui dire qu'il souhaitait acquérir un appareil que ce passionné de musique entama un cours magistral que nous dûmes interrompre. Il nous expliqua la différence entre les phonographes et les gramophones, les uns lisant un disque à gravure verticale à l'aide d'une pointe de saphir inusable, les autres lisant les soixante-dix-huit tours à gravure horizontale. L'inconvénient du gramophone est qu'il faut changer l'aiguille après chaque disque. Mais la qualité est excellente. André leva la main pour intimer le silence à l'homme. Du haut de ses dix-sept ans, je trouvais qu'il en imposait. Peut-être le pouvoir de l'argent dans la poche. Mon ami pencha pour l'acquisition d'un phonographe de la marque Pathé frères, livré avec une quinzaine de disques. Nous choisîmes ensemble des titres, notamment des tangos qui résonnent encore dans mes oreilles.

À peine sortis, nous fîmes un détour chez un copain d'André, Edmond Paymal. C'était un garçon attachant, avec qui je sympathisai immédiatement. Deux autres jeunes garçons, Edmond Lebègue et Rémy Plateau, nous rejoignirent peu après. Je m'inquiétai de la nuit qui tombait.

« Il va nous falloir rentrer. »

André me tapa dans le dos et me fit comprendre que le temps n'était pas venu. Il nous emmena dans un troquet un peu glauque. Je n'étais pas à mon aise. D'autant plus que des filles de vertu douteuse ne tardèrent pas à nous rejoindre. Ce fut accompagnés de ces demoiselles que nous rentrâmes chez André.

Les *bancabies* durèrent presque deux mois. Deux mois de tango, de musique effrénée, de rires, de bouteilles de champagne sitôt ouvertes, sitôt bues. Nous décidâmes de former une association. Avec un nom tout à fait approprié : « les Gais Lurons ». Quoi d'autre ? Le président était tout désigné. André Martin fut élu à l'unanimité. C'était lui qui fournissait le siège social. C'était lui qui fournissait la musique. C'était lui qui fournissait le champagne. C'était lui qui fournissait les filles. De temps à autre, lors de ses passages à Cumières, Paule venait nous rejoindre. Elle était plus âgée que nous, mais ne dédaignait pas de participer à la fête. Parfois, elle entonnait un chant pur et merveilleux. Et alors, tous se taisaient, écoutant cette voix d'ange qui était celle de ma sœur. J'étais fier. Si par hasard quelques filles étaient présentes, elles ne pouvaient que se faire oublier, tant Paule les écrasait de sa personnalité. Une chose la gênait toutefois.

« Dis-moi, André, pourquoi es-tu toujours obligé de vaporiser des quantités énormes de parfum ? J'ai l'impression que tu en mets trop. Quel gaspillage ! Et cette odeur qui est de plus en plus insoutenable ! »

Puis les voisins commencèrent à se plaindre. Bruit. Tapages nocturnes. Insouciance rebelle. Nos parents respectifs se chargèrent d'ailleurs de relayer ces plaintes. Mon père me passa un soir un savon mémorable. Pour ce faire, il avait attendu que je rentrasse à la maison, délaissant le lit qui lui était promis dès 8 heures. Muet, je me rendis à la raison. Il y avait quelque chose qui clochait.

Le lendemain – nous étions à la mi-février –, je me trouvais chez André. Les deux Edmond étaient déjà là. Je leur fis part de la colère paternelle.

« Oh ! on s'amuse bien, on ne fait rien de mal !

– C'est vrai que tout cet argent, et les parents qui ne reviennent pas… »

Quelques jours plus tard, le 26 février, je rencontrai le maire, M. Martin-Robert, au hasard d'une promenade. Il me fonça droit dessus et me parla des ennuis que nous ne manquerions pas d'avoir si nous ne cessions ces *bancabies* interminables.

« Vous avez raison, monsieur le maire... Dites, vous avez des nouvelles des parents Martin ? Je suis inquiet...

– Tu n'es pas le seul à m'alerter sur ce problème. Je vais aller trouver André. J'ai prévu cela pour dans l'après-midi. »

Ce fut accompagné du gendarme Hiardin que le maire se rendit peu après chez André. Mon ami les reçut comme à son habitude, affable, gai, insouciant.

« Ne vous inquiétez pas, monsieur le maire... C'est mon oncle, il ne va pas mieux. D'ailleurs, mes parents m'ont envoyé une lettre. Elle m'attend poste restante, à Épernay.

– Poste restante ? Ça ne t'embarrasse pas si on t'accompagne ? »

André ne put faire autrement que d'acquiescer. Les deux Martin et le gendarme arrivèrent à la poste... pour rien. Car de lettre, il n'y avait point trace.

« Ce sera certainement pour demain, dit André, une fois revenu chez lui.

– J'ai bien envie de téléphoner à ton oncle, dit le gendarme. Il habite Dijon, n'est-ce pas ? »

L'oncle ne se fit pas prier pour répondre à la gendarmerie qui demandait de ses nouvelles.

« Si je vais bien ? Je me porte comme un charme. Malade, moi ? Jamais ! »

Les gendarmes étaient d'autant plus perplexes que l'homme tomba des nues quand on lui dit qu'il abritait son frère et sa belle-sœur depuis presque deux mois. Seul il vivait, seul il restait. Dans la soirée, les pandores débarquèrent chez André avec du renfort :

« Maintenant, il faut que tu nous dises la vérité. Où sont tes parents ?

– *Ben*... Je ne sais pas, moi...

– On va perquisitionner. Laisse-nous entrer. On va commencer par le premier étage. »

André s'effaça pour laisser pénétrer les gendarmes. Il ne disait plus un mot. Son visage se vidait peu à peu de son sang. À l'arrivée des pandores, nous avions tous déserté les lieux. Le laissant seul avec ses démons. Des démons qui ne portaient certes pas l'uniforme. Traînant les pieds, André grimpait l'escalier, marche après marche, doucement, lentement. Hiardin l'attrapa alors par le bras et dit :

« Tu les as tués, n'est-ce pas ?

– Oui. »

Un souffle. Un son rauque. C'était la voix d'André qui venait d'avouer. La porte s'ouvrit sur la chambre de Léon Martin et de son épouse, Louise Martin-Salandre. La porte s'ouvrit sur l'horreur. Une bouffée nauséabonde, lourde, s'attaqua aux narines des gendarmes, qui reculèrent d'abord d'un pas. Mouchoir sur le nez, ils s'approchèrent après avoir longuement inspiré. Sur le lit, un cadavre enrubanné dans un drap taché. Sur le sol, recroquevillé sur le tapis, enfoui sous la descente de lit, un autre. Louise sur la couche, Léon sur le plancher.

Sans se démonter, André raconta son horrible aventure. Dans la nuit du 27 au 28 décembre 1913, il se leva sans faire de bruit. Il alla vers son bureau, s'empara de son revolver – que faisait un gamin de dix-sept ans avec un revolver ? – et entra sans faire de bruit dans la chambre des parents qui dormaient. Marchant à tâtons, dans le noir, prenant garde de ne rien renverser, il s'arrêta au pied du lit. Leva son arme. Visa froidement la tête de sa mère, de sa maman. Et tira deux fois. Léon, son père, se réveilla en sursaut, se redressa, en proie à la surprise. Et reçut trois balles dans la tête. Il se renversa, dégringola du lit, s'effondra sur le tapis. André fit demi-tour, mit l'arme dans sa poche, entra dans la chambre de Camille qui pleurait, réveillée par les coups de feu. Il la porta dans ses bras. La descendit au rez-de-chaussée. Elle se mit à pleurer encore plus fort quand un « Ah ! » retentit à l'étage. Léon venait de mourir.

Le lendemain, André prit les 500 francs qu'il trouva, se fit payer deux factures que devaient M. Yvernet et Mme Maître à son père. Quelques jours plus tard, il se rendit à Épernay pour vendre les bijoux de sa mère. Puis il alla confier Camille à des cousins qui habitaient non loin du village. Commença alors la grande cérémonie des « Gais Lurons ». La fête, le charivari, les filles faciles. Et les jeunes gens dévoyés. Moi. J'ai la nausée.

Le 27 février, le parquet et le médecin légiste se rendirent à leur tour chez Martin. Tout le village était dehors. Je me cachais. Je pleurais dans les bras de Paule. Je voulais mourir. Extrait de sa prison provisoire de Magenta, l'assassin – mon ami l'assassin – fit le parcours en voiture à cheval, sous la garde des gendarmes, sous les huées des habitants de la région. Les magistrats parquèrent André dans l'atelier, puis montèrent à l'étage. L'odeur de putréfaction les saisit à la gorge. Ils soulevèrent le drap taché, virent le sang noir, coagulé, qui avait coulé jusqu'à terre. Le corps était allongé sur le lit. Bras écartés. La tête et l'oreiller n'étaient qu'une informe masse. Le cadavre de M. Martin aussi était allongé sur le dos. Ses mains, également noires de sang, étaient crispées sur sa poitrine inerte. On fit entrer un André tremblant, pantelant.

« Pourquoi, André ?

– Je ne sais pas... Je n'avais pas de motif... Je voulais faire la fête... Quand je les ai tués, je suis sorti. Camille dormait à nouveau dans le petit lit. Je suis rentré le lendemain. J'avais peur... Chaque soir, je demandais à Edmond Lebègue, Edmond Paymal ou Rémy Plateau de dormir avec moi... J'avais peur... »

Le médecin procéda à l'autopsie dans la cour même de la maison Martin. Deux jours plus tard, on enterrait le couple. Les cercueils étaient portés par les amis du menuisier. Plus d'un millier de personnes assistaient à la cérémonie. Pas moi. J'étais malade.

J'ai revu les trois copains. Ils sont effondrés. Nous n'avons rien vu, rien soupçonné pendant deux mois. Seule Paule se posait des questions. L'odeur... Le parfum... Longuement, nous avons été interrogés par les gendarmes, par les policiers. Nous n'avons rien à nous reprocher. Ils ont été gentils avec nous. Ils ont compris... Pas une fois je n'ai eu la force d'aller rendre visite à André en prison.

Depuis, on a eu les bruits de la guerre, l'assassinat de Jaurès, l'acquittement d'Henriette Caillaux. La mobilisation. Le procès aux Assises de Reims. Je n'ai pas voulu savoir à quelle peine a été condamné André. Dans mon esprit, il n'existe plus. Je ne suis même pas certain d'exister moi-même.

Hier, je suis monté dans les vignes avec mon piston. Et j'ai soufflé dans l'instrument comme jamais. J'ai joué, j'ai joué. J'étais épuisé, et je continuais de souffler, obstinément. Jusqu'à épuisement complet. Au petit matin, je me suis effondré. Les gens de Cumières m'ont entendu toute la nuit. Mais ils n'ont rien dit. Eux aussi, ils ont compris. On m'a ramené chez moi, à moitié inconscient.

« Il est devenu fou ! » pleurait ma mère.

Sans mot dire, j'ai fait mon paquetage, et je suis parti à la gare. Je ne leur ai rien demandé. Mais ils m'ont suivi. Tous. Mon père, ma mère. Mes frères et mes sœurs. On s'est embrassé. Puis je suis monté dans le wagon. Au bout de mon fusil, il n'y avait pas de fleur. Je leur ai crié :

« Je vais m'exposer au feu de l'ennemi ! »

Voilà. La confession de Max Suisse s'arrête là. Dès septembre 1914, Max est sur le front. Il devient brancardier. C'est un gars costaud. Une force de la nature. Il court sur les champs de bataille. Ramasse les blessés qu'il hisse sur son dos. Prend en même temps leur fusil en plus du sien. Et il court. Jusqu'à l'ambulance. Jusqu'au 2 octobre 1916. Une balle ennemie le fauche. Il meurt au pied d'un arbre. Sa mère refuse le corps, par crainte qu'on lui rende un autre homme que son fils.

« Il est mort avec ses camarades. Qu'il reste avec eux... »

Noblesse de cœur. En 1934, un paysan trouve les restes d'un soldat de la Grande Guerre. Parmi les ossements, une plaque. Celle de Max. Depuis, il est enterré au cimetière militaire de Rancourt.

Pour sa part, Paule travaille à la pouponnière de Citroën, qui fabrique des obus, puis reprend ses études de chant. Elle devient cantatrice. C'est en 1976 qu'elle rejoint son cher Max, dont elle parlera tout au long de sa vie. Pour les autres aussi, la vie continue. Germain et Fabien sont blessés pendant la guerre. Mais ils lui survivent. D'ailleurs, Fabien épousera son infirmière ! Germain se mariera avec la fille d'un médecin, elle aussi infirmière au front.

Et André Martin ? Son jugement a lieu en juillet 1914. Malheureusement, les archives, bien malmenées pendant cette période, n'ont pas gardé trace de la condamnation. Peu importe. Prison ou bagne, c'est du pareil au même. André est condamné à ne plus boire de champagne, à ne plus écouter de tango en serrant une fille dans ses bras, à ne plus voir ses copains. Condamné à ne plus revoir la petite Camille, orpheline par sa faute. Condamné à ne plus faire la *bancabie*...

L'assassinat du boulanger de Gaye

Affaire Bataillard, L. Mouillet, N. Di Maccio et X. Anziani, Gaye
Cour d'assises de la Marne, 20 décembre 1920

Le journaliste de *L'Éclaireur de l'Est* se dépêche. L'article doit paraître demain. Et il n'en a pas encore commencé la rédaction. Tant pis. Il va se contenter de faire un bref récapitulatif des événements. Ensuite, il entrera plus avant dans les détails. Il consulte ses notes. Jette un œil rapide sur la carte de la Marne afin d'y situer la commune, qui s'appelle Gaye. Voilà, tout près de Sézanne. Au sud d'Épernay. Quelques kilomètres plus bas, c'est le département de l'Aube. Bien. Entrons dans le vif du sujet. Le journaliste se pose à sa table et commence son long travail d'écriture.

« La France est en liesse, malgré les centaines de milliers de morts que la Grande Guerre a causés sur son territoire. Le 11 novembre 1918 est une grande date dont on se souviendra pendant de nombreuses générations. Quelques jours plus tard, dans la nuit du 21 au 22 novembre, les braves gens dorment. Satisfaits du devoir accompli. Seuls les plus courageux continuent leur labeur. Le boulanger de Gaye est de ceux-là. Il s'appelle M. Seurat. Quand il entend son nom, il suppose, comme c'est souvent le cas, que c'est quelque client qui vient lui acheter son pain, lequel a fameuse réputation. Mais il doit vite déchanter. Car il se trouve en présence de bandits dont la seule ambition est de s'emparer de son argent. Son premier réflexe est de crier. Ce qui alerte son ouvrier, qui arrive à toutes jambes. Aussitôt, un homme en bleu de travail se jette sur lui. L'ouvrier – qui s'appelle M. Miché – se dégage et sort de la boulangerie en courant. Il se rend chez le maire, qui donne l'alerte, puis chez le fils Seurat. Quelques minutes plus tard, les renforts se présentent devant la boulangerie. Pour voir deux hommes s'enfuir. Sur le trottoir, M. Seurat agonise. Trois coups de couteau dans la poitrine et deux autres dans le dos lui sont fatals. Il meurt dans les bras de ceux venus le secourir.

« Les gendarmes lancent l'enquête immédiatement. Dans la chambre dévastée, ils ont constaté – avec l'aide de la famille – qu'il manquait 600 francs. Dès le 22 au matin, la région grouille d'enquêteurs qui interrogent, qui suspectent, qui fouinent. Et qui trouvent. Un déserteur se fait interpeller. Il s'appelle Soulas. Il avoue rapidement. D'autant plus rapidement que son rôle a été mineur.

« "Je ne suis que le guetteur.

« – Le nom des meurtriers ?

« – Je ne les connais pas tous. Le chef s'appelle Bataillard. L'autre s'appelle Mouillet."

« Voilà le nom que vous connaissez, vous, lecteurs de *L'Éclaireur de l'Est*. Bataillard. C'est lui, le cerveau de l'affaire. C'est lui, le meurtrier. Peu de temps auparavant, il travaillait encore dans la boulangerie Seurat. Il connaissait les lieux. Il connaissait les cachettes. Cela explique la vélocité avec laquelle les voleurs ont mis la main sur l'argent pour disparaître aussitôt. Deux jours avant le crime, Bataillard avait proféré de graves menaces à l'encontre de son patron. Des menaces qui n'étaient pas que des mots en l'air. Et Mouillet ? Lui aussi est un garçon boulanger. Il travaille dans une boulangerie de Sézanne. Lucien Mouillet est originaire de Vertus, et c'est le confident de Bataillard.

« D'autres complices se font pincer. Nicolas Di Maccio, d'abord. Puis Xavier Anziani. Tous deux sont militaires. Pour l'heure, ils sont en prison. Dès aujourd'hui, 20 décembre 1920, commence le procès de tous ces voyous. Les Assises de la Marne s'ouvrent à Reims sous la présidence de M. Chesnay, conseiller à la cour d'appel de Paris. Le siège du procureur est occupé par M. Josse. Les quatre accusés se partagent Me Dupont-Nouvion, Me Marchandeau, Me Salle et Me Moreau comme avocats. Messieurs de la défense, bon courage. »

Le journaliste se relit succinctement. S'il y a des coquilles, les gars du marbre les trouveront. Il est déjà en retard. Vite, il court à la rédaction.

Le lendemain, 20 décembre 1920, jour du procès, jour de la parution de l'article, l'homme grimpe quatre à quatre les marches du Palais. Se trouve une place. Et entame sa prise de notes. Il noircit des pages et des pages. Présentation des inculpés. Prise de parole du greffier. Interrogatoires en règle de la part du président, lequel traque chaque détail, débusque chaque contradiction. Passage des témoins. Réquisitoire. Défense.

Condamnation.

Ensuite, il se hâte de rentrer chez lui. L'article qu'il a à écrire est autrement plus conséquent que celui de la veille. Il ne doit rien laisser passer. Il se renferme sur lui-même, évitant de se laisser distraire par les bruits qui viennent de la rue. Concentré. « Les sous-titres, lui avait dit son patron. N'oublie pas les sous-titres. Ton article ne doit pas être un gros pâté indigeste. Les lecteurs ont besoin de repères, il faut leur donner de l'air. » D'accord, allons-y pour les sous-titres.

« Les accusés :

« Bataillard... »

Le journaliste a un moment de panique. Il n'a pas le prénom du bonhomme. Tant pis. Bien souvent, on appelle les gens – souvent les voyous – uniquement par leur nom. D'ailleurs, il ne se souvient pas que le président ait prononcé une seule fois le prénom de l'accusé. On continue.

« Les accusés :

« Bataillard. Né à Corberon en Côte-d'Or le 12 décembre 1900. Rendez-vous compte que lorsqu'il a commis son forfait, le jeune homme n'avait même pas dix-huit ans. Ce n'est qu'un gamin. Et maintenant, il a toujours cet air juvénile et égaré. Toutefois, un doute subsiste, car le président a une fiche sur laquelle est inscrite une autre date de naissance : 12 septembre 1900. Peu importe. Un courrier à la mairie de Corberon confirmera l'une des deux dates. Il vaut mieux être prudent. L'accusé est petit, droit, tête haute. Le regard fixe.

« Di Maccio. L'homme est né le 6 janvier 1897 à Callé, en Algérie. Encore un très jeune homme. Il se déclare sans profession. Condamné pour désertion, il a bénéficié de la loi d'amnistie. Il est brun, avec une courte moustache. Il se présente aux Assises avec un complet bleu, une belle cravate, des souliers jaunes.

« Anziani. Né le 14 mars 1897 à Annonay, en Ardèche. Étudiant au moment des faits. Il est vêtu d'un pardessus à la mode. Petite moustache à l'américaine. Élégant, également cravaté. Il présente beau.

« Mouillet. Le plus jeune, puisqu'il a vu le jour le 1er février 1902 à Vertus (Marne). Il était boulanger à Sézanne. Évidemment, il a perdu son emploi. »

« L'acte d'accusation :

« C'est le greffier Laurent qui se charge de cette tâche essentielle. Il s'agit en effet de bien poser les faits de manière à ce que tous les protagonistes – juges, avocats, jurés, voire spectateurs, disséminés ici et là dans la salle – comprennent bien ce dont il s'agit. Quelques éléments nouveaux apparaissent par rapport à l'article que vous avez pu lire hier dans *L'Éclaireur de l'Est*. C'est le 10 novembre que Bataillard fait part à ses futurs complices de son projet. Il les appâte en affirmant que Seurat possède 50 000 francs dans un coffre. Mouillet est celui qui a amené Anziani et Di Maccio à Bataillard. Coiffés de passe-montagne, les bandits pénètrent chez le boulanger dans la nuit du 21 au 22 novembre. Froidement, ils assassinent M. Seurat pour lui voler 600 francs. On est loin des 50 000 francs promis !

« Comme une volée de moineaux, les quatre hommes se dispersent. Un cinquième homme, Soulas, qui n'est pas sur le banc des accusés, a été recruté pour faire le guet. Mais il ignorait la raison véritable de sa complicité. Di Maccio se débarrasse le lendemain d'un revolver et d'un couteau, qu'il donne à une certaine dame Henry. Il est hébergé à ce moment à l'hôpital de Retortat, près d'Épernay. Sa nervosité le fait rapidement soupçonner. Il s'évade de l'hôpital. Mais on se souvient de l'arrestation de Soulas, déserteur. La gendarmerie avait mis la main sur lui tout à fait par hasard. Paniqué, il explique son rôle dans l'affaire du boulanger de Gaye. Mouillet est le premier à être arrêté. Grâce à ses déclarations, Anziani est interpellé. Quelques jours plus tard, c'est au tour de Di Maccio. Manque Bataillard. Le jeune homme a disparu. Il ne sera arrêté que le 29 mai 1919. À Alger. Il avait eu le temps de mettre la Méditerranée entre son forfait et lui. Dès son entrée en prison, en métropole, il déclare qu'il n'est que complice. Selon lui, Anziani et Di Maccio sont les principaux instigateurs du crime. Malheureusement pour lui, les gendarmes mettent la main sur une correspondance entre lui et Mouillet dans laquelle les deux hommes mettent au point une stratégie pour charger les deux complices, qui ne sont en fait que des comparses. Le vrai criminel, c'est lui, Bataillard. »

« Les interrogatoires :

« Le premier à passer sur la sellette est bien évidemment Bataillard. Le président Chesnay lui montre une photographie. C'est celle du boulanger assassiné. Bataillard accorde à peine un regard au document.

« "Pourquoi avoir quitté le domicile de vos parents, si jeune ? demande M. Chesnay.

« – Parce qu'on me frappait.

« – Vous êtes le metteur en scène. C'est vous qui avez imaginé le crime.

« – Non, monsieur le président.

« – Vous allez souvent au cinéma avec vos amis ?

« – Oui.

« – Dans un film que vous avez vu, il y a une scène dans laquelle l'assassin endort sa victime avec du chloroforme. Vous avez dit à vos amis que vous vouliez faire la même chose.

« – C'est faux.

« – Vous avez dit, le 21 : 'C'est pour ce soir.'

« – Au contraire, j'étais le seul à ne pas vouloir y aller.

« – Vous avez déclaré que vous vous êtes finalement rendu chez Seurat, mais que vous n'aviez pas de revolver.

« – Ça, c'est vrai.

« – Vous avez vu le meurtre ?

« – Non. J'étais sur le pas de la porte. J'ai vu Di Maccio menacer Seurat avec un revolver. Ce n'est pas moi qui ai tiré.

« – Monsieur Seurat est mort des suites de coups de couteau.

« – Ah ?

« – Et la capote ?

« – On m'a forcé à mettre une capote militaire volée pour qu'on ne me reconnaisse pas. C'est pour cela que je l'ai laissée sur le trottoir.

« – On a retrouvé cette capote dans la chambre de Seurat. Le meurtrier, c'est vous.

« – C'est faux, complètement faux. C'est Anziani ou Di Maccio.

« – Et les lettres 'mort aux vaches, mort aux flics' ?

« – Ça n'a pas de rapport avec le crime."

« Il est clair, chers lecteurs, que le président ne peut tirer davantage de ce sinistre bonhomme. Passons maintenant à l'interrogatoire du deuxième accusé, Di Maccio. Celui-ci a ordre de se lever, ce qu'il fait volontiers.

« "Qu'avez-vous à dire pour votre défense, Di Maccio ?

« – C'est Bataillard qui nous a dit : 'Il y a un bon coup à faire avec du chloroforme, à Gaye. Il y a 45 000 ou 50 000 francs à gagner.

« – Vous avez préparé votre coup avec vos complices au café du Soleil, à Sézanne ?

« – Non.

« – Comment cela, non ?

« – Je n'y étais pas.

« – Vous n'avez pas menacé M. Seurat avec un revolver, non plus, je suppose ?

« – Non plus. Je n'étais pas chez Seurat.

« – Pourtant, vous êtes rentré à Retortat après minuit.

« – Bien entendu, car j'étais au cinéma.

« – Vous n'étiez pas avec Anziani ?

« – Non.

« – Pourquoi avoir donné votre arme à Mlle Henry ? Pour ne pas vous compromettre ?

« – Non, car je la lui ai remise en octobre, pas en novembre.

« – Pourquoi vous être évadé de Retortat ? Vous étiez dans une cellule en tant que déserteur, non ?

« – J'en avais assez de n'être en liberté que le jour. L'internement me pesait.

« – Vous avez cherché à entrer en contact avec Anziani, qui était déjà en prison. Pourquoi ?

« – Je me demandais ce qu'il avait fait, c'est tout."

« L'homme va se rasseoir, quand le président lui demande de rester debout. Il fait se lever Bataillard et confronte leurs deux points de vue. Si les bandits n'en viennent pas aux mains, c'est uniquement à cause de la présence à leurs côtés des gendarmes !

« Suite. Patiemment, le président tisse sa toile. Anziani est maintenant debout. À peine le président lui adresse-t-il la parole que l'accusé explose :

« "Ce que dit Bataillard est totalement inadmissible. Sans arrêt, il tente de rejeter la faute sur les autres.

« – Pourtant, vous étiez présents au café du Soleil ?

« – Oui, mais pas avec lui. Il a proposé l'affaire à la moitié de Sézanne. Il est venu s'asseoir à côté de moi. Par hasard. Je le prenais pour un gars honnête.

« – Pourtant, vous n'avez pas refusé son offre.

« – Bien sûr que si !

« – Pourquoi avez-vous menacé de lui brûler la cervelle ?

« – Jamais je n'ai dit cela.

« – Bien. Asseyez-vous. »

« Manifestement, on ne peut rien tirer de plus. Trois passages. Trois dénégations. Qui croire ? Mouillet ? Hélas ! non, car sa déposition est du même tonneau : "Je n'étais qu'un intermédiaire... Bataillard me faisait peur... Je n'étais pas là... J'ai effectivement dit que j'étais repéré, mais pas pour cette affaire-là. Il s'agissait d'une simple broutille (laquelle ? On ne saura jamais)... Je craignais que Bataillard me fasse perdre ma place... Il me faisait peur... Un passe-montagne ? Oui, j'en avais un. J'en porte chaque année. Mais c'était la première fois, à ce moment... Des espadrilles ? Ah non ! je n'en ai pas... Il me faisait peur..."

« Mouillet se répète. Il est timide. Il parle avec difficulté. »

« Les témoins :

« Le président se résigne à n'en pas tirer davantage. Il appelle les témoins. Dois-je vous narrer par le menu chacune des paroles de ces personnes ? J'ai choisi de vous en extraire l'essentiel, la substantifique moelle.

« Angèle Bildy confirme que le revolver a bien été remis à Mlle Henry le lendemain du crime. Un revolver et un couteau, précise Angèle. Pas en octobre, comme Di Maccio l'affirme. Et l'homme avait la sueur au front, les souliers pleins de boue.

« L'ouvrier de Seurat, M. Miché, raconte son aventure. Une fois de plus. Imaginez le nombre de fois où il a revécu le drame, la nuit, au creux de son lit, en proie à l'insomnie ! Il n'a reconnu personne. La capote bleue militaire a bien camouflé Bataillard. Louis-Albert est complètement déstabilisé par le président qui lui dit : "Votre attitude est déplorable. Vous auriez dû porter secours à votre patron, au lieu de fuir." Surprise de Miché : "Je n'ai pas fui. Je suis allé chercher du secours auprès du maire et du fils Seurat. Mais personne ne voulait venir. Après, il était trop tard." Miché confirme qu'il est parti par la fenêtre. Alors, besoin de trouver de l'aide ou lâcheté ? La salle a l'air d'avoir choisi. Le regard des jurés sur le boulanger en dit long. Il me semble que l'homme a honte...

« Un ancien prisonnier, compagnon de Bataillard à Alger, confirme que son ami lui a dit avoir tué un boulanger en France. "En compagnie de deux soldats", a-t-il ajouté.

« Arrivent différents membres de la famille Henri. Tous confirment la remise d'un revolver et d'un couteau à la plus jeune d'entre eux, Rachel.

« Le maire de Gaye se nomme M. Martin Froment. C'est à son tour de déposer. Alerté en pleine nuit par des cris, il sort. Il aperçoit dans le lointain Miché qui hurle : "À l'assassin ! À l'assassin !" Au début, il craint un piège, a peur de se faire attaquer. "J'ai cru que le garçon boulanger était devenu fou. Je suis rentré chez moi, puis je suis ressorti avec un gourdin. On ne sait jamais, hein ? Il aurait pu me sauter dessus. Deux mois auparavant, quelqu'un avait tenté de m'étrangler. Alors, on se méfie..." À ce moment, il a vu deux brigands qui se sauvaient. Trop tard. Seurat était déjà en train d'agoniser. Et les voleurs étaient trop loin pour qu'on les reconnaisse. "J'ai crié à mon tour, et j'ai envoyé des bicyclistes chercher les gendarmes."

« "Vous avez vu deux bandits. Or, il y en avait trois.

« – Peut-être l'un d'eux a-t-il fui avant les autres ?

« – Vous auriez pu prendre d'autres dispositions, dit le président qui, décidément, ne ménage pas les témoins.

« – Certainement... Si les bandits m'avaient prévenu la veille !"

« Cette sortie fait hurler de rire toute la salle. Le président ne relève pas le trait d'humour. S'ensuit alors une bataille homérique entre Bataillard, Anziani et Di Maccio. Les noms d'oiseaux volent bas. Les invectives fusent. Il est ensuite question de Soulas, par qui les accusations sont arrivées. L'homme a déjà été jugé par ailleurs. Et a bénéficié d'un non-lieu. Maître Marchandeau pose des questions ici et là. Il est contré par le procureur. Les deux magistrats élèvent le ton à leur tour. Décidément, ce procès est bien curieux. Il semble parfois échapper au contrôle de M. Chesnay. »

« Le réquisitoire :

« Monsieur Josse, le procureur, entame son réquisitoire de manière bien surprenante. Il remet en cause le non-lieu de Soulas, accusant ouvertement le gendarme Gallois, qui a été à l'origine de l'arrestation dudit Soulas et a largement intimidé le suspect pour qu'il avoue n'importe quoi. Josse écrase Gallois. Josse méprise Gallois. Josse jette Gallois par-dessus bord. Car seules ses menaces ont forcé Soulas à se mettre à table. Lequel Soulas est victime d'une faiblesse d'esprit, ne connaissant rien de Napoléon, des taupes dans les jardins, de la Révolution française...

« Puis il condamne les quatre hommes présents dans le box. Malgré le fait qu'Anziani ait été un héros pendant la guerre, il prouve sa présence sur les lieux du crime. Ainsi que celle de Di Maccio. Et de Bataillard. En ce qui concerne Mouillet, il met en avant, comme pour Soulas, son esprit déficient. Mais, pour lui, Bataillard est le principal responsable. Le meurtrier. Il sort de son dossier une lettre dans laquelle le voyou dit à un de ses compagnons de cellule : "Minuit vient de sonner. Dire que c'est demain qu'on me guillotinera ! J'entends déjà la foule crier : 'À mort ! À mort !' Et dire que pour me voir mourir, il y a des gens qui traverseront l'Océan." Le procureur Josse se rassied. Bataillard ne bronche pas. »

« Les plaidoiries :

« “Bataillard ne doit pas aller à l’échafaud... C’est une épave dans la société. Il était abandonné des siens, sans soutien. Il mérite miséricorde... Après cette grande guerre, beaucoup ont perdu la notion du prix de la vie humaine...” Ainsi parle Me Dupont-Nouvion. Il supplie de tout son cœur. Quémande des circonstances atténuantes.

« L’heure s’avance. Il est tard. Un troisième jour sera nécessaire à la clôture de ce procès. Je vous donne rendez-vous demain. »

Ainsi le journaliste termine-t-il son article. Il le relit attentivement cette fois. Conscient de l’importance de sa prose. Il ne doit en effet rien oublier. Tout a l’air d’être correct. C’est bon pour cette fois-ci. Bientôt, fin de la pièce.

« Voici enfin le procès de l’assassinat du boulanger de Gaye terminé. Il a tenu toutes ses promesses. Et une fois encore, *L’Éclaireur de l’Est* vous en livre chaque détail. »

Ainsi commence le troisième et dernier article consacré à cette triste affaire. Le journaliste le boucle sur un coin de table. Il a hâte de terminer.

« Suite des plaidoiries :

« C’est Me Marchandeau qui s’occupe de la défense de Di Maccio. Il démonte une à une les accusations. La fille Henry ? Maîtresse de Mouillet, elle fait tout pour accuser un autre homme. Les lettres échangées entre Mouillet et Bataillard ? À l’évidence, une machination pour charger Di Maccio. Et il lit les lettres, une à une. Chacune d’entre elles est une suite de recommandations de Bataillard à Mouillet. “Fais ceci, ne fais pas cela... On mettra tout sur le dos d’Anziani et de Di Maccio.” Puis : “Je vais te défendre le plus que je pourrai. Je dirai que je t’ai vu au cinéma. De ton côté, dis que c’est Di Maccio qui m’a mis dans le mauvais chemin ! Reçois une cordiale poignée de main de celui qui ne t’oubliera jamais.” Les aveux de Soulas ? Des menaces du gendarme Gallois. Rien de plus. Et l’avocat de conclure : “C’est tout ou rien. S’il est coupable, pas de pitié ! Si sa culpabilité n’est pas prouvée, pas de demi-mesure, acquittez-le.”

« Maître Salle prend ensuite la parole pour défendre Anziani. Il débute par l’admirable citation qu’a méritée son client sous le feu des Boches. Il a sauvé la vie de son sergent. Cet homme est un héros. Et l'avocat parle de la vie d'Anziani. Ses fréquentations. Son amour du jeu. Certes. Mais son honnêteté. Sa droiture. Et comme Marchandeau, il conclut par : "Acquittez-le !"

« Et Mouillet ? Pour lui, c'est Me Moreau qui se lève. "Nous avons été surpris étant au boulot, nous n'avons pu faire le coffre-fort, et nous avons risqué notre tête pour 600 francs !" Qui dit cela ? Ou plutôt, qui écrit cela ? C'est encore une lettre de Bataillard à Mouillet. Et si le voyou raconte à son ami comment l'attaque du boulanger s'est passée, c'est bien parce que Mouillet n'y était pas. C.Q.F.D. La plaidoirie de Me Moreau est courte. Pas besoin d'en dire plus.

« Que reste-t-il ? Le verdict. Le voici. »

« Le verdict :

« Après avoir répondu à vingt-trois questions, les jurés proposent la libération immédiate de Di Maccio et d'Anziani. Ce qui advient aussitôt. Les deux hommes sont acquittés ! Mouillet, qui a agi sans discernement, est condamné à gagner une colonie pénitentiaire jusqu'à sa majorité. Un moindre mal. Vient le tour de Bataillard. Son avocat est très ému. Pas lui. Le président lit les articles du code. Lentement. Méticuleusement. Les minutes paraissent des heures. Finalement, Bataillard est condamné à mort. Il ne réagit pas. Semblant être à des lieues d'ici. Le procès est terminé. Une intense émotion s'est emparée de la salle des Assises. Un homme va mourir. À moins que... »

Le journaliste est fatigué. La dernière journée a été éprouvante. Les nerfs ont été mis à rude épreuve. Sauf ceux du condamné, visiblement. Le journaliste a écrit son article. Il peut maintenant se reposer... Et attendre la grâce qui arrivera bientôt. Car Bataillard ne sera jamais guillotiné.

En avril 1923, une petite étoile s'éteint. La jeune Irène meurt dans les bras de ses parents, dans le quartier de « la Belle Étoile », à Germaine, assassinée par Emmanuel Lambert.
(Collection de l'auteur.)

Le crime de « la Belle Étoile »

Affaire Emmanuel Lambert, Germaine
Cour d'assises de la Marne, 16 novembre 1923

Le 29 avril 1923 est une date à marquer d'une pierre noire pour le petit village de Germaine. Une date maudite. Car c'est ce jour-là, entre 4 et 5 heures de l'après-midi, qu'une étoile s'est éteinte. En plein jour.

Comme dans beaucoup de communes de la Marne, de nombreux baraquements ont été érigés en périphérie de Germaine. Y logent maçons, menuisiers, couvreurs, carriers. Toute une foule de travailleurs venus effacer les horreurs de la Première Guerre mondiale. L'une de ces concentrations de baraquements se nomme « la Belle Étoile ». Ses habitants – familles complètes ou célibataires – ont pour nom Maillard, Ducros, Lambert, Gonzalès, Deseuste, Busana.

Au moment du drame, Louis-Joseph Ducros, carrier, arrondit ses fins de mois en rasant Maillard. Le barbier attitré du camp, c'est lui. Le geste sûr, la parole avenante, il a toute la délicatesse qu'il faut pour passer la lame sur les joues de ses collègues, et l'énergie nécessaire pour taper comme un forcené sur les pierres qu'il doit extraire. La porte du baraquement est toujours ouverte. Il peut ainsi jeter un œil sur ce qu'il se passe à l'extérieur. Chaque jour apporte son lot de ragots, de nouvelles drôles, d'histoires d'hommes, de femmes, ou des deux ensemble. La vie, quoi. Le 29 avril, il repère d'un œil distrait Emmanuel Lambert, l'air bizarre, qui s'arrête devant la porte. Ensuite, le jeune homme disparaît pour pénétrer dans son propre baraquement, qu'il partage entre autres avec Maillard. Louis Ducros n'y fait pas plus attention que cela. Il se remet au travail. Soudain, il entend une petite fille pleurer. Crier. Il laisse tomber le rasoir en apercevant la petite Irène qui se précipite en titubant vers lui. C'est sa fille. Il court à sa rencontre, l'attrape dans ses bras avant qu'elle s'effondre totalement.

« Irène ! Irène ! »

Il ne le sait pas encore, mais sa petite étoile est en train de pâlir, de s'évanouir. Elle n'existe déjà plus. Marcelle, la maman, arrive à son tour. Dans ses bras, un nouveau-né pleure. Aussitôt, un attroupement se crée autour de la famille Ducros. Bouton est là. Maillard, bien sûr. Lambert, qui sort de son baraquement. Et bien d'autres. Irène a l'air de récupérer un peu. Louis l'aide à s'asseoir le long de la maison de bois. La gamine est essoufflée. Elle geint. Du sang teinte le chemisier blanc à hauteur de la poitrine.

« Raconte, la presse le père, dis-nous.

– C'est Lambert », accuse-t-elle.

Tous se tournent vers Emmanuel, qui prend un air outragé.

« C'est Lambert, persiste Irène. Il m'a frappée avec son couteau et l'a essuyé avant de le mettre dans sa poche.

– Mais c'est faux, je n'ai pas bougé d'ici, tonne le jeune homme.

– C'est Lambert. Il voulait jouer avec moi. »

Il est à peine 5 h 30. La petite fille continue à parler, doucement. Personne ne bouge. On dirait que le temps se fige. D'autres habitants rejoignent le groupe. Deseuste, Busana, de Rocco, Halphen. Le garde champêtre, prévenu par Maillard, arrive à son tour, immédiatement suivi du maire de Germaine, Hector Carion.

Tous entendent encore une fois la petite désigner Lambert. En fait, dans sa grande faiblesse, elle dit « Ambert ». Mais tous savent de qui elle parle. L'intéressé reste coi, pâle et tremblant.

« On verra ça plus tard, tranche Ducros. Il faut t'allonger. »

Et il emporte l'enfant dans ses bras pour la coucher dans son lit. Les parents déshabillent la petite, la lavent. Il y a bien une blessure sur le thorax, mais elle ne paraît pas trop profonde. Ce n'est que dans la soirée que son état empire. Marcelle et Louis paniquent, appellent à l'aide. Un médecin arrive. Et fait hospitaliser Irène à Reims de toute urgence. Il est hélas trop tard. Irène Ducros meurt quelques instants après avoir été admise à l'hôpital. Une famille vient de prendre rendez-vous avec le malheur.

Dans la soirée, le chef de brigade d'Ay rencontre le maire. Ensemble, ils se rendent à « la Belle Étoile ». Lambert est bien entendu interrogé le premier. Il nie. Il nie éperdument. Le gendarme s'appelle Louis Genonceaux. Il ordonne à ses hommes de fouiller la location de Lambert. Le baraquement est tenu par la cantinière Mme Gonzalès. Elle s'empresse d'ouvrir les portes nécessaires, s'efface devant la maréchaussée. Près d'elle, son fils, âgé de sept ans, paraît très impressionné. De temps à autre, il parle à sa maman. En espagnol.

Dans la pièce où s'entassent plusieurs hommes, se trouvent le lit et l'armoire du suspect. Les gendarmes fouillent, mêlent chemises et pantalons. Trouvent un couteau. Puis ils interrogent les uns et les autres. Tous étaient là quand la petite est venue, titubante, meurtrie. Tous ont entendu les accusations. Personne n'a vu Lambert avec Irène. Est-ce une preuve suffisante ? D'autant plus que – autant l'avouer, hein ? – les colocataires du jeune homme étaient ivres. Complètement. Au point de s'effondrer sur leur paillasse, au point de ne plus se souvenir si Lambert était avec eux ou non. Ce dernier s'enferme dans un mutisme boudeur. Puis, soudain, s'enflamme :

« C'est faux ! Archi-faux ! Moi aussi, j'avais bu, mais je n'étais pas ivre. Je suis allé me faire coiffer par Ducros ; ensuite, je suis rentré ici. Et on a bu. Puis j'ai dormi. On n'a rien d'autre à faire, ici, le dimanche, quand on ne travaille pas. »

Bouton intervient :

« Tout ce dont je me souviens, c'est que je me suis endormi sur le lit de Lambert. Quand je me suis réveillé, celui-ci était debout, dehors, devant la baraque.

– Il n'était pas à l'intérieur ? Vous êtes certain ?

– Certain. C'est la seule chose dont je me souvienne avec netteté, alors... »

L'un des gendarmes, Émile Domine, remarque un détail. Pose une question à Emmanuel Lambert.

« Cette chemise, c'est bien celle que vous portiez aujourd'hui ?

– Non, pourquoi ?

– Vous vous êtes changé, alors ?

– Oui. Elle était sale.

– La chemise sale, c'est celle-ci ? »

Il montre une chemise trouvée parmi le linge.

« C'est possible, répond Lambert.

– C'est quoi, ces taches de sang sur les manches… ?

– Certainement le mien. Ducros m'a coupé quand il m'a rasé. »

Ducros démentira plus tard. Il ne coupe jamais ses clients ! Dehors, un autre gendarme furète, regarde, interpelle un homme, une femme. Un enfant. Cet enfant, c'est le petit Pierre Gonzalès. Son français est très mauvais. Mais avec l'aide de la maman, ses paroles sont compréhensibles. En substance, il explique qu'il a vu Lambert près de la fontaine. Irène Ducros est arrivée. Il lui a parlé. Puis il lui a pris la main et l'a emmenée dans le bois. Il tirait sur sa main. Peut-être qu'elle ne voulait pas le suivre. Peu après, il est revenu. Il portait la fillette dans ses bras. Il l'a posée sur le sol, à l'orée du bois, puis il a rapidement regagné son baraquement. C'est là que la petite s'est relevée et a crié en se dirigeant vers son père. Le gendarme fait répéter l'histoire. Mêmes souvenirs. Mêmes mots. L'enfant ne peut pas inventer cela. L'homme appelle le chef de brigade et, tout excité, lui rapporte le témoignage. Genonceaux félicite le petit Espagnol et soupire. Le sang sur la chemise, le couteau, l'histoire de Pierre. C'est tout bon. Il fait nuit noire. Les gendarmes menottent Emmanuel Lambert. Demain, il fera jour.

Le 30 avril, une chape de tristesse s'est abattue sur « la Belle Étoile ». Tous savent que la petite Irène est morte. Des sanglots filtrent à peine de la maison des Ducros. Discrets dans la vie, discrets dans le malheur. Les gendarmes sont de nouveau là. Il n'y a qu'à se pencher pour ramasser des témoignages. Charles Bouton est de nouveau questionné.

« Emmanuel m'a dit hier soir : “Je suis bon, puisque la petite m'accuse.”

– Pourquoi ne pas l'avoir dit hier ?

– Hier, j'avais mal aux cheveux ! »

Les autres, ceux qui étaient là au moment de la poignante confession d'Irène, confirment l'accusation. « C'est Lambert qui m'a fait ça avec son couteau. » Le seul à ne pas avoir entendu, c'est justement Lambert... Marcelle, la mère éplorée, raconte qu'elle lavait le linge de Lambert. Le matin du drame, elle lui a fourni son pantalon. Propre. Or, les gendarmes ont également trouvé du sang sur un pantalon. Celui fourni le matin même par Mme Ducros.

Le défenseur de Lambert s'appelle Me Georges Roux. Quand l'avocat arrive, il trouve devant lui un homme de taille moyenne, frêle, nerveux, énergique. Une petite moustache noire barre une face taillée à coups de serpe. Sous ses épais sourcils noirs, ses yeux sont à l'avenant de sa personnalité : vifs, inquisiteurs, décidés. D'emblée, il expose son système de défense. Système dont il ne dérogera jamais : il est innocent. Malgré les suspicions, les témoignages, les preuves. Ce n'est pas lui. Un complot ? Même pas. Simplement une accumulation d'erreurs et d'approximations.

Maître Roux tente de retracer la vie de son client. Emmanuel est âgé de trente-deux ans. Il est issu d'une famille plus qu'honorable forte de huit enfants. L'un d'entre eux est mort au front pendant la Grande Guerre. C'est l'un des héros de la France. Celui de la fratrie. Emmanuel a lui aussi combattu. Et il n'a pas démérité. Soldat au 90e d'infanterie, il a été blessé en 1914, puis a été fait prisonnier en 1915, à Calonne. Interné en Allemagne, à Münster, il a vu se dérouler les hostilités calmement. Il n'a pas trop souffert de sa captivité. Relâché après l'armistice, il a travaillé un temps aux usines Renault... puis a quitté son emploi. Il s'est marié en 1920... puis a quitté sa femme. Il s'est installé dans les régions libérées, s'est fait embaucher successivement à Roucy, à Reims, à Wez, à Courmelois. À Verzy. Et enfin, à Germaine. À chaque fois, il a travaillé dans une carrière. À chaque fois, il s'est fait repérer à cause de sa violence et de sa tendance à boire plus que de raison.

L'avocat tente de trouver les failles dans les arguments des témoins, qu'il découvre dans le dossier qui lui a été remis. Il estime que la fille et son client n'ont pas pu se trouver ensemble à la fontaine ; que celui-ci se rasait seul et qu'il a dû ramener son blaireau ainsi que son rasoir dans sa chambre ; qu'il est impossible que Lambert ait pu porter la fille blessée dans ses bras et, au même moment, se trouver debout devant la baraque de Ducros ; que le témoignage du petit Gonzalès est invraisemblable ; que la petite a dit « Ambert », et non « Lambert » ; que ceci, que cela. Mais y croit-il vraiment ? Il sait que le procureur va tenter de prouver la tentative de viol. Tâche difficile. Et tellement dénuée de preuves que cela pourra au moins éviter la peine de mort à Lambert.

Un point chiffonne l'avocat : l'expert du service de l'identité judiciaire explique que, matériellement, le sang qui a été trouvé sur la chemise de Lambert est du sang qui a giclé. Il ne peut donc pas s'être trouvé là à cause d'une simple coupure. Monsieur Bayle étant connu pour sa compétence, difficile de le contrer. Pour sa part, le docteur Saguet, qui a autopsié la victime, écrit que la petite est morte suite à un violent coup de couteau dans le thorax. Les poumons ont été atteints. Et les blessures causées correspondent au couteau trouvé chez le suspect. L'enfant n'a pas été violée. Manque de temps ? Remords soudain ? La réponse est dans le cerveau du meurtrier. Qui semble bien s'appeler Emmanuel Lambert. De plus, Me Roux sait que, en face de lui, il aura le redoutable M. Hurlaut, procureur efficace, « *réquisiteur* » sans pitié.

Quand le procès s'ouvre aux Assises de Reims le 16 novembre 1923, il semble que la messe est dite. Parmi les vingt-cinq témoins qui se succèdent à la barre, rares sont ceux qui prennent le parti de la décharge. Alors Emmanuel Lambert est condamné aux travaux forcés à perpétuité. Il sent déjà sur son maigre corps les morsures du climat de Cayenne...

Le cambrioleur marathonien

Affaire C.-D. Spément, H. Rencurel, E. Braunschweig, M. Dournelle, C. Inard, R. Ramella, M. Bachmann, F. Pain, L. Berrard, R. Bonneau, R. Brault, M. Drouard, femme Rencurel, C. Janiaud, P. Moulin et G. Lescuyer, Cuperly, Vésigneul-sur-Coole, Dommartin, etc.
Cour d'assises de la Marne, 14-29 décembre 1923

QUAND IL SE PRÉSENTE à la cour d'assises de Reims le 14 décembre 1923, Camille-Domingo Spément n'a que vingt-neuf ans. Pourtant, il a déjà à son actif presque trente cambriolages. Un véritable marathonien de la malhonnêteté. En deux années, cet Arsène Lupin – la classe en moins – a dérobé pour 107 612 francs de titres, 27 852 francs d'argent liquide et 4 535 francs de bijoux. La Marne, et principalement la vallée de la Marne, de Vitry-le-François à Château-Thierry, dans l'Aisne, l'Aube et le département de Seine-et-Marne ont été le théâtre de ses exploits. Serait-il fastidieux de les retracer tous ici, en une longue litanie ? Peut-être. Peut-être pas. Intéressons-nous tout de même à ses aventures. Suivons le calendrier de ses tristes méfaits.

Le 20 septembre 1920, M. Royer, marchand de vin, découvre qu'une vitre de son immeuble d'Oulchy-le-Château, près de Soissons, a été brisée. Inquiet, il se hâte d'ouvrir la porte – c'est mieux qu'une fenêtre pour entrer chez soi – et découvre son intérieur bouleversé. Une armoire est complètement détruite. Heureusement, le voleur n'a rien trouvé. N'a rien emporté. C'est le premier acte de la longue pièce de théâtre de Camille Spément. Le même jour, le juge de paix Rouche de cette même commune se fait voler bijoux, linge et revolver. Cette fois, Spément n'est pas rentré bredouille. Et un peu plus tard, M. Remaud, employé aux Régions libérées, se voit libéré d'une somme de 3 000 francs. Et aussi d'un revolver. Une mise en bouche inutile, un plat principal consistant et un dessert de belle facture. Voilà la première journée de notre cambrioleur.

Le 18 octobre, le voilà bien loin de l'Aisne. Il est à Montiéramay, dans l'Aube. Ses victimes sont un marchand de bestiaux, M. Bourgoint, et la bru de celui-ci, bouchère de son état. Le préjudice global est de près de 6 000 francs.

Et voici Spément revenu dans l'Aisne. À Essômes, près de Château-Thierry, il tente de voler un entrepreneur parisien, M. Franck. Cela se passe le dimanche 7 novembre. Hélas pour lui, sans succès. Qu'à cela ne tienne. Il a assez pour vivre. Jusqu'en décembre.

Le 4 décembre, à Bruyères-sur-Fère, à proximité du lieu de son précédent fric-frac, il dépouille un marchand de comestibles, le sieur Villot. Même jour, un peu plus tard, un peu plus loin, à Villeneuve-sur-Fère, il s'essaie sur la maison Oudart. Mais il rate, une fois de plus. Téméraire, le gaillard, mais pas toujours efficace.

Un saut de puce, et le voilà à Épieds. Le lendemain, c'est Noël. Qui penserait à mal en ce jour de réveillon ? Spément, justement. Monsieur Kukebusch se voit dépossédé de près de 400 francs, d'un sautoir et d'une alliance en or.

Et pour fêter la nouvelle année, notre homme termine la précédente – le 31 décembre 1920 – en pénétrant par effraction chez les époux Barras, cultivateurs à Épaux-Bezu – toujours à proximité de Château-Thierry. Il engrange près de 45 000 francs. Cette fois, c'est le jackpot. Il se calme. Et il a raison, car il a de quoi flamber pendant quelque temps.

Puis le démon du vol le reprend. Il reste dans la région casteldoricienne et cambriole quelques maisons à Fère-en-Tardenois, Essonnes, Neuilly-Saint-Front, Montlon, Saint-Eugène, Verdelet. Que les victimes se nomment Tombois, Ventin, Huet, Lely, Dessaint, Laureau ou Lequeu ne change rien. Elles ne se connaissent pas et ont pourtant toutes un point commun : le sinistre Spément.

Le bonhomme s'amuse comme un petit fou. Mais un petit fou qui sent le roussi. Il décide de changer d'air. Et repart pour l'Aube, où il vole ; puis dans le département de Seine-et-Marne, où il vole. C'est ce qu'il sait faire de mieux. Alors il le fait. Les sommes s'accumulent. Les plaintes et les larmes aussi. Les jours se suivent. Les mois défilent. Nous sommes bientôt en juin 1921. Le 5 de ce mois, Spément revient dans l'Aisne. Délaissant Château-Thierry – il a pressé la région comme un citron –, il tente quelques coups du côté de Soissons. Il s'enrichit à Saconin-et-Breuil, grâce à l'argent de la veuve Robin ; à Soucy, il remplit son escarcelle chez le rentier Desprez. Et il se dirige vers la Marne.

Le 15 juin, il est à Cuperly, près de Châlons. Il repère la demeure de M. Gillet, escalade un mur, casse une fenêtre et tombe nez à nez avec un coffre-fort. Le rêve de tout cambrioleur. Le casse de l'année. Il commence à perforer le gros meuble. Et est bien près d'y arriver. Quand surgit en trombe le maître des lieux, M. Gillet en personne. Spément le bouscule, s'enfuit, saisit au passage quelques francs et disparaît. Ouf. Il a eu chaud. Quel dommage, un si beau coffre !

Le lendemain, il est à Thibie, il grimpe dans un grenier à l'aide d'une échelle. S'y enferme. Et n'arrivant à rien, repart à vide.

Le 17 juin est un autre jour. Plus prolifique. Le sieur Songy est propriétaire à Vésigneul-sur-Coole. Et un propriétaire apparemment riche. Spément brise une fenêtre – sa marque de fabrique – et s'introduit dans la maison. Il casse un secrétaire – quel *brisac* ! – et tombe sur 22 000 francs de titres, de l'argent et des bijoux. Quelques heures plus tard, il est à Dommartin-Lettrée, chez le cultivateur Henry. Il le déleste de plus de 20 000 francs. Journée faste, donc. Pour ce faire, il a encore brisé, cassé, détérioré. Que ce soit une porte, une armoire, une commode. Plutôt genre bulldozer cambrioleur que gentleman cambrioleur.

C'est le 22 juin que tout bascule une première fois. Pour l'occasion, Camille Spément s'est offert les services d'un complice : Henri-Joseph Rencurel. La victime est un tuilier du nom de Uriel. La scène se passe à Fresnoy-le-Château, dans l'Aube. Rencurel doit faire le guet. Spément doit fracturer la porte. Quel est celui qui n'a pas assuré correctement sa mission ? Le fait est que la porte est bel et bien détruite... et que nos deux voyous se font prendre en flagrant délit. C'était le vingt-sixième vol de Spément. Fin de l'histoire ? Non, début de la cavale. Car dès le lendemain, dans la gendarmerie de Lusigny, Spément frappe par surprise le chef de brigade Rousselot, qui venait le voir dans la chambre de sûreté – pas si sûre que cela –, et s'évade. Le gars est un coriace. Il n'a plus qu'un but : mettre le plus d'espace possible entre ce chef de brigade et sa modeste personne. Intarissable, il ne résiste pas à la tentation de fracturer une maison – celle de M. Damkkuni, cultivateur à Messon –, où il vole 1 800 francs. Puis il part. Loin. Jusqu'à La Roche-sur-Yon, où il est arrêté le 3 juillet 1921. Il était temps.

« Camille-Domingo Spément... Vous nous avez donné du fil à retordre.

– Désolé... »

Désormais sous haute surveillance, entouré de gendarmes méfiants et revanchards, le voleur n'est pas à la fête. Il aura bien du mal à s'évader de nouveau. Commence l'heure des questions. La mission pour les enquêteurs est simple : retracer un emploi du temps d'un an et demi. Et surtout, trouver les complices. Car de telles sommes ne peuvent pas avoir été recyclées, dépensées, sans l'aide d'amis, complaisants ou non, de receleurs, de protecteurs. En fait, cela n'est pas trop compliqué. Car Spément, après quelques réticences vite calmées, a la parole facile. Pourquoi serait-il seul sous les verrous ? On sait déjà que l'homme a été retrouvé à La Roche-sur-Yon porteur d'une somme en titres de 16 200 francs. Manquent donc plus de 107 000 francs.

Le principal compagnon est Henri Rencurel. Celui-ci est déjà en prison. Il n'a pas eu l'audace de son collègue – ou la chance –, et est donc cloîtré dans l'Aube. À lui seul, il a été dépositaire de 53 000 francs. Henri devait négocier les titres et donner à Spément un pourcentage de... dix pour cent. C'est peu, mais cela ne choque pas le cambrioleur. Il avait décidé de voler plus pour gagner plus. Pourquoi pas ? Le hic est que Spément n'a jamais vu les dix pour cent. D'où une certaine rancœur. Entre truands, on n'est pas toujours tendre. C'est ici que l'on pénètre dans le milieu louche du Paris des années 1920. Rencurel, par l'intermédiaire de sa complice d'épouse, avait donné les titres à une certaine demoiselle Inard – qualifiée de fille soumise – qui avait négocié des bons de la Défense nationale. Une autre fille parisienne, prostituée itou, avait servi d'intermédiaire à son tour. Cette fille, Ramella, s'était acoquinée avec un banquier véreux qui lui avait acheté les titres. Entre les commissions de Ramella, d'Inard et de Rencurel, il ne restait plus rien pour Spément.

Un autre receleur s'appelle Ernest Braunschweig. De son côté, il a placé les titres grâce à son complice Janiaud. 10 000 francs sont ainsi passés de main en main.

Mais il n'y a pas que les titres. Il reste les bijoux et le liquide. En 1920, Camille Spément a rencontré une charmante jeune fille, dont il est devenu amoureux. Elle s'appelle Marcelle Dournelle. Les deux amants se la sont coulée douce. La vie parisienne a du bon. Connaissant la provenance des bijoux, la belle Marcelle ne peut échapper au statut de receleuse. Et hop ! direction la case prison.

La passion du cambrioleur, ce sont les courses. C'est sur les champs de course qu'il a rencontré trois aigrefins : Lescuyer, dit « le Baron », Marcel Bachmann et Florentin Pain. Ensemble, ceux-ci ont monté un coup pour l'escroquer. L'arroseur arrosé. L'homme n'en est pas fier.

Par ailleurs, il était en affaire avec Louis Berrard. Lequel était en cheville avec son ami Bonneau. À eux deux, ils ont vendu une partie des titres de Spément, en ont retiré un fort bénéfice et n'ont remis au voleur que 3 000 francs. Les gendarmes commencent à se rendre compte que, à chaque fois, le pauvre Spément s'est fait arnaquer ! Techniquement, c'est un as du cambriolage, mais il est vraiment nul en négociation !

Enfin, les représentants de la loi n'ont aucun mal à prouver que Spément se livrait également au trafic de monnaie d'or grâce à l'appui d'un concierge, Paul Moulin, et d'un Italien en fuite, Tagliapietra.

Ainsi, le 14 décembre 1923, quinze coaccusés se pressent dans le box des Assises de la Marne. Le marathon des vols de Spément va en entraîner un autre : le marathon des Assises. Neuf jours d'audience qui dureront du 14 au 29 décembre. Un travail de longue haleine.

Après avoir écumé quatre départements, Spément a été interrogé à Châlons, avant d'être jugé aux Assises de Reims.
(Collection de l'auteur).

Récapitulons. On trouve sur le banc – qui a dû être rallongé pour la circonstance : Camille-Domingo Spément, entrepreneur, né à Villeneuve-sur-Fère, entre Château-Thierry et Fismes, âgé de vingt-neuf ans ; Henri Rencurel, trente-neuf ans, porteur de journaux à Paris ; Ernest Braunschweig, trente-six ans, sans profession ; Marcelle Dournelle, artiste lyrique, vingt-cinq ans, née dans l'Aisne ; Clotilde Inard, trente-trois ans ; Rose Ramella, trente et un ans ; Marcel Bachmann, vingt-sept ans, garçon de café ; Florentin Pain, quarante-trois ans, garçon de café ; Louis Berrard, trente-deux ans, garçon de café ; René Bonneau, trente-six ans ; René Brault, trente-sept ans, garçon de café ; Marie Drouard, femme Rencurel, trente-deux ans, porteuse de journaux ; Charles Janiaud, trente-cinq ans, négociant ; Paul Moulin, trente-sept ans, concierge ; et Gaston Lescuyer, quarante-six ans, marchand de chevaux. Manque un seizième personnage, Giacomo Tagliapietra, trente-neuf ans, né à Venise... et certainement reparti à toute vitesse vers la lagune italienne.

Les avocats sont légion. Eux aussi doivent se partager les bancs du prétoire, un peu exigus.

Le président du tribunal, M. Lassus, interroge les prévenus les uns après les autres. Pour les badauds présents dans la salle, c'est vraiment à une leçon de vie qu'ils assistent. Une vie qui n'est pas la leur, qu'ils découvrent avec des yeux ronds.

Rencurel est un drôle de bonhomme. Tour à tour militaire, déserteur, souteneur, responsable d'un journal, à nouveau militaire, blessé de guerre – on l'ampute de deux doigts –, puis receleur, escroc et bagarreur à l'occasion, il a tout du voyou des romans-feuilletons qui passionnent les lecteurs de la presse quotidienne.

Braunschweig est du même acabit. Il vendrait sa mère pour acheter son père, qu'il revendrait ensuite, rien que pour le plaisir.

Spément n'est interrogé qu'en troisième position. Il avoue sans difficulté sa trentaine de vols – en fait, seuls vingt-sept seront retenus, car les tentatives qui n'ont occasionné aucun dégât ne sont pas poursuivies. Il raconte sa vie de carrier à Villeneuve, son dégoût du travail et son besoin de mener la grande vie à Paris. Pour cela, une seule solution : le vol. Et de préférence le dimanche ou les jours fériés. C'est plus simple.

Puis c'est au tour des « bailleuses d'amour » de passer sur le gril. Elles ne savaient pas. Ou si elles savaient, elles faisaient office d'intermédiaires par obligation. Et pour toucher des sommes ridicules. Tout comme le gang des garçons de café, des joueurs en courses et des divers prévenus.

« C'est pas moi, c'est l'autre. »

De plus, au fur et à mesure des débats, on s'aperçoit que les escroqueurs sont parfois les escroqués. Chacun a tenté de rouler l'autre dans la farine. Et y a parfois réussi. Une fois l'affaire jugée, il n'est pas certain que les accusés fréquentent les mêmes bistrots ! Ou alors, gare au mobilier !

Difficile de s'y retrouver. Et la longue litanie des quelque cent vingt-six témoins – un record ! – n'arrange pas grand-chose. Les jurés en perdent leur latin.

Les premiers témoins sont les victimes. Tous ont la même histoire à raconter. Comment ils ont trouvé leur domicile fracturé, leur intérieur dévasté. Certains ont même découvert sur les lieux un billet sympathique sur lequel était écrit : « Au revoir et merci, rien à signaler. » L'écriture de Spément est reconnue. Il ne s'en cache d'ailleurs pas.

Les gendarmes sont ensuite entendus. Ils viennent de Fère-en-Tardenois ou de Château-Thierry, de Villers-Cotterêts, de Châlons, de Sompuis ou de Lusigny. Ils relatent la progression de l'enquête, le casse-tête, les recherches d'indices. On en sait un peu plus sur le flagrant délit de Fresnoy, dans l'Aube. En fait, c'est l'ouvrier de M. Guy Uriel, un certain René Flamisset, qui a aperçu Rencurel faire le guet à quarante mètres de la tuilerie. Trouvant cela suspect, il a prévenu les gendarmes, qui se sont précipités sur les lieux. Arrêtant les deux voleurs. Le chef Rousselot, dépité, raconte l'évasion :

« Les deux hommes étaient au violon. Quand j'ai ouvert la porte, Spément m'a bousculé, a couru dans le couloir et s'est enfui à travers champs. J'ai longtemps couru après lui. Mais il était plus rapide. Je suis rentré bredouille. »

Manifestement, le gendarme de Lusigny est encore vexé !

Les débats et les interrogatoires s'éternisent. Ronronnent. Quand le président sort un mouton de son chapeau, l'intérêt s'accroît quelque peu. Qu'est-ce que ce mouton ? C'est un mouchard du nom de Georges Reuter, emprisonné à Châlons avec Rencurel, et qui raconte tout ce que son colocataire lui a déballé sur l'affaire Spément. Manifestement, le receleur en sait beaucoup plus qu'il ne l'avoue dans le prétoire. Lui qui disait ne pas connaître la provenance des titres est marron. L'avocat proteste. Mais le mouton a parlé. Les jurés ont entendu.

Ensuite, on en vient à l'escroquerie des trois aigrefins des champs de courses sur Spément. Il s'agit de l'affaire Lina. Lina est une jument, un pur tocard qui n'avait pas la moindre chance de gagner une course. Lescuyer, Bachmann et Pain persuadent Spément de miser sur elle, empochent la mise et, bien entendu, assistent à la défaite de Lina… comme à celle de Spément.

Enfin, les experts se mettent à parler chiffres. De nombreux témoins, tous parisiens, souvent banquiers, racontent la manière de placer titres, bijoux et or. Quelques-uns en ont tiré un certain bénéfice. D'autres y ont laissé des plumes.

Passons sur le réquisitoire, long, alambiqué, précis. Passons sur les plaidoiries, longues, alambiquées, pleines de trémolos, parfois moins précises – il s'agit de mettre l'accent sur les circonstances atténuantes, pas sur le reste. Les uns après les autres, les avocats parlent, hurlent, pérorent, supplient. Presque aussi nombreux que les accusés, ils font comme une foule sombre dans le prétoire surchargé.

C'est le 29 décembre que le verdict tombe. À l'instar de Camille Spément, qui en prend pour son grade. Le cambrioleur est condamné à quinze ans de travaux forcés et à dix ans d'interdiction de séjour ; Rencurel, à douze ans de travaux forcés et à dix ans d'interdiction de séjour ; Braunschweig, à deux ans de prison avec sursis ; Lescuyer, à dix-huit mois de prison et à 100 francs d'amende ; Bachmann, à un an de prison et à 50 francs d'amende ; Berrard, à trois ans de prison ; Moulin, à quinze jours de prison et à 50 francs d'amende. Par arrêt spécial, Tagliapietra est condamné par contumace à six mois de prison et à 5 000 francs d'amende pour trafic d'or. Les autres sont acquittés.

Les juges, avocats et jurés ne pensent plus qu'à une chose : bien préparer l'année nouvelle qui s'approche à grands pas.

Un crime gratuit

Affaire Alfred-Paul Dardard, Oiry
Cour d'assises de la Marne, 12 mars 1924

MARDI 10 JUILLET 1923. 8 heures du matin. Comme chaque jour, le garde champêtre Hanoule emprunte le chemin vicinal qui relie Oiry à Mareuil-sur-Ay. Sa petite chienne folâtre autour de lui, court, jappe, revient. Elle est jeune. Il fait beau. Le travail n'est pas trop harassant. La vie est belle. Soudain, une centaine de mètres après avoir passé le pont du chemin de fer de Paris à Châlons, Hanoule remarque une large tache au centre du chemin. Là, dans la poussière, un liquide rouge et gluant, une flaque déjà coagulée. Du sang. Au même instant, la chienne se met à aboyer. Il n'est plus question ici de jeu. L'animal a repéré quelque chose d'anormal. Un terrain se situe en contrebas. Le garde champêtre s'y engage et, au détour d'un taillis, trouve un corps allongé, à moitié immergé dans une mare. Un homme est couché sur le ventre. Sans vie. Au niveau du cou, M. Hanoule distingue une plaie béante, énorme. Pas de doute, l'inconnu a été assassiné.

Le garde champêtre change d'allure. Oubliées les caresses à la chienne, oublié le soleil qui se promet agréable, oublié le petit train de sénateur. Il court jusqu'au village et tape comme un forcené à la porte de la maison du maire.

« Oh là ! monsieur Hanoule, calmez-vous. Que se passe-t-il ? demande le premier magistrat, M. Carton.

– Il y a, monsieur le maire, que j'ai trouvé un cadavre sur le chemin, près du chemin de fer. Et ce n'est pas beau à voir, croyez-moi, car le bonhomme a été proprement égorgé ! Et je sais qui c'est ! J'étais avec lui encore hier au soir... »

Monsieur Carton, qui possède un téléphone, appelle sans plus attendre la gendarmerie d'Épernay, avant de se rendre sur les lieux avec son garde champêtre.

Bientôt, l'endroit grouille de policiers. On compte un commissaire divisionnaire, M. Magisson, de la police mobile de Châlons ; un commissaire, M. Fournier ; deux inspecteurs, MM. Hilain et Cambacédès ; un capitaine de gendarmerie, M. Nollet, et un adjudant répondant au nom de Dumont. Les hommes quadrillent le terrain. Déduisent que la victime a été assassinée sur le chemin, puis transportée sur le petit ravin en contrebas. Trouvent un couteau à la lame complètement tordue. Comprennent que les coups ont été portés avec une violence rare, folle. Démesurée. Et décident d'attendre l'arrivée du parquet avant de faire bouger le corps.

En cette matinée de juillet, la mort dépose sur le village d'Oiry une chape pesante d'inquiétude et d'interrogations.

Jules Chazelle était ce qu'il est convenu d'appeler un « homme bien ». Marié depuis 1879, résidant à Mareuil, il avait, comme chaque jour, quitté tendrement sa femme pour se rendre sur son lieu de travail, à Oiry. Ce père de plusieurs enfants avait auparavant été éclusier à Juvigny.

Depuis la veille, donc, Mme Chazelle n'avait aucune nouvelle de son époux. Elle était inquiète. Très inquiète. Et à juste titre, car la victime, c'est bien lui, Jules Chazelle, ouvrier vannier employé par M. Millet, à Oiry.

Il est 1 h 30 de l'après-midi quand le parquet arrive sur les lieux. Nouveaux visages, nouveaux noms. Monsieur Boyreau, procureur de la République ; M. Marie, juge ; le docteur Chapt, médecin légiste ; M. Brimont, greffier. Deux hommes se dévouent pour retourner le corps. Immédiatement, le médecin se penche sur le cadavre. Il compte les coups de couteau, en dénombre huit. Il recense ainsi un coup au front, trois autres derrière l'oreille, trois à la gorge et un dans le dos. Le vannier n'avait aucune chance d'échapper à tant de haine et de violence. La carotide était sectionnée net. Le coup a été tellement puissant que la lame du couteau s'en est allée percuter la colonne vertébrale. Et s'en est presque brisée. Si la lame est tordue, c'est à cause du choc avec l'os ! D'ailleurs, la tête est presque détachée du corps.

Entre deux sanglots, la dame Chazelle, désormais veuve, explique que son homme ne transportait pratiquement pas d'argent sur lui. Il avait touché sa paye samedi et la lui avait remise en intégralité. D'ailleurs, dans ses poches, les gendarmes retrouvent un peu de menue monnaie. Le vol n'est pas le mobile. La musette contient encore une bouteille de vin – vide – de marque Colin Stinville, ainsi qu'un couteau et une fourchette. Le pantalon et la veste ne sont pas abîmés. Preuve qu'il n'y a pas eu lutte. Un forcené s'est jeté sur Jules et l'a poignardé, poignardé encore, poignardé toujours. Un crime gratuit. Abject.

Après les premiers instants de stupéfaction, le village passe à une autre phase. Les soupçons, les certitudes, les insinuations remplacent le silence du choc initial. Comme toujours, chacun a sa version, chacun a son avis. Les enquêteurs écoutent, récoltent, se font une première idée. Car les villageois désignent presque tous la même personne. Il n'y a qu'un fou, un déséquilibré, un débile pour avoir fait cela. L'opinion est unanime : c'est Dardard. On sait le peuple plus pressé à condamner que le juge, dont c'est pourtant le métier. Mais les gendarmes ne laissent rien au hasard. Ils vont entendre le nommé Dardard.

Pendant ce temps, un inspecteur se fait le dépositaire de l'arme du crime. Il rencontre le commerçant local susceptible de vendre ce genre de couteau. Le vendeur n'hésite pas une seconde :

« Ce couteau, je l'ai vendu pas plus tard qu'hier.

– Vous vous souvenez du nom du client ?

– Bien sûr. C'est Alfred.

– Alfred ?

– Alfred Dardard. »

Le chef de brigade de la gendarmerie d'Avize, M. Carmier, traverse les rues d'Oiry. Il est au courant des derniers développements de l'affaire. Son but : trouver Dardard. Et soudain, qui voit-il, en plein milieu de la rue de Mareuil ? Le bonhomme se balade, complètement aviné, les mains dans les poches, des espadrilles usées aux pieds, l'air hébété. Le gendarme se plante devant lui. Il demande :

« C'est toi, Dardard ?

– Oui, c'est moi.

– Que fais-tu là ?

– Rien, je me promène. Que me voulez-vous ? »

Ce disant, l'assassin – puisque tel il est – s'avance lentement vers le gendarme en mettant une main dans sa poche. Le représentant de l'ordre comprend qu'Alfred prend en main un couteau. Sans attendre, Carmier se jette sur le voyou, le précipite à terre, le maintient fermement et, en même temps, balance au loin le couteau qu'il tenait effectivement dans sa main. Le gendarme lui passe ensuite sans coup férir le cabriolet. C'est-à-dire les menottes. Dardard se relève alors et, comme si rien ne s'était passé, emboîte le pas au chef de brigade. Inconscience ? Cynisme ? Peu importe. La boucle est bouclée. Il est 3 h 30 quand le meurtrier est arrêté. Enquête facile. Maintenant, il faut gérer l'horreur...

Sans honte, menottes aux poignets, Alfred Dardard suit le chef de brigade. Tranquillement, il répond aux questions. Oui, c'est bien lui qui a tué Chazelle. Les raisons ? C'est une autre histoire. Il est bien incapable de donner une réponse acceptable. Les deux hommes sont place de la Mairie quand arrivent MM. Boyreau et Marie. Alfred réitère ses aveux.

« Hier, il était entre 9 h 30 et 10 heures, explique-t-il, j'ai rencontré Chazelle qui se dirigeait vers Mareuil. Nous nous sommes disputés. Je suis allé l'attendre un peu plus loin après le pont du chemin de fer et j'ai sauté sur lui, le frappant à coups redoublés avec mon couteau. Comme il résistait un peu, je me suis encore acharné sur lui pour en finir.

– Vous rendez-vous compte de la gravité de votre acte ? »

Haussement d'épaules. L'homme est trop imbibé pour comprendre ce qu'il risque. Et surtout pour comprendre le mal qu'il a fait à toute une famille.

« Ce que j'ai fait hier, j'aurais pu le faire aujourd'hui même contre n'importe qui... Il fallait que j'en zigouille un ! »

Ensuite, les gendarmes l'emmènent sur les lieux du crime. Le but avoué est de retrouver un linge couvert de sang qu'il a jeté dans les Tarnauds. La voiture qui le conduit roule lentement. Le long de la route, une foule s'est amassée. Une foule qui hurle :

« Bandit ! Propre à rien ! »

Et Dardard de répondre :

« Moi, je ne suis pas plus propre à rien que vous ! »

Quelques jours plus tard, Dardard est dans sa cellule, à Épernay. Prostré. Abattu. C'est une bête enfermée. En manque de liberté. En manque de vin rouge. Alors qu'il est transféré au palais de Justice pour y être interrogé de nouveau, tout un village se mobilise pour assister aux obsèques de la victime. Des obsèques calmes et dignes, lourdes cependant de rancœur. Cela n'empêche pas la polémique d'enfler. De prendre de l'importance. Car la question est sur toutes les lèvres. Elle fait même le titre d'une colonne de *L'Éclaireur de l'Est* : « Pourquoi le fou assassin était-il libre ? »

« Dardard a tué. Il fallait s'y attendre. Cet être... avait une grande passion pour l'alcool et, de ce fait, eut plusieurs fois maille à partir avec la police locale. Atteint d'épilepsie, il était dangereux au moment de ses attaques et, dans ses délires alcooliques, il sortait facilement le couteau... Après un séjour à Ville-Évrard, il fut admis à la maison de Châlons où, après trois mois de séjour, il était remis en liberté ; le médecin aliéniste déclarait qu'il n'était pas fou. Alors la société se trouvait à nouveau exposée aux coups de ce mauvais sujet, poussé constamment à l'homicide par je ne sais quelle impulsion psychomotrice. Il fallait donc un crime avant que les mesures nécessaires soient prises, et c'est un innocent qui est la victime de cette incurie de l'administration... »

Haro sur le baudet. Enfermer les déviants. Isoler les alcooliques. Sortir la boule de cristal pour savoir si untel ou untel est un assassin en puissance. Éternel débat.

L'instruction précise les faits. Le lundi 9 juillet, Alfred Dardard se rend à Épernay pour toucher son trimestre. Il est réformé de guerre et reçoit un petit pécule, qu'il se hâte de boire dans la journée. Ce même jour, il achète un couteau à cran d'arrêt, avant de passer l'après-midi au débit Thaot. Le garde champêtre Hanoule le rencontre là. Devant son état déjà bien avancé, il lui reproche de mal se tenir, lui fait des remontrances pour avoir dégradé le lavoir. Au même moment, Jules Chazelle boit un verre avec son ami Josse. À cet instant, Dardard est déjà très énervé. Mais à aucun moment, il ne se heurte à Chazelle. Sa bête noire, c'est Hanoule. Entre les deux hommes, le ton monte. Le garde tente de lui expliquer qu'il ne fait que représenter la loi. L'autre n'en a cure. Il se jette sur lui. Des témoins doivent les séparer.

« J'ai dans l'idée d'en zigouiller un ! » hurle l'alcoolique.

Phrase qu'il répétera le lendemain aux gendarmes. Après 8 heures du soir, Dardard s'en va. Chazelle aussi. Et la rencontre, fortuite, hasardeuse, définitive, se fait près du pont de chemin de fer. Le meurtrier tue. Puis il traîne le corps sur une douzaine de mètres et le balance en contrebas pour l'immerger dans la petite mare qui se trouve là. Les roseaux bloquent l'avancée du cadavre. Peu importe. Dardard s'en va, jette le chapeau de Chazelle un peu plus loin, va laver sa chemise pleine de sang au lavoir.

Son casier judiciaire est pratiquement vierge. Jusqu'ici, il n'a été condamné qu'à une amende de 25 francs pour bris de clôture. Son passage à l'hospice de Ville-Évrard et son état de dégénérescence alcoolique étaient-ils suffisants pour l'interner à vie ? Certes, non…

Retour sur la vie du triste sire. Alfred naît à Warmeriville le 20 octobre 1899. Sa mère meurt en 1909 ; son père, alcoolique lui aussi, en 1911. Il est livré à lui-même. Incorporé en 1918 dans une unité d'infirmiers, puis au 152e régiment d'infanterie, il est réformé en 1920 pour débilité mentale légère et crises convulsives. Malgré son intelligence altérée, Dardard lit beaucoup. Il est passionné par tous les journaux qui racontent en détail des histoires de meurtres, des faits sordides.

« Je bénéficierai de circonstances atténuantes, on ne pourra pas me punir en raison de mon état si je tue quelqu'un. »

Voilà le jugement qu'il porte sur lui-même. Ce qu'il ne voit pas, c'est le bagne qui se profile. L'embarquement sur un bâtiment qui se nomme *La Loire* à destination de Cayenne. Le voyage à fond de cale dans des cages de fer. Des allées sordides dans lesquelles circulent des gardiens armés. Des hommes usés qui débarquent dans la jungle. Des hommes qui ne sont plus des hommes, mais de simples numéros.

Le 12 mars 1924, Alfred-Paul Dardard est condamné par la cour d'assises de la Marne à vingt ans de travaux forcés et à dix ans d'interdiction de séjour.

Madame Chazelle, pour sa part, est condamnée à penser à son mari – pauvre homme de soixante-trois ans, mort sous les coups d'un irresponsable – chaque jour que la vie lui accordera encore.

Verzenay est un magnifique village blotti au cœur des vignes. Pourtant, une terrible histoire de meurtre d'enfant s'y est déroulée dans les années 1920.
(Photographie de l'auteur.)

Le mystère de Verzenay

Affaire Jean Salvat, Verzenay
Cour d'assises de la Marne, 29 et 30 décembre 1924

Il est 11 heures du soir, le 26 juillet 1921, quand Jean Salvat frappe à la porte de la gendarmerie de Verzy. Il est accompagné de sa concubine, la veuve Mignon, née Marthe Vilmart. L'un comme l'autre sont affolés : leur fille a disparu. C'est le gendarme Charles Dupuy qui reçoit le couple. Il pose les questions d'usage. Quand, comment, pourquoi ?

« J'ai envoyé ma fille Jeanne chercher son frère René à la cité Werlé, tout près du lieu où nous habitons, vers 7 heures, explique Salvat. René est revenu à la maison sans avoir rencontré sa sœur. »

L'instant est bien entendu poignant. La petite n'a que quatre ans et demi. Dupuy lance immédiatement les recherches. Toute la nuit, gendarmes et volontaires fouillent, cherchent. Sans succès.

Le lendemain, Verzenay est aux quatre cents coups. Tout le monde parle, s'apostrophe, suppose. Sans résultat, bien entendu. L'enquête, sans éléments probants, avance lentement. Puis stagne. Pas de piste. Le mystère de Verzenay commence.

Pourtant, un fait important relance la machine. Il ne s'en faut que d'une dizaine de jours. La nouvelle, aussi importante que celle de la disparition, traverse le petit village comme une traînée de poudre : le meurtrier a été arrêté. Un meurtrier ? Cela confirmerait donc que la petite Jeanne Salvat est bien morte.

« Je l'ai tuée... J'ai tué la petite Jeanne... C'est moi. Je suis un satyre. »

L'homme qui s'accuse s'appelle Rémy. C'est un vagabond, un trimardeur. Et un unijambiste. Le moins que l'on puisse dire, c'est que c'est aussi un original. Il parle et pérore, donne des précisions sur la manière dont il a enlevé la fillette. Avoue un viol.

« Et le cadavre ?

– Je l'ai caché.

– Où ?

– *Ben*... À Verzenay... C'te question ! »

Les gendarmes de Verzy mènent alors le vagabond au village. Discrètement. Il ne s'agit pas de s'annoncer avec tambour et trompette. On sait la réaction viscérale des populations au sujet du meurtre d'un enfant. Il ne faudrait pas que le bonhomme se fasse lyncher sur place. Rémy se rend directement dans un des lieux de la commune.

« Le corps est ici... »

Les gendarmes fouillent. Sans rien découvrir.

« Ah non, je me suis trompé, c'est par là... »

Et il désigne un petit bois, à l'extérieur. Même résultat. Ou plutôt, même absence de résultat. Le petit manège de l'unijambiste continue comme cela pendant quelques heures. Toujours pas de cadavre. Exaspérés, les gendarmes rentrent à Verzy. Où d'autres collègues les attendent.

« De notre côté, on a continué l'enquête, raconte un gendarme.

– Je sens que vous avez du nouveau, dit Pierre Germain, le chef de brigade, qui était du voyage à Verzenay.

– Un unijambiste, ça se repère facilement. Or, notre bonhomme a bien été aperçu le 26 juillet dernier... Il se trouvait à Mourmelon. »

Après un bon savon, l'affabulateur est relâché. Qu'il aille se faire pendre ailleurs.

Le 25 août, Pierre Gougelet, vingt-cinq ans, maçon à Mailly, a besoin d'eau pour exécuter son travail. Près de là, se trouve une vieille maison à moitié détruite pendant la guerre. Plus personne n'y entre. Pierre sait qu'une citerne a été installée au centre de cette demeure. Il pousse la porte branlante, pénètre dans la baraque démolie et soulève la tôle qui protège la citerne. Il se penche et recule, horrifié. Un cadavre d'enfant flotte sur les eaux tranquilles. Pierre Gougelet a retrouvé le corps de Jeanne Salvat.

Le juge d'instruction et les gendarmes se déplacent rapidement. Peut-être une nouvelle piste est-elle immédiatement repérable ? Le médecin légiste est également convoqué. Pourtant, à part une ecchymose dans la région du cœur, il ne repère rien de probant. Les poumons étant vides d'eau, il est probable que la petite était morte avant de tomber – ou d'être jetée – dans le puits. D'autant plus que cette citerne avait déjà été visitée en pure perte le lendemain du drame ! L'enfant y a été mise quelques jours après le crime, voilà qui est maintenant certain.

Les enquêteurs n'ont rien d'autre à se mettre sous la dent. Le dossier reste désespérément vide.

Pendant ce temps, la vie, à Verzenay, continue. L'affaire, peu à peu, s'estompe. On en parle moins. D'autres histoires poussent celle-ci vers la sortie. Les gens lâchent toutefois une parole, au hasard d'une conversation, au détour d'un échange. Pour tout dire, les soupçons portent sur Salvat, dont la situation et la réputation ne sont guère brillantes. De son côté, Salvat répand le bruit que les meurtriers pourraient bien être les grands-parents Mignon. Ambiance détestable.

En octobre 1923, le couple quitte Verzenay pour aller s'installer à Prunay. Les deux premiers enfants de Marthe Mignon sont confiés aux grands-parents. Les amants ne veulent vivre qu'avec leurs enfants communs, Marcel et Raymonde. Pauline Mignon, qui a maintenant neuf ans, aime se rendre chez sa tante, Mme Guillaume. Or, cette tante Guillaume est une fine mouche. Elle sait interpréter les silences de la petite, ses regards qui se perdent au loin, ses larmes qui coulent quand elle se croit seule.

« Écoute, Pauline, ma petite Pauline...

– Oui, ma tante.

– Ta maman n'est plus là, ni Salvat, qui te faisait peur… Maintenant, tu vas me dire la vérité.

– Mais…

– Ta, ta, ta, pas d'histoires. Je sais que tu le crains. Il n'est plus là non plus. Alors, si tu as des choses à dire, c'est le moment…

– C'est-à-dire…

– Je t'écoute. Parle-moi…

– Le jour de la disparition de… Tu sais…

– De ta petite sœur.

– Oui, de Jeanne.

– Alors ?

– Je l'ai vue.

– Où ?

– Elle était dans la cuisine, allongée dans une caisse. J'ai vu sa tête bouger. Puis plus rien. À ce moment, Jean est arrivé, et il m'a dit : "Tu vois, ta sœur est morte. Si tu parles de cela à quiconque, je te tue aussi." Puis maman est arrivée. Elle a posé un mouchoir sur le visage de Jeanne. Jean m'a demandé de sortir. J'ai obéi. Quand je suis revenue, la caisse était toujours là, mais Jeanne avait disparu… »

De nouveau, les gendarmes sont sur le pied de guerre. Ils ont des meurtriers à arrêter. Ils foncent à Prunay et appréhendent Jean Salvat ainsi que Marthe Vilmart. Pauline est confrontée à sa mère. À son beau-père. Droite dans ses bottes, maintenant qu'elle a ouvert son cœur, Pauline maintient ses affirmations. Jean se défend. Marthe dit qu'elle n'a rien vu… Puis que, effectivement, son compagnon l'ayant empêchée d'approcher de la caisse, elle s'est doutée de quelque chose. Mais sans plus. Un simple mot de Jean, cette toute petite phrase : « Je t'expliquerai ! » a suffi à la convaincre. Elle s'est écartée. Alors Jean Salvat craque. Il raconte. Il explique. Il justifie.

« J'étais en train de ressemeler une chaussure. C'était une botte de René. Jeanne est venue vers moi. Elle m'a énervé. Alors je l'ai bousculée de ma main gauche. Je ne pouvais pas de la droite, car je tenais un marteau. Elle est tombée en arrière. Sur le coin du coffre. J'ai continué à travailler. Je me suis levé pour ramasser des clous. Et j'ai vu qu'elle ne bougeait presque plus. Puis elle est morte. Je ne suis allé la porter dans la citerne que le lendemain, après les recherches. Je ne voulais pas la tuer. C'était un accident. »

L'instruction commence. Simple. Enfin, presque. Car quelques semaines plus tard, Jean Salvat revient sur tous ses aveux. Il se rétracte totalement. Il n'a rien fait. Il n'a rien vu. Reste à attendre le procès. Qui se tient aux Assises de Reims les 29 et 30 décembre 1924.

Le président Kastler espère bien tirer cette affaire au clair. Il a pour cela de bons assistants, les juges Payen et Dupont. Monsieur Mettas est l'inamovible procureur qui siège pour le ministère public. Jean Salvat devra faire confiance à Me René Huet pour le défendre. Une partie de bras de fer s'engage. Est-il besoin d'arbitres ? Oui. Ce seront les témoins. Mais avant de les faire entrer sur le terrain judiciaire, il convient de faire plus ample connaissance avec l'accusé. Lequel se lève à l'énoncé de son nom.

« Jean Salvat ?

– Oui.

– Vous avez eu une jeunesse honorable à Lyon. Puis la guerre est arrivée.

– C'est vrai.

– Mobilisé dans un régiment de zouaves, les hasards du conflit vous ont amené du côté de la Marne. À Verzenay, vous avez "observé" la veuve Mignon.

– C'est vrai aussi.

– La guerre finie, vous êtes revenu ici, et vous vous êtes mis en ménage.

– C'est bien cela.

– Vous êtes considéré comme quelqu'un de vif et d'emporté. Vous avez de fréquentes colères.

– Il faut le prouver.

– Des témoins sont là pour cela.

– On verra… »

Et le bonhomme se rassoit, attendant tranquillement la suite des événements. Qui ne tarde pas. Interrogé sur ses aveux, sur ceux de sa maîtresse, sur sa rétractation, il a réponse à tout. La pression. Des paroles toutes préparées qu'on aurait apprises à Marthe. La peur. Puis le retour à la raison. Il n'a tué personne. Il est innocent.

« Vous avez même écrit à votre mère pour qu'elle vous pardonne votre geste ! »

Il est innocent. Innocent ! Bien. Alors qu'entrent les arbitres.

La première est la tante de Pauline, Mme Guillaume, née Périnet, âgée de vingt-sept ans. Suspicieuse depuis les premiers moments, la jeune femme avait attendu le départ de Salvat pour pouvoir pousser Pauline dans ses retranchements. Une fois les vannes ouvertes, il n'y avait plus qu'à recueillir le flot des paroles de la sœur de la victime. Sans un regard pour celui qu'elle considère comme un meurtrier, Mme Guillaume explique ces moments difficiles, poignants pour elle.

Dans le sillage de sa tante, Pauline, du haut de ses neuf ans, prend la parole. Avec assurance, voire avec défi. Maintenant qu'elle a lâché son secret, plus rien ne la fera sortir de la ligne qu'elle s'est tracée. C'est un Petit Poucet qui suit les cailloux blancs de la vérité. De sa vérité. Son beau-père élève le ton, s'acharne sur elle. Pauline lui tient tête crânement. Pis, elle déclare que l'homme l'avait marquée avec un fer rougi. À une dernière question du président, elle répond :

« Je ne sais pas si c'est Salvat ou maman qui a mis Jeanne dans la caisse, mais elle y était ! »

Puis Marthe Vilmart apparaît. Fragile, tremblante. Elle ne sait rien, elle n'a rien vu. Quoique... Oui, bien sûr, c'est Salvat, le meurtrier. Elle peut maintenant l'affirmer. Mais le linge sur le visage de l'enfant, non. Cela, jamais. Elle avait peur de son compagnon. Voilà la raison de son silence.

« Et le fer rouge ?

– Je n'étais pas au courant. »

Et Pauline d'intervenir violemment :

« C'est vous qui l'avez fait chauffer, ce fer ! »

L'émotion est à son comble dans le vaste prétoire rémois. Silence de la maman.

« Parlez, lui dit l'avocat général, parlez. Je vous promets que vous resterez libre. Soyez sans crainte. »

Cette phrase, au lieu de libérer la dame, la bloque davantage. Elle semble tétanisée de peur... La conséquence est terrible. La mère reprend la parole et innocente totalement Jean Salvat. Il n'a tué personne. C'est un complot. Sa fille est une menteuse. La consternation est générale. Personne ne sait plus que dire. Dans les yeux de Salvat, une lueur d'espoir… Le procureur rappelle une fois de plus Pauline, qui traite Jean et sa mère de « menteurs ». Elle décrit la caisse, sa demi-sœur agonisante. Elle est certaine de ce qu'elle a vu.

« À moins que ces paroles n'aient été dictées par les grands-parents Mignon. »

Voilà ce que réplique Marthe. Qui croire ? L'arbitrage doit continuer. René Mignon, le frère, arrive à son tour. Il était effectivement à la cité Werlé ce 26 juillet. Mais jamais Jeanne n'est venue jusqu'à lui. Il est rentré comme d'habitude. Et Salvat l'a envoyé au lit sans manger. Pourquoi ? Mystère. Il se plaint également de la violence de son beau-père.

L'épicière de Verzenay, ensuite. Marguerite Moreau se souvient que Jeanne et Pauline étaient passées chez elle, puis que Pauline était revenue seule pour réclamer la monnaie sur le sirop qu'elles venaient de prendre. Répétons-le : seule. Or, les filles n'ayant pas payé le litre, Marguerite envoya sa mère chez Salvat pour demander l'argent. Et la mère, Adèle Moreau, vit Salvat en flanelle, en train de se débarbouiller. Sans plus.

Alexandrine Dumesnil, elle, est certaine qu'elle a vu Jeanne se rendre à la cité Werlé. Mais pas en revenir. Ce qui innocenterait plutôt Salvat.

Marthe Rochette a bien entendu le cri d'une petite fille. Elle hurlait : « Maman, maman ! » Cela se passait dans le jardin des grands-parents Mignon. Pas chez Salvat. Mais Marthe se trouvait au même moment avec Mme Mignon mère. Alors ? Un autre arbitre ? Bien sûr. Continuons. Maria Barbier a entendu un râle d'enfant « chez Salvat, et pas ailleurs ». Et encore d'autres, qui n'en savent rien. Et des policiers. Et des gendarmes. Pas facile. Il semble que l'on s'embourbe. Que l'on s'enlise.

Salvat : coupable ou innocent ?

Le procureur sait. Pour lui, le mot juste est coupable. Et de rebondir sur les paroles de Pauline, sur la peur de Marthe, et aussi sur le besoin de revivre avec son concubin pour qu'il assure financièrement l'existence de leurs trois enfants, et encore sur la violence de l'accusé. Puis sur ses lettres à sa mère. N'écrit-il pas : « Je n'ai pas voulu tuer, je ne l'ai pas fait exprès, je suis un malheureux, pas un assassin... » ? Mais le procureur ne parle pas de meurtre. Il s'agit simplement de « coups et blessures ayant entraîné la mort ».

L'avocat sait. Pour lui, le mot juste est innocent.

« S'il a menti, montrez-vous sévères, dit-il aux jurés. Si vous avez un doute, acquittez-le ! »

Le choix est cornélien. Puis le défenseur parle de Pauline – qui n'avait que six ans à l'époque du drame.

« Vous savez, toute idée implantée dans le cerveau d'un adulte, à plus forte raison dans celui d'une enfant, tend à devenir une réalité ! »

Les jurés ne savent que penser. Les témoins, les témoins. Lesquels ont été meilleurs arbitres que les autres ? Coupable ? Innocent ? Peut-être... Les jurés doutent. Alors, le 30 décembre 1924, Jean Salvat est acquitté. Il est 4 h 10 de l'après-midi.

Ce n'était pas la vie de château pour Louis Godfroy.
Il en devint meurtrier. La pauvre Mme Bocart en fit les frais.
(Collection de l'auteur.)

La triste vie de Louis Godfroy

Affaire Louis-Edmond-Gaston Godfroy, Aulnay-sur-Marne
Cour d'assises de la Marne, 26 et 27 février 1926

L'ODEUR. JE NE PEUX JAMAIS pénétrer dans ces lieux sans être impressionné par l'odeur. Oh ! certes, la prison est propre. Elle n'est pas si vieille. Les locaux sont impeccablement tenus. Et le personnel est sans reproche. Mais la tristesse, le désespoir, la violence laissent derrière eux des relents nauséabonds. Ainsi que la mort qui, au pied de la guillotine, se répand de temps à autre. Je suis abbé, et je viens visiter de pauvres gens qui en ont fait souffrir d'autres. Je rencontre des voleurs et des violeurs, je rencontre des meurtriers et des morts-vivants. Des bêtes, des fous, des méchants. Je rencontre des hommes. Celui qui fait l'objet de ma visite aujourd'hui s'appelle Louis Godfroy. Louis-Edmond-Gaston Godfroy, né à Châlons-sur-Marne le 25 novembre 1902. C'est encore un jeune garçon de vingt-trois ans. Qu'a-t-il connu de la vie, ce triste sire ?

Je vais, de couloir en couloir. Précédé des paroles des matons, du bruit des portes qui claquent, fer contre fer, du cliquetis des clés qui tintent entre les mains. Accueilli par les cris des prisonniers. Le gardien-chef s'arrête devant une cellule. Il soupire un instant et en ouvre la porte. Toujours en faisant le maximum de bruit.

« Méfiez-vous de lui, l'abbé, c'est un sournois... Pour sûr, faut pas être catholique pour faire des choses pareilles ! »

Je souris tristement. Le jugement hâtif et sans discernement est bien le propre de l'homme. Le gardien s'efface et me laisse pénétrer dans la petite pièce. Un grand gars me regarde, étonné. Pas si souvent que quelqu'un en soutane vient lui rendre visite. Je ne dis rien, alors que la porte se referme. Avec fracas. Je l'ai dit : Godfroy est grand. Il est fin, avec une tête menue. Une fine moustache impeccablement taillée tranche sur la blancheur du visage. Le nez est aquilin, les yeux sont vifs et mouvants sous des sourcils broussailleux. Des yeux qui fuient les miens, qui fuient le monde. Un faux dur. Je me présente.

« Bonjour, monsieur l'abbé. Je ne me présente pas, moi. Vous savez qui je suis, vous me connaissez...

– Je sais votre nom, votre âge. Je sais ce que l'on vous reproche... Mais vous connaître, ça non.

– Ah... »

Je le dévisagc une fois de plus. Le but n'est pas de le mettre mal à l'aise. Je cherche à aller au-delà de ce visage, plus loin que ce regard qui ne voit rien.

« Vous... Vous voulez que je vous raconte ce que j'ai fait ? Vous êtes un peu comme un avocat ?

– Non. Je ne suis pas ici pour vous défendre. Ni pour vous accuser. Le jugement des humains m'intéresse, bien entendu. Mais ce n'est pas mon métier... Mon métier, c'est l'enseignement de Dieu et la compréhension des hommes. J'aimerais que vous me parliez de vous. De votre enfance. De votre vie. De vos péchés.

– Oh ! mes péchés... J'en ai fait beaucoup. Mais le plus important est le meurtre. J'ai tué une dame, voyez-vous, monsieur l'abbé. Et parfois, je dors mal.

– Je comprends que vous soyez insomniaque. Comment en êtes-vous arrivé là ?

– *Ben*, c'est venu tout seul.

– Votre mère, qu'en pense-t-elle ?

– Aucune idée... J'avais un mois quand elle m'a abandonné à l'Assistance publique, alors ma mère, pour ce qu'elle en a à faire de moi ! Mon avocat dit que je suis né d'une nuit de plaisir ou d'un acte de violence... C'est tout moi, ça. Je passe de l'un à l'autre comme ça ! »

Et il claque des doigts, clac. Comme ça...

« Vous avez été maltraité ?

– Non... J'ai été recueilli ensuite par M. et Mme Warnier. Ce sont mes parents nourriciers. Jamais je n'ai eu à m'en plaindre. C'étaient de bien braves gens. Puis à l'âge de treize ans, j'ai été placé. Il fallait que je travaille.

– Et ?

– Ça, je n'ai pas aimé.

– Quel genre de travail ?

– Que voulez-vous ? Domestique de culture, comme tous les bons à rien de mon espèce.

– Vous ne semblez pas avoir une haute opinion de vous.

– Je m'en moque... Ce sont les autres, les gens. Ils me disent paresseux, sournois, capricieux. C'est certainement vrai. En quelques années, j'ai changé sept fois de patron. Et j'ai commencé à voler, d'une grange à l'autre. De petits délits, de petits faits divers. Pour arrondir les fins de mois. C'est difficile, hein ?

– Vous manquez en effet de stabilité... Ensuite ? La violence faisait partie de votre vie ?

– Je m'énerve facilement. Je suis toujours en colère. Mais la vie ne m'a pas favorisé, pas vrai ? Puis je suis tombé malade... Une cochonnerie. La tuberculose. On m'a collé dans un sanatorium.

– Pour votre bien.

– Ouais... J'en suis sorti en novembre 1923. J'ai voulu m'engager. Deux fois, j'ai été réformé. Deux fois ! Finalement, j'ai pu rejoindre le 61e régiment d'artillerie. Pas longtemps. On m'a rendu à la vie civile. Faut toujours qu'on décide pour moi. De retour à Châlons, il a bien fallu trouver du boulot. J'ai fait du charroi de bois de mine. J'avais pas de maison. Une nuit je couchais dans une écurie, une nuit dans une autre. Les marchands de chevaux sont comme ça. Ils vous hébergent avec les bêtes. Remarquez, c'est encore avec elles qu'on est le mieux !

– Les hommes parfois sont bien cruels, je vous l'accorde. »

Un silence s'installe entre nous deux. C'est bien un meurtrier qui me fait face. C'est aussi un homme brisé, aigri, maltraité par le sort. Un gamin malheureux, un pauvre type. Et un assassin. D'un signe, je l'encourage à poursuivre.

« C'est en février 1925 que j'ai trouvé du travail chez les Bocart. J'aimais pas bien Théophile, le patron. J'aimais pas bien la mère Bocart non plus.

– Pourquoi ?

– Deux mois avant le... avant les faits, elle m'a traité de “Boche” !

– Ça explique votre geste ?

– J'étais en colère... Et j'avais besoin d'argent, aussi.

– Alors, le 10 juin est arrivé. »

Son regard se fait encore plus vague. Je sens qu'il s'en va, loin. Il retourne en arrière et vit – comme il le revit chaque jour – son acte de folie. Qui est aussi son acte de bravoure. C'est par cela qu'il se caractérise maintenant. Par ce meurtre. Cette abomination. Mon Dieu...

« Je savais Bocart absent pour la journée. Alors j'ai décidé de me venger, de devenir riche, de faire une bêtise... Tout cela à la fois. J'étais certain de trouver Mme Bocart seule à la maison. Facile. Mais j'avais peur. Toute la journée, j'ai navigué de bistrot en bistrot. Je me suis saoulé de bière. Je suis arrivé à la maison en passant par-derrière. J'ai escaladé le grillage. Je me suis retrouvé dans le verger, puis dans le jardin. Tout était calme. Il était 5 heures de l'après-midi. J'ai pénétré dans la maison. La femme était sourde, alors c'est sans crainte que je me suis glissé derrière elle. En rampant. Soudain, alors qu'elle vaquait à ses occupations dans la cuisine, je me suis précipité sur elle, et je l'ai rouée de coups de poing et de coups de pied. Elle est tombée. Je l'ai attrapée à la gorge, et j'ai serré. Je l'ai étranglée. Elle se débattait à peine. Elle faisait de drôles de petits bruits... Puis elle n'a plus bougé. Mais je voyais qu'elle respirait encore. Alors je suis allé dans un bâtiment et je suis revenu avec un marteau. Et encore, j'ai frappé. À la face et dans la nuque. Partout où je pouvais... Ensuite, j'ai fouillé. Je savais qu'il y avait un coffre-fort. Mais même avec les outils, je n'ai pas réussi à le forcer. J'ai tout retourné. J'ai pris des habits du père Bocart. Puis je suis revenu dans la cuisine pour me laver. J'avais du sang plein les bras, les mains. Sur mes vêtements. C'est à ce moment que j'ai entendu une automobile. C'était Bocart. Celui-ci, voyant que toutes les portes étaient fermées à clé, a demandé à son voisin M. Simon d'escalader le mur et d'ouvrir. Moi, je me suis sauvé dans le jardin, et je me suis caché dans la grange. Bocart a trouvé le corps de sa femme. Il a appelé les gendarmes. J'étais coincé dans la grange... C'est là que les gendarmes m'ont attrapé... C'est moche, hein ?

– Ce n'est pas beau, en effet... Comment vous pardonner ?

– Je m'en fous... Ma vie est foutue.

– Celle de M. Bocart aussi. Et encore plus celle de sa femme.

– Oui, elle est morte trois jours après. Sans avoir repris connaissance... Vous me jugez, là, non ?

– Non, je souffre avec la famille, avec vous.

– Comme Jésus a souffert sur la croix, hein, c'est ça ?

– Je sens un peu d'ironie dans vos propos...

– Oh ! vous savez, au procès, hier, ils ont dit que j'étais un débile léger, alors ces trucs-là, moi, je les laisse aux gens qui savent penser...

– Comment avez-vous vécu votre procès ?

– Dans ma vie, il y avait le 10 juin 1925. Il y a maintenant les 26 et 27 février 1926. J'ai été condamné à mort. Bientôt, il y aura la guillotine. J'ai intérêt à profiter des murs de cette prison.

– Vous ne serez pas guillotiné, Louis. Les jurés ont signé un recours en grâce en votre faveur. Votre avocat ne vous en a pas informé ?

– Si, bien sûr, mais je ne sais pas si je peux le croire.

– Vous pouvez le croire sur parole. C'est un bon avocat. Il vous a bien défendu, non ?

– Maître Braibant est un costaud, il paraît. Vous croyez que sans lui je serais mort sur l'échafaud ?

– Je pense... Mais la peine de mort n'est pas une solution.

– Peut-être que pour moi, ça aurait pu être la solution, justement. Allez hop ! plus de Godfroy. Tout le monde est tranquille. Un mauvais garçon disparaît... C'est bien pour la société. »

Je décide de me lever. Louis Godfroy a besoin de rester seul. Je lui donne l'accolade. Il se laisse faire. Je lui dis que je prierai pour lui. Et pour M. Bocart. Il ne répond pas. Il a le temps.

COUR D'ASSISES DE LA MARNE

LA TRAGÉDIE DE BEZANNES

Il résulte des témoignages entendus que ce drame fut provoqué par l'inconduite des deux victimes

L'audience d'hier a été réservée à l'examen de la sanglante tragédie de Bezannes, encore présente à la mémoire de nos lecteurs, et au cours de laquelle Achille Ferry, mari trompé, tua à coups de revolver sa femme volage, Jeanne Caillet, et la mère de celle-ci, Mme Toussaint.

Un public fort nombreux assiste à ces débats.

L'audience est ouverte à midi 50. M. de Gallardo-Marino préside, assisté de MM. Payen et Loiseau.

M. Mettas, procureur de la République, occupe le siège du ministère public.

Me Raoul Petit assiste l'accusé.

Achille Ferry, né le 26 octobre 1903, à Reims, peintre en bâtiments, est vêtu d'un complet bleu marine. Rasé de frais, les cheveux rejetés en arrière, sa tenue est correcte, et son attitude va être parfaite au cours de l'interrogatoire.

Après les formalités d'usage, le président reçoit le serment des jurés, au nombre de treize.

M. Laurent, greffier, donne lecture de l'acte d'accusation, qui rappelle en détail la vie de la famille Ferry et les circonstances du drame.

UN MENAGE DESUNI

Dans le courant de l'année 1921, Ferry Achille, qui habitait alors au Nouveau [...]

qui allait prévenir la gendarmerie. Reconnaissant Ferry, Toussaint lui cria qu'il payerait pour les deux victimes. Ferry riposta par deux coups de revolver. Il affirme qu'il n'a pas visé Toussaint et qu'il a tiré en l'air. Après être retourné au « Moulin de l'Ecaille », il repassa au café Bel.

Comme il s'était légèrement blessé en brisant le carreau de vitre, Bel lui en fit la remarque, et il expliqua l'origine de cette coupure, en ajoutant qu'il avait tiré à travers le carreau sur sa femme et sa belle-mère. Il montra même son revolver, mais il refusa de le remettre à Bel, qui lui a demandé vainement de s'en dessaisir, et n'osa le désarmer.

Ferry rentra enfin chez ses parents, à qui il apprit ce qu'il avait fait. Il tenait encore son revolver à la main, lorsque les gendarmes vinrent l'arrêter.

L'interrogatoire

On fait l'appel des témoins qui répondent au nombre de trente-deux et M. de Gallardo-Marino procède à l'interrogatoire de l'accusé, qui va retracer sa vie.

Parti au régiment en 1923, il est rendu à la vie civile en avril 1925. Il a obtenu son certificat de bonne conduite. Il fut un bon soldat, tout comme dans la vie civile il fut un bon ou-[...]

Deux fois meurtrier et acquitté. Tel est le résultat de la sanglante tragédie de Bezannes, qui a vu Ferry se révolter contre les humiliations dont il était victime.
(*L'Éclaireur de l'Est* ; document de la bibliothèque Carnégie, Reims, BM, PER CHV 36.)

Sanglante tragédie à Bezannes

Affaire Achille Ferry, Bezannes
Cour d'assises de la Marne, 7 et 8 juin 1926

ASSASSIN. DEUX FOIS ASSASSIN. Voilà ce que je suis. Et pourtant, je revendique la justice. Car moi aussi, j'ai été assassiné. Et par ceux-là même que j'ai tués. Justice.

Je m'appelle Achille. J'ai la vie devant moi quand je rencontre Jeanne. En 1921. À l'époque, j'habite au Nouveau Port, à Reims. Chez mes parents. Pas toujours drôle. Quand on a dix-huit ans, qu'on est un jeune gars plein d'avenir, on a envie d'indépendance. De liberté. Je ne suis pas long à la séduire, la môme Jeanne. C'est qu'elle a du tempérament, la drôlesse. Pas spécialement belle, mais pas spécialement moche non plus. Après quelques mois, elle m'annonce une sacrée nouvelle : elle est enceinte. J'ai beau n'être qu'un simple ouvrier, un pauvre peintre en bâtiment, je n'en ai pas moins de l'honneur. J'ai fait une bêtise. Je l'assume. Je propose à ma Jeanne de l'épouser. Histoire de régulariser. Elle ne dit pas non. Alors j'en parle à mes parents. C'est là que ça se gâte.

« Tu n'es pas fou... Si jeune... Tu vas gâcher ta vie... Elle est à peine adulte, et toi aussi, d'ailleurs. Et la famille, Achille, la famille...

– Mais je l'aime, et elle m'aime. Et cet enfant, c'est le nôtre !

– Marie-toi si tu le veux, mais nous, on n'est pas d'accord. »

Le 15 juillet 1922, le maire nous pose la question rituelle :

« Achille Ferry, voulez-vous prendre pour épouse Jeanne Caillet ?

– Oui.

– Jeanne Caillet, voulez-vous prendre pour époux Achille Ferry ?

– Oui. »

Et moins d'un mois plus tard, le 11 août exactement, une petite fille voit le jour. On l'appelle Andréa. La belle vie commence. Enfin, je crois. Car très vite, je me rends compte que je me trompe. Je travaille comme un fou pour faire vivre ma petite famille. Et pendant ce temps, Jeanne va de droite à gauche, ne s'occupe pas de notre maigre baraque. Sa mère, la veuve Caillet, redevenue depuis peu une femme mariée – avec un certain Toussaint – est de plus en plus présente à la maison. Et je vois qu'elle ne m'aime pas. Quand je rentre, il n'y a rien de prêt. J'ai faim, moi ! Je reparle à mes parents. Puis de temps à autre, de plus en plus souvent même, je mange chez eux. Ce sont mes parents, quoi ! Finalement, je quitte le domicile conjugal. Je serai plus tranquille dans mon ancien chez-moi. Jeanne n'en a cure. Jusqu'en décembre. Je me souviens. Il fait froid. La neige emplit les rues de Reims. Alors que le soir est déjà tombé, on frappe à la porte. C'est Jeanne. Elle pleure. Elle s'excuse. Elle m'aime. Elle veut me reprendre. Ma mère fait la grimace, mon père lève les yeux au ciel.

« Jeanne m'est revenue, ma mère, je retourne en enfer ! »

Un chanteur pourrait en faire une chanson.

Vaincu, je repars avec ma femme. Une nouvelle lune se lève sur notre vie. Une lune de miel. Puis arrivent les beaux jours. Et Jeanne ne me voit plus. Une fois encore. Nous sommes en mai. Je songe à divorcer. Mais il y a Andréa. Et je sais que, dans quelques mois, je devrai faire mon service militaire. Je décide de patienter. C'est en novembre 1923 que je découvre la vie de soldat. La guerre est finie depuis longtemps. Il n'y en a pas d'autres en vue. C'est agréable, la vie de caserne, la vie de camarades, la vie sans sa femme. Je suis apprécié de tous. L'administration militaire me délivre un certificat de bonne conduite. Pendant ces quelques mois, je suis à Coblence. C'est là que je reçois une lettre recommandée de ma femme, qui souhaite une fois de plus qu'on se rabiboche. Ce qu'elle veut, c'est avoir droit à l'allocation militaire. Et elle a besoin de mon consentement pour cela. Je consens.

Je reviens à la maison en avril 1925. Pour découvrir que l'emprise de la mère sur la fille est de plus en plus importante, de plus en plus pernicieuse. Je me fâche. Les gens me regardent en coin.

« C'est lui, le mari. »

Voilà ce qu'ils chuchotent dans mon dos. Car la femme Ferry, comme on dit, fait scandale dans le quartier de la rue Lecointre, où nous habitons. Je suis un faible. Souvent, Jeanne me poursuit dans la cour avec un balai et me tape dessus de toutes ses forces. Une fois, elle prend même un crochet de fer. J'ai honte. Une autre fois, ce sont des coups de fourchette que je reçois. Mes mains sont en sang. Un voisin me voit avec la chemise toute déchirée. Jeanne apprend à ma petite fille les pires grossièretés. En lui disant : « Dis à ton père ceci... » Ou encore : « Dis à ton père cela... » Et d'entendre ces horreurs dans la bouche de ma chérie, c'est l'enfer. Je m'abrutis de travail. Peindre et peindre encore. Mon patron est content de moi. Comme les militaires, il ne tarit pas d'éloges sur mes activités. Pourquoi n'ai-je pas tant de réussite avec ma femme ?

Car ensuite, c'est pire. Je me laisse avoir. Alors que je ne pense qu'à m'éloigner de ma belle-mère, cette satanée femme Toussaint me persuade d'acheter un baraquement à Bezannes. Juste à côté de l'endroit où elle vit avec son mari. Cela, c'est en août 1925 que ça a lieu. Oh ! ça ne dure pas bien longtemps. Ma garce de femme rencontre un certain Jean Victor. Elle s'en amourache et part vivre avec lui à Reims, puis à Rethel. En emportant les meubles. Le choc quand je rentre dans ces pièces vides ! Moi, je reste près de ma belle-mère, près de ma punition. Il faut croire que le Jean ne lui plaît pas longtemps. Jeanne revient au foyer en décembre. Idiot que je suis, je consens à la reprendre. Cela ne l'empêche pas de multiplier les rencontres, de vivre dans la débauche.

Trop, c'est trop. En février 1926, je reviens chez mes parents. Comme un yo-yo. Une fois en bas, une fois en haut. Mais là, c'est définitif. J'entame une procédure de divorce. Ce n'est pas suffisant. Car ma fille me manque. Je peux me passer d'une femme. De mon enfant, c'est impossible. Peu à peu, l'obsession gagne mon esprit. La folie le gangrène.

Le 15 mars, je décide de reprendre mon « bien ». Il est 2 heures de l'après-midi quand j'arrive devant le baraquement des Toussaint. La porte est close. J'hésite. Et décide d'attendre. Non loin de là, se trouve un petit bistrot, le café Bel. Je tâte au fond de ma poche le revolver chargé de cinq balles que j'y ai logé. Dans l'autre poche, sept balles attendent. Le revolver est ce que l'on appelle un Bull-Dog. Je sais qu'il fait autant de victimes chez les personnes visées que chez celles qui visent. L'arme n'est pas fiable. Elle tire n'importe comment, elle explose parfois ! La folie, vous dis-je. Je quitte le café, retourne au baraquement. Rien de nouveau. Cette fois, je vais au Moulin de l'écaille. Je m'envoie un petit verre de blanc. Juste pour le courage. Plusieurs fois, dans l'après-midi, je fais l'aller et retour. En vain. La patronne, Mme Welkenhuntzen, me parle.

« Ça n'a pas l'air d'aller, mon pauvre Achille. Toujours des soucis avec ta femme ?

– Ce n'est pas pour elle que je suis là. La Jeanne, je m'en balance. C'est la petite, Andréa, que je veux. »

La dame comprend. Un enfant, c'est sacré.

« Tu peux peut-être te faire accompagner par le garde champêtre. Les lois, il connaît. Tout le monde sait que la gamine sera bien mieux avec toi, va !

– Non, je l'aurai... »

Je retourne chez ma belle-mère. Toujours personne. Direction le café Bel.

« Je n'ai pas trouvé ma fille, dis-je au patron, Joseph, qui m'interroge à son tour. Mais si on ne veut pas me la donner, on verra... »

À ce moment, je suis allé au Nouveau Port casser une petite croûte. Avant de revenir à 6 h 30 du soir. C'est à cet instant que j'ai vu la lumière se fermer chez la mère Toussaint. Là, j'ai compris. Les femmes avaient été présentes tout l'après-midi. Elles savaient ce que j'étais venu faire. Et elles s'étaient enfermées. La colère, en moi, devient orage, tornade. Je m'approche de la porte de la cuisine. Je frappe au carreau. Je hurle :

« Donnez-moi ma fille !

– Non !

– Je veux ma fille.

– De toute façon, elle n'est pas de toi », hurle Jeanne.

Je sors alors le revolver. Je le braque à travers le carreau. Je me coupe. Le sang gicle. J'ai mal. La tornade est maintenant un cyclone. J'appuie sur la détente une fois, deux fois, trois fois, quatre fois. Sans viser, au hasard. Je crois que je tire en l'air, mais je n'en suis pas certain. Un calme de glace s'empare de tout mon être. Je recharge mon arme et fais demi-tour. En chemin, je croise un jardinier, M. Gérin, qui habite route de Pargny. Je l'apostrophe :

« Je viens de tirer sur ma femme et sur ma belle-mère. Je ne suis pas sûr de les avoir tuées. Je me suis vengé. »

C'était Gérin qui m'avait vendu le baraquement, quelques années auparavant.

« Vous pouvez reprendre la maison, je n'en veux plus maintenant. »

Puis je pars. Je suis content. Soudain, devant moi, une bicyclette apparaît. Je reconnais Toussaint. Je lui hurle après, je sors mon revolver, je tire deux coups en l'air. Terrorisé, le bonhomme s'en va, pédalant comme jamais il ne l'a fait. Je passe au café Bel, au Moulin de l'écaille. À chacun, je dis ce que je viens de faire. Ils veulent me reprendre mon arme. Je refuse. Je vais chez mes parents. Et je leur avoue mon acte insensé.

Peu de temps après, les gendarmes débarquent. Et m'arrêtent. Jeanne et sa mère sont mortes. Toutes les deux touchées au cou. Jeanne a été retrouvée allongée près de son lit. La vieille a réussi à sortir. Puis elle est morte dans le jardin. C'est le cousin Marcel Lecomte, livreur à Bezannes, qui a découvert les corps. Juste après, Toussaint est arrivé. Je suis un assassin. Deux fois assassin.

Mon jugement se passe sur deux jours, les 7 et 8 juin 1926. Deux longues journées, pénibles, humiliantes. Les témoins se succèdent. Eugène Toussaint est le premier. Il reconnaît que j'étais sympathique, qu'une fois, alors que sa femme le battait – même lui ! –, j'étais venu à son aide. Puis Joseph Bel ou encore Mme Welkenhuntzen viennent prendre ma défense. Jean Victor avoue l'infidélité de Jeanne :

« C'est sa mère qui m'a poussé dans ses bras. »

Sa mère, toujours sa mère. Alors que la mienne est si gentille. Je pleure quand mon père dépose à son tour :

« Nous ne voulions pas de ce mariage, car nous connaissions la famille Caillet. Mais mon fils a dit qu'il se suiciderait si nous n'acceptions pas. Nous avons cédé. En sortant de la mairie, ma pauvre femme s'est mise à pleurer en me disant : "Nous avons fait le malheur de notre garçon." »

Je ne connaissais pas le mal que j'avais fait à mes parents. Maintenant, je sais. Et ma sœur aussi a été victime de ma belle-mère. Cette dernière l'a forcée à avoir des relations avec le fameux cousin Lecomte. Après s'être enfuie, elle a été menacée de mort. À chaque heure qui passe, j'en apprends plus sur ma famille et sur ma belle-famille. Comment ai-je pu être aussi aveugle ! Et le pire est à venir. Toussaint, qui est maintenant veuf, et qui n'a donc plus peur, livre une autre partie de l'histoire :

« Pendant qu'Achille était au service militaire, les deux femmes enfermaient Andréa dans la niche à chien, et elle devait manger dans l'écuelle de l'animal !

– Et vous n'êtes jamais intervenu ! tonne le président.

– J'avais trop peur, monsieur, les deux femmes me seraient tombées dessus à bras raccourcis. »

Le réquisitoire du procureur Mettas est à peine bienveillant pour moi. Certes, j'étais sans cesse au pain sec et à l'eau, alors que les amants des deux femmes étaient choyés plus que de raison ; certes, elles n'étaient que des prostituées de bas étage ; certes, elles étaient méchantes. Mais devais-je pour cela les tuer ? Et de sang-froid, qui plus est ? Et la petite, qui a veillé sa mère morte pendant de longues minutes, comment pourra-t-elle s'en remettre ?

Je ne sais plus que penser. Si je dois payer, qu'on me le dise. Et vite. Ce qui est certain, c'est qu'Andréa s'est jetée dans mes bras dès qu'elle m'a vu, en criant : « Papa, mon papa ! » Elle m'aime toujours, malgré ce que j'ai fait.

L'avocat ne cherche pas à me disculper. Il veut seulement m'absoudre. Pour lui, la victime, c'est moi. Et je vois bien que, dans les yeux des personnes assises dans cette grande salle qui me fait peur, c'est la même chose.

Finalement, les jurés sont plus sensibles aux paroles de mon avocat qu'à celles du substitut du procureur. C'est à peine conscient, hébété, que l'on me dit que je suis acquitté. Je vois mes parents qui pleurent. Je sens les larmes qui envahissent mes yeux. Et je n'ai qu'une seule image dans la tête : celle de la petite Andréa.

Le double crime de la rue Attila

Affaire Cœuret, Châlons-sur-Marne
Cour d'assises de la Marne, 6 mai 1931

On ne saura pas grand-chose de Cœuret. Même pas son prénom. Anonyme parmi les anonymes, il paraît tellement peu exister que les journalistes ne le désigneront jamais autrement que par son nom de famille. Cœuret.

L'année 1930 touche à sa fin. Demain, c'est Noël. Avec son cortège de joie, de guirlandes, d'embrassades, de repas. Pour Cœuret, trente-sept ans, originaire de Vertus, c'est le jour du crime. Un meurtrier, comment est-ce ? La mine patibulaire ? Une face de brute ? Les yeux en regard de fouine ? Le menton fuyant ? Une carrure d'hercule ? Des mains de boucher ? Pas celui-ci. Il a le teint frais de l'honnête homme, la moustache fine et bien taillée, les joues rasées de près, la chevelure souple et bien entretenue, l'air calme, impassible. Un bon gars.

Dans la matinée du 24 décembre, Cœuret boit un coup dans un bistrot de Reims. Il lie conversation avec l'un, avec l'autre. Recherchant plutôt une compagnie féminine. Il rencontre une femme Boucherot, à qui il demande 100 francs. Elle refuse. Il se détourne d'elle. Il semble alors qu'une autre dame s'intéresse à lui. Il lui fait un clin d'œil, un sourire de dandy, lui offre un verre.

Elle s'appelle Claire Mariage. Divorcée. Bien sûr, cela fait rire. Jeu de mots pour jeu de séduction. Ils boivent ensemble. Sortent du café. Entrent dans un autre. Puis, de fil en aiguille, de verre en verre, ils décident de prendre le train. D'aller à Châlons. Pourquoi Châlons ? C'est certainement Cœuret qui pousse Claire. La journée se passe, d'un débit de boissons à l'autre. Les deux aiment boire. Puis, marchant dans la ville, ils arrivent rue Attila. Il semble que l'ambiance se soit légèrement dégradée. Ils croisent tous deux un militaire qui se souviendra plus tard les avoir vus se disputer. C'est le capitaine Grelet, du 23e régiment d'artillerie.

« Je connais une grange où nous pourrons passer la nuit », explique Cœuret.

Il est plus calme. Docile, Claire calque son attitude sur sa rencontre d'un jour. Rue Attila, se trouve une ferme qui appartient à M. Loisy. Sur le côté, une grange n'est jamais fermée à clé. Dans le froid de la nuit qui tombe, Cœuret ouvre sans bruit la lourde porte de bois, fait entrer sa compagne et referme derrière lui. Ce soir, c'est réveillon.

Cœuret est différent. Il fait noir dans cette grande pièce. On ne voit presque rien. Pourtant, l'homme imagine les murs nus, entassement de pierres séculaires, noires de l'érosion du temps et du passage incessant des araignées. Comme dans une jungle impénétrable, les toiles lourdes de poussière font comme des guirlandes de Noël. Des guirlandes en négatif. Sales et inquiétantes. Le foin sur lequel le couple s'allonge est chaud, malgré la faible température extérieure. Une odeur entêtante, mélange de décomposition, de passages d'animaux, d'éternité, agresse les narines. Ni l'un ni l'autre ne parlent. Ils sont dans un autre monde. Ils ont déjà compris l'indicible. Un bruit retentit dans le coin, là-bas, à droite. Un rat qui s'enfuit. Un chat qui le poursuit. De multiples outils s'entassent. Fourches, pelles, râteaux. De vieilles auges qui fuient attendent d'être jetées. Elles pourront encore patienter longtemps. Ici, on ne sacrifie rien. Une faucheuse au chômage somnole dans un autre coin. Il faut que le ciel revive, que le soleil revienne pour qu'elle puisse travailler à nouveau. Un chien est-il couché là ? Peu importe.

Claire est ivre. Elle ne sait pas si elle doit se donner à son compagnon, si elle doit s'endormir immédiatement, si elle doit se sauver.

Vite. Elle ne sait pas. Alors elle parle. Pour conjurer le sort qu'elle sent peser sur elle. Pour éviter d'avoir peur. Pour parler. Mais lui ne dit rien. Il la regarde, fantomatique dans l'ombre glauque de la grange. Et il se jette sur elle. Il ne pense pas à son corps. Il ne pense pas au plaisir. Il ne pense pas au viol. Il attrape simplement son cou, comme il ferait d'une tourterelle en plein vol, et il serre. Ses mains sont puissantes. Sans pitié. Ensuite, sans un regard pour elle, il quitte la bâtisse et va se saouler en ville. Quelques heures plus tard, il est ramassé par la police pour ivresse sur la voie publique.

Le lendemain est le 25 décembre. Paul Loisy entre dans sa grange. Surpris, il voit un corps allongé sur la paille. Une pocharde qui aura passé la nuit ici, sans domicile où se rendre. Il l'interpelle :

« Allez, debout ! »

Elle ne répond pas. Répugnant à la toucher, il la bouscule doucement du bout de sa fourche. Elle ne bouge toujours pas.

« Mon Dieu, elle est occise ! » dit le fermier.

La police est prévenue. Elle n'a pas à chercher longtemps. Car Cœuret avoue qu'il a tué quelqu'un.

« Pendant la nuit de Noël, oui…

– Et pourquoi ?

– Je n'en sais rien. »

Emprisonné, il ne perd rien de son élégance, de son flegme.

C'est le 6 mai 1931 qu'il est jugé. Le président fait son portrait. Naissance à Vertus. Enfant livré à lui-même. Service militaire en 1915 dans l'infanterie légère d'Afrique. Blessé. Démobilisé. Pensionné. Voleur. Paresseux. Ivrogne. Et puis, il y avait l'autre affaire… « L'autre affaire ! » Ce sont les mots du président de cette cour d'assises. L'avocat de la défense, Me Braibant, tente de plaider la folie. Sans succès. Cœuret est condamné au bagne à perpétuité. À l'heure de sa condamnation, il se lève, sans un regard autour de lui, fait demi-tour et ouvre lui-même la porte placée derrière le box. Nonchalamment. Indifférent. Sa place n'est plus là.

Alors que le bateau tangue sous lui, qu'il entend ses compagnons d'infortune dormir, geindre, ou vomir partout autour de

L'accusé, Cœuret, vu par Blanc, le dessinateur de L'Éclaireur de l'Est.
(*L'Éclaireur de l'Est*, mai 1931 ; document de la bibliothèque Carnégie, Reims, BM, PER CHV 36.)

lui, Cœuret pense. Il est en route pour la Guyane. Le bagne. Ce seront les îles du Salut, avec le silence, l'isolement, les insectes. Les matons qui ne sont pas tendres. Ou ce sera le fleuve Maroni, avec la ville de Saint-Laurent qu'il faut construire dans la boue et les serpents. Le bagne. Le bateau tangue sous lui, et Cœuret pense. Il se souvient de « l'autre affaire », comme avait dit le président.

Quatre années auparavant, Cœuret vivait avec sa compagne, la femme Benjamin. Puis l'idée lui vint de l'emmener dans une ferme. Dans un hangar qu'il connaissait. C'était le soir. Il faisait presque nuit. Dehors, la température fraîchissait. Dans la grange, l'odeur du foin le grisait. Les murs étaient noirs. Sombres. Envahis de toiles d'araignées. Des outils gisaient sur le sol, pêle-mêle. Des ombres fantastiques jouaient avec ses yeux, avec ses nerfs. Peut-être était-ce un autre monde ? Un lieu où le temps était banni ? Alors il se jeta sur la petite Benjamin, lui enserra le coup de ses mains fortes qui ne travaillaient jamais, et l'étrangla. Cela se passait rue Attila, à Châlons-sur-Marne, dans la ferme de Paul Loisy.

« Pourquoi ?

– Je ne sais pas… »

Il fut condamné à deux ans de prison pour coups volontaires.

« Peut-être suis-je fou ? » marmonne Cœuret, tandis que le bateau l'emporte lentement vers les marais de Guyane.

Au feu !

Cour d'assises de la Marne, 1934-1936

QUELQUES FLAMMÈCHES. Hésitantes, indécises. Gagnées par la fatigue, elles meurent sans avoir vécu. Mais souvent, elles sont Phénix, Lazare. Car elles ne disparaissent jamais tout à fait sans combattre. Et soudain, sous le baiser du vent, elles renaissent. Amour de l'air, caresse de l'oxygène. Elles sont alors plus claires, plus vives. Grandissent. Deviennent flammes, s'agglutinent. Puis se masculinisent. Ce ne sont plus des flammes, femmes légères, éparses, volages. C'est un feu, une masse rouge et compacte. Affamé. Un feu qui dévore et qui ronge. Un feu qui détruit. Un incendie. Et dans le cas précis des Assises de la Marne, un incendie criminel.

Affaire Joseph Guers, Courcelles
Cour d'assises de la Marne, 5 novembre 1934

Commençons doucement. Crescendo. Que sont des meules de foin ? Rien. Et pourtant tout pour les agriculteurs qui les ont patiemment assemblées. La destruction de deux d'entre elles mérite-t-elle un passage devant les Assises ? En 1934, certainement.

Joseph Guers est un gars d'ailleurs. C'est ce que disent les gens du village. Comment faire confiance à un étranger ? Pourtant, ce n'est pas un mauvais bougre. L'inconvénient est que c'est un passionné de la mauvaise gnôle. Joseph est brun, l'œil vif – il n'a rien du criminel au regard vide, absent –, le menton lourd et les lèvres serrées, en lame de couteau. Et il est originaire de Courbevoie. C'est où, ça ? Du côté de Paris ? Pas de chez nous, pour sûr.

Le 1er avril 1934 est jour de Pâques. Le 1er avril 1934 est jour de feu. Dans la soirée, une première meule de foin flambe. Impressionnantes, les flammes transpercent le ciel de Courcelles, à quelques kilomètres de Pleurs, dans le sud du département. Monsieur Jacquesson, le propriétaire, est prévenu par un voisin. Il se précipite dans le champ où se trouve sa réserve de foin. Comment fera-t-il, cet hiver, pour nourrir ses bêtes ? Heureusement, la récolte est encore à venir. Mais c'est tout de même une grosse perte. Jacquesson hurle et tempête. Pendant ce temps, la meule devient cendres. Et soudain, à quelques centaines de mètres, un deuxième feu d'artifice traverse la nuit noire. La meule de M. Guillemot brûle à son tour. Les imprécations sont les mêmes. Les implications également. Car un accident est dorénavant à exclure. Il ne fait pas si sec en cette période de l'année pour qu'un tas de foin se mette à cramer tout seul. Même par l'opération du Saint-Esprit ! Même si nous sommes le jour de Pâques ! Il y a du criminel là-dessous.

Cela ne peut être que quelqu'un du village. Les propriétaires des bistrots du lieu se souviennent tous de l'après-midi de Joseph. Son patron aussi. Il était encore tard quand M. Drouin l'a vu partir sur son vélo. La ligne était droite. Le parcours, chaotique. D'estaminet en café, Joseph Guers a usé et abusé de la goutte de pays. C'est dans un état lamentable qu'il est revenu chez Drouin. C'est dans le même état qu'il est reparti sur le chemin qui mène droit à la meule de M. Jacquesson. Peu de temps après, la meule flambait. Il est vrai que, quelques jours auparavant, Guers avait tenté de se faire embaucher chez cet agriculteur. « Non, avait répondu ce dernier. Pas de poivrot chez moi. »

Les gendarmes, dans la nuit, cueillent Joseph dans sa baraque. En train de cuver.

« Oui, c'est moi. J'étais saoul.
– Pourquoi ?
– Vengeance contre Jacquesson.
– Et Guillemot, vengeance aussi ?
– Non... J'étais saoul. »

Ah, ces étrangers ! Emprisonné, Guers a le temps de se morfondre. Que risque-t-il ? Il y en a tout de même pour 15 000 francs de dégâts. En partie couverts par les assurances, certes. Mais en partie seulement. Alors ? Quand le président Thibierge l'accueille – sans joie, sans passion – dans son tribunal, le temps a passé. Novembre est là. L'hiver arrive. Un hiver que Joseph Guers passera en prison. Ainsi que le suivant. L'homme de Courbevoie est condamné à deux ans de réclusion. Un an par meule.

Affaire Victor Clouet, Venteuil
Cour d'assises de la Marne, 6 mai 1936

Laissons passer le temps, et intéressons-nous à une autre histoire d'incendiaire. Un peu plus importante, un peu plus grave. Un peu plus folle, aussi.

Victor Clouet n'est pas très intelligent. On pourrait même dire un peu bébête. Ce vigneron, au dire du journaliste de *L'Éclaireur de l'Est*, entre dans la catégorie des fantaisistes. On peut dire les choses comme cela. Le 20 novembre 1935, notre bonhomme assiste à une réunion des sapeurs-pompiers de Venteuil. La réunion se passe sans anicroche. On parle incendie, on parle bilan. Qu'avons-nous fait ? Comment améliorer les choses ? À qui faire confiance ? Est-il possible d'intervenir plus rapidement en cas d'alerte ? Est-ce que la mairie nous suit dans nos demandes ? Rien que de très normal. Rien que de très banal. Clouet est accompagné de son ami Bellot. Il fait grand soir quand les deux compères sortent de la réunion. Bellot a soif. Il invite Victor à vider un dernier bock. Clouet suit. Et boit. Mais sans exagération. L'échange ne dure pas. Pas assez pour être gagné par l'ivresse. Boire ou dormir, il faut choisir. Victor Clouet dit qu'il est fatigué et qu'il va aller se coucher. Il quitte Bellot et passe à proximité de la ferme du sieur Dehu. Là, tout près, se trouve un hangar. La paille est là, sèche, inflammable. Clouet sort une allumette et met le feu à un petit tas de paille. C'est parti. Bien rouges et bien rondes, les flammes gagnent du terrain. Gagnent l'ensemble des ballots. Gagnent la partie. Tout émoustillé, Victor Clouet part en courant, rentre chez lui, se coiffe d'un beau casque de pompier, s'empare d'un clairon et ressort, toujours en courant. Et il souffle, il souffle. Le clairon tonne dans le village endormi. Au feu, au feu.

On se rend compte assez vite – une fois l'incendie éteint, naturellement – que le feu n'a rien de naturel. On interroge Clouet.

« Quand avez-vous vu le feu ?

– En sortant de chez Bellot...

– Et vous êtes rentré chez vous pour prendre le clairon ?

– *Ben* oui.

– N'était-il pas plus simple de crier tout de suite ?

– Je n'y ai pas pensé. »

On comprend d'ailleurs qu'il n'a pas pensé à grand-chose. D'une part, le feu se voyait mal depuis chez Bellot. Ensuite, les déclarations de Clouet ressemblent plus à des divagations qu'à autre chose. Un peu dérangé, le bonhomme. Quand on lui demande qui est le président de la République, comme ça, pour voir, il ouvre de grands yeux.

« Pff ! »

Traduction : « Je ne sais pas. » Au fait, qui est-ce ? Albert Lebrun, bien sûr... Ah oui... Quoi qu'il en soit, d'embrouillamini en hésitation, Victor Clouet craque. L'incendiaire, c'est bien lui. Plaisir de porter le casque, plaisir de souffler dans le clairon, plaisir de quoi au juste ? Il ne sait pas. Mais ce qu'il finit par savoir, le 6 mai 1936, c'est qu'il va passer cinq ans en prison. Cependant, dix des jurés estiment que cinq ans, c'est beaucoup. Ils signent alors un recours en grâce. Allons, Victor Clouet sortira avant 1940... Juste le temps de partir à la guerre.

Affaire Georges Rumé, Soudron
Cour d'assises de la Marne, 5 février 1936

De plus en plus fort. Un nouvel incendiaire est sous les feux de la rampe. Il n'est pas du même acabit que les deux précédents.

Lui, c'est un véritable voyou. Suivons son parcours, chaotique et parsemé de vols.

Georges Rumé a tout d'un athlète. Bien découplé, l'œil acéré, le geste souple, le cheveu soigneusement coiffé, c'est un homme qui en impose et qui paraît facile dans son mouvement. Un vrai sportif. Ou un cambrioleur adroit. L'itinéraire du garçon n'est pas celui d'un enfant gâté. Que ce soit à Saint-Germain-la-Ville ou à Pogny où il passe son adolescence, il se fait remarquer par sa paresse. Souvent sans le sou, il doit subvenir à ses besoins. Certes, un peu de travail arrangerait bien ses affaires. Mais il préfère voler. On le voit à Paris, où il séduit une jeune mère de famille. En mal d'amour, en mal d'argent, celle-ci compte sur son amant pour l'un comme pour l'autre. L'amour, ça ne coûte pas cher, mais l'argent, ça ne s'achète pas… Alors il dérobe, il cambriole, il détrousse. Ancien d'un bataillon d'Afrique, il est suffisamment costaud pour escalader les façades, pour semer les poulets qui le coursent à travers les rues parisiennes, pour prendre sa fiancée dans ses bras et rire de ses frasques.

Mais la vie parisienne devient dangereuse. Il part. Sans la fille. On le voit à Reims, on le voit à Soudron, on le voit à Metz. Là, il vole une bicyclette. Poursuivi, il quitte cette ville de l'Est pour gagner Châlons-sur-Marne. Il travaille un peu dans la capitale marnaise. Il travaille aussi à Recy, à Saint-Gibrien, et de nouveau à Soudron. Il est employé dans des petites entreprises, dans des fermes. Jamais bien longtemps. Car il est pris en flagrant délit de vol et passe quelques mois dans la prison de Châlons. À peine sorti, il se rend chez son ancien employeur, un fermier de Recy du nom de Barré. Il pénètre dans sa maison par effraction et dérobe 6 500 francs ainsi qu'une montre, qu'il donne ensuite à une amie. Voleur, mais aussi séducteur, le gaillard. Sur le qui-vive, il retourne chez un autre ex-employeur, M. Boucquemont, de Soudron. Là, on ne sait trop pourquoi – lui-même d'ailleurs n'en sait rien –, Georges Rumé met le feu à la bergerie de M. Boucquemont. Cela se passe le 11 août 1935. Tout le village se réveille et se précipite vers la propriété du fermier. Les flammes dansent sur le visage des villageois qui font la chaîne, en porteurs d'eau. La bergerie se consume entièrement. Bilan : 40 000 francs de dégâts. Et Rumé ?

Pendant ce temps, il entre dans une propriété voisine, celle de M. Prévost, et s'approprie la somme de 2 500 francs.

Ce que Georges ne sait pas, c'est que quelqu'un l'a vu. Et ce quelqu'un, c'est justement Prévost. Lorsque ce dernier a aperçu l'incendiaire, il était caché dans l'encoignure d'une porte. Son visage avait l'air fasciné alors que les flammes gagnaient la bergerie. Ensuite, il a disparu. Prévost ne s'en est plus préoccupé. Il a eu bien tort. Car pendant ce temps, il a été cambriolé ! Une fois l'incendie éteint, il faut arrêter le coupable. Le témoignage de Prévost est capital. Monsieur Muller, l'inspecteur de la police mobile de Reims, et les gendarmeries de Châlons et de Vertus sont chargés de l'enquête. Rapidement, Rumé est arrêté. Avec son lourd passé, il fait un suspect idéal. Muller le travaille au corps. Le bonhomme nie. Une heure, deux heures, trois heures. Mais Muller est patient. À bout de souffle et d'arguments, Georges Rumé finit par avouer. Pour lui, pas d'autre chemin que celui des Assises.

Son jugement a lieu le 5 février 1936. L'accusation demande le bagne. L'accusation obtient le bagne. Georges Rumé est condamné à dix ans de travaux forcés et à vingt ans d'interdiction de séjour. Boucquemont n'a plus qu'à reconstruire sa bergerie. Les animaux que Rumé fréquentera en Guyane ne seront pas des moutons...

Affaire André Aquaire, Reims
Cour d'assises de la Marne, 9 novembre 1934

Voici enfin le point d'orgue de ces histoires de feux et de cendres. Ici, il faudra y ajouter une bonne pinte de sang. L'horreur pour clôturer la destruction par les flammes.

Dans la nuit du 26 au 27 octobre 1932, une maison brûle rue de Naussonces, à Reims. Un homme hagard sort par une des lucarnes. Il échappe de peu aux flammes. Roussi, sale, il appelle à l'aide. « Ma mère, ma mère ! » Il est en larmes. Sa mère ainsi que le compagnon de celle-ci sont encore dans la fournaise. Les pompiers, les médecins prennent le jeune homme en charge. Il s'appelle André Aquaire. Dans la maison, on trouve deux corps carbonisés. Celui de Mme Aquaire et celui du beau-père, Léon

Chéruy. Mais pourquoi donc Mme Aquaire a-t-elle la face écrasée ? Le nez cassé ? Une poutre lui serait-elle tombée sur le visage ? C'est fort possible. L'incendie a tout détruit. Sauf que la maman du jeune homme a été retrouvée face contre l'oreiller. Un effondrement d'une partie du plafond eût endommagé la nuque. Alors ?

Les paroles du fils Aquaire sont douteuses. Une instruction est ouverte contre lui. Interrogatoires et contre-interrogatoires se succèdent. Pas de preuves. En décembre, un non-lieu intervient. Entre-temps, André aura passé deux mois en prison. Deux mois pendant lesquels il n'a pu tenir sa langue. Courant 1933, d'anciens détenus parlent. À leur tour, ils confessent les confessions d'Aquaire. Le jeune homme est un meurtrier. Ils le confirment haut et fort. Arrêté de nouveau, harcelé de questions, André Aquaire finit par avouer. Oui, il a bien tué son beau-père, Léon. Mais attention, hein, justicier, pas meurtrier. Les policiers ne comprennent pas.

« Le 27 octobre, je suis rentré à la maison avec des bouteilles d'alcool.

– Achetées où ?

– En fait... Volées...

– Votre casier judiciaire n'est pas vierge, c'est vrai, dit un policier. On veut bien vous croire quant au vol.

– Ma mère et moi, on a commencé à boire. Le beau-père s'est joint à nous. Ni l'un ni l'autre ne connaissaient la provenance des bouteilles. Au bout d'un moment, nous étions tous saouls. Alors je suis monté me coucher. Tout à coup, j'ai entendu des cris provenant du rez-de-chaussée. De la chambre des vieux. Je suis descendu à toute vitesse. Et c'est sur le lit que j'ai trouvé le cadavre de la mère. Le vieux salaud l'avait tuée. Il y avait du sang partout. Je me suis mis en colère.

– On peut l'être à moins, confirme le policier, qui fait toutefois la moue, pas convaincu de l'aveu du jeune Aquaire.

– J'ai pris un revolver, et j'ai tapé à coups de crosse sur Léon. J'ai tapé jusqu'à temps qu'il meure. Quand je me suis rendu compte qu'il était mort, que ma mère était morte, j'ai eu peur. J'ai pensé qu'on me soupçonnerait pour deux meurtres.

– C'est un peu notre sentiment...

André Aquaire entend, sans émotion, les dépositions des témoins.
Au premier rang, son défenseur, Me Simon.
(*L'Éclaireur de l'Est*, novembre 1934 ;
document de la bibliothèque Carnégie, Reims, BM, PER CHV 36.)

– J'ai jeté la lampe à pétrole contre le mur. Je suis retourné dans ma chambre et je me suis enfui par la lucarne. »

Quelques mois plus tard, le président Thibierge n'arrive pas à se faire une opinion. Une impression de malaise se dégage de cet homme jeune, à la chevelure brune, impeccablement coiffée, gominée, au teint mat, aux lèvres fines. Un beau gars. Alors qu'est-ce qui cloche dans le personnage ? Le regard ? Les sourcils qu'on dirait peints de main de maître ? La manière de se tenir, droit et distancié ? Le juge ne saurait dire. Mais il n'est apparemment pas le seul à se sentir… impressionné. Dans la salle, le silence est à couper au couteau. Tous contemplent André Aquaire comme on regarderait une œuvre interdite. Un être bizarre. Une atmosphère trouble, oppressante.

Sa version des faits est passée au crible. Difficile d'y trouver une faille. Pourtant, le doute est là, bien présent. Et si c'était lui qui avait – aussi – assassiné sa mère ? Les témoignages sont nombreux qui constatent les liens de violence qui se tissaient entre le fils et la mère. Menaces, coups.

Les médecins ne trouvent pas de traces d'alcool dans l'estomac de la maman. Un témoin affirme qu'il n'y avait pas de lumière chez les Aquaire au moment supposé de la beuverie. Les codétenus d'André affirment que leur ami d'infortune s'est confessé auprès d'eux pour soulager sa conscience. Une tante, prévenue de l'incendie par André, s'étonne qu'il soit venu si tard pour lui parler, alors qu'elle habite tout près de la maison de son neveu. Un oncle raconte qu'il a trouvé Aquaire pleurant et s'accusant de la mort de ses parents. Un témoin, qui connaissait la maison, explique qu'il est impossible d'en sortir par la lucarne en question. Un autre explique qu'André a attendu que le feu prenne et qu'il est sorti par le couloir, tout simplement. Rien de bien réjouissant pour le jeune homme.

« Cela s'est pourtant passé comme je l'ai dit ! »

Parole calme et lapidaire. Il n'a rien à ajouter. Pas convaincu, le ministère public demande la peine de mort. La défense proteste. C'est son rôle. Comme souvent, le jury fait la part des choses, prend un peu de l'un, retranche un peu de l'autre. André Aquaire, impassible sur son banc, s'entend condamner aux travaux forcés à perpétuité. Sur la mort de sa mère, le mystère plane toujours, comme une flamme jamais éteinte.

La misère d'un Russe

Affaire Gouloubenko, Châlons-sur-Marne
Cour d'assises de la Marne, 7 novembre 1935

« CHER MAÎTRE,
« J'ai écouté votre conseil. Suis-je fait pour être avocat ? Dois-je suivre une autre voie ? Vous me disiez, tantôt, qu'un notaire dort bien mieux qu'un as du barreau. Je me souviens de ma réponse : "Peut-être s'ennuie-t-il plus facilement." Vous avez souri, et vous avez acquiescé. "Fréquentez les Assises quelque temps, c'est aussi formateur qu'une école de droit." Effectivement, si le code civil n'aura bientôt plus de secrets pour moi – suis-je présomptueux ? – et si le code pénal commence à m'être de moins en moins inconnu, il me manque une chose vitale, essentielle : le terrain. Aussi me suis-je rendu à la session de novembre des Assises de la Marne. J'avoue mon désarroi. Mes interrogations demeurent. Suis-je fait pour être avocat ?

« Je vais vous narrer l'histoire abominable de ce Russe qui fut hier au centre des débats, qui fut hier au cœur de l'horreur. Imaginez un grand bonhomme à la tête impressionnante, grossière. Un vrai rustaud. Sa bouche figée surmonte un énorme menton. Son regard est vide, absent. Je m'interroge sur ce regard. Est-ce son état naturel, ou n'est-il dans cet état d'absence que depuis ses actes abominables ? Que se passe-t-il derrière ce voile impénétrable ? Ne voilà-t-il pas des questions qu'un avocat doit se poser ? Du moins, un bon avocat ? Je ne doute pas qu'elles n'auraient pas manqué d'effleurer votre esprit. Nulle flagornerie dans ces propos, croyez-le. C'est ainsi que se présente Gouloubenko, le Russe Gouloubenko, devant ses juges. C'est un moujik déraciné, fils d'un paysan ukrainien aisé. La révolution bolchevique en fait un Russe blanc. Le rouge du drapeau qui flotte sur Moscou le dégoûte. Il suit – avec ou sans passion ? – le commandant en chef Dénikine. Avec lui, il part à l'assaut des bolcheviques. Avec lui – certainement –, il participe à quelques-uns des pogroms qui chargent les charrettes de cadavres juifs. Pourtant, on pourra constater par la suite qu'il n'a pas une conscience politique élevée. Goût pour la violence ? La Russie de l'époque, blanche ou rouge, n'avait pas de goût pour la violence. Elle était violence...

« Quoi qu'il en soit, après la déroute des armées contre-révolutionnaires, blessé, puis réformé, il quitte le pays. En 1926, il se retrouve en France. À Jœuf, plus précisément. Il aime les ciels changeants. Il part rapidement pour le Maroc. "*Tribule*" de-ci de-là. Revient en France. S'installe à Lyon. Qu'il quitte pour Montargis. Rencontre une Polonaise. Se marie et vient vivre à Orléans, puis à Épernay. Habite Vandières. Flavigny. C'est un nomade que ce bonhomme. Un misérable nomade. Car bien que bon et habile travailleur, il ne reste jamais en repos. C'est dans cette dernière commune marnaise – Flavigny – qu'il finit par se fixer. Un agriculteur l'embauche. Sa femme affiche un air triste, à peine tempéré par deux grossesses, par deux enfants. Jean est né à Orléans en 1931. Le plus petit voit le jour à Épernay en 1933. L'agriculteur paye au Russe un salaire de 200 francs par mois. Est-ce suffisant pour une famille de quatre personnes ? Vraisemblablement, non. Mais n'avait-il d'autre choix que de rester ?

« En voilà des questions, me direz-vous. La plupart restent sans réponses. À quoi bon se les poser, alors ? Voyez, je recommence. Le procureur de la République avait un air bardé de certitude que je ne possède pas. Ma première conclusion est que je ne sais toujours pas si je ferais un bon avocat, mais je suis certain de ne pas faire un bon procureur... Allons, continuons sur la voie de l'horreur.

« Gouloubenko ne se satisfait pas de ce salaire. Il donne sa démission et repart sur les routes. Un Russe migrateur, avide de grands espaces, voilà ce qu'il est... Il quitte son “salaire de misère”, selon ses propres mots, le 27 mai 1935. Ce qui l'attend est une misère encore plus importante. Sa femme suit, impuissante et consentante. Les enfants traînent les pieds. Car où aller ? Dans quel refuge ? Gouloubenko n'a de réponse à aucune de ces interrogations. Il marche, au gré de son humeur – bien sombre. La famille arrive à Châlons. En fuite, en crise. À court de ressources, le père s'adresse à l'hôpital, qui accepte d'héberger sa femme et ses deux enfants. Mais pas indéfiniment, hein ? Non. Il faudra trouver une solution rapidement. Pendant quatre jours et quatre nuits, le Russe dort dans les rues, à l'ombre d'un porche, sur les bancs d'un jardin. Il est relativement tranquille. Sa famille est à l'abri. Il n'empêche que la faim le gagne. Le manque de discernement aussi ? Ne voilà-t-il pas un argument à décharge, cher maître ? Nulle part je n'ai vu votre collègue le mettre en avant.

« Bientôt, pas d'autre solution. Ils sont tous les quatre dehors. À traîner à la gare, hantant de jour comme de nuit la salle d'attente. Le mot est bien employé. Attente. Ils n'ont que cela à faire. Le père ne se hâte même plus de chercher du travail. Assis, lugubre, il attend. Les enfants ont faim. Ils pleurent. La mère les regarde. Les larmes n'ont plus la force de sortir. De temps à autre, ils tendent la main. Un Russe, qui passe par là, leur remet une pièce de 5 francs. Ils marchent ensuite dans la rue, regardent d'un œil désespéré les vitrines. Et finissent par dépenser cet ultime sou gagné à force de main tendue. Un nouveau soir arrive. Il faut se mettre à l'abri. Direction la gare. Encore une fois. La nuit promet d'être longue. Les enfants pleurnichent à l'arrière. La gare. Enfin. Ils s'assoient, épuisés, affamés. Gouloubenko prend le plus petit sur ses genoux. L'autre, Jean, est près de sa mère. Soudain, le cadet se reprend à pleurer, à réclamer.

« Ma main tremble, cher maître, à l'heure de conclure cette triste histoire, car le moment de l'horreur est arrivé. Gouloubenko regarde son jeune fils avec un air d'incompréhension. Il se lève d'un coup, attrape le gamin à bout de bras, fétu de paille, maigre bagage issu de ses gènes. Il le lève haut, comme s'il devait présenter un héritier au monde, et jette l'enfant à terre avec une force incommensurable. Le gosse se fracasse sur le sol, sans un cri. Le crâne déjà en miettes, le cœur battant encore. L'estomac enfin silencieux. Jean voit l'atroce tableau et hurle. Juste une seconde. Car son père, à peine débarrassé du fardeau du jeune frère, est déjà sur lui. Il l'attrape de sa poigne de forcené et renouvelle son geste. Le même, avec la même conséquence. Jean est projeté au sol. Puis Gouloubenko prend la fuite. Il court et court. Tout en entendant les cris d'une femme qui hurle et hurle. Sa femme. Mais sait-il que c'est elle qui pleure ses enfants mourants ? Jean survit quelques heures. Le plus petit ne rend son âme innocente que deux jours plus tard, le 2 juin. Pendant ce temps, la maman reste prostrée sur son lit d'hôpital. Morte et toujours vivante.

« Revenons au drame. Une foule s'assemble autour des deux garçons inanimés. Gouloubenko est loin. Un boulanger d'Angers qui passe par là, Pierre Sorin, ne comprend pas exactement ce qu'il se passe. Il voit un homme qui court dans un sens, revient sur ses pas, repart, hors d'haleine, les yeux exorbités. Il voit un attroupement. Il sait qu'il doit arrêter le fuyard. Un employé du chemin de fer, près de lui, fait le même constat. Il a entendu, lui, le choc du corps des enfants sur le sol dur de la salle. Il s'appelle M. Herbulot. Ensemble, ils prennent en chasse le Russe. Ce dernier, affaibli, dénutri, ne peut courir longtemps. Il est plaqué par les deux poursuivants. Arrêté, emprisonné. Entre-temps, on le ramène devant le corps pantelant de ses enfants. “Ce serait à recommencer, je le referais...” Puis, au poste de police, dans un sabir mi-français mi-russe, il explique son geste. “Moi, pas connaître...” Un interprète explique qu'il veut dire qu'il ne s'est pas rendu compte de son geste. La folie. Cela nécessite le passage devant un expert. Qui déclare que si le meurtrier est débile léger, il n'est pas irresponsable. Je me pose encore une question. Ce qu'il a vécu en Russie, les massacres, le sang bradé, les juifs traités comme du bétail nuisible, n'a-t-il pas altéré son jugement quant à la valeur de la vie humaine ? Il n'en demeure pas moins que c'est un monstre abominable.

« Je ne vous ferai pas l'injure de décrire l'atmosphère lourde et hostile du tribunal, maître. Vous connaissez cela par cœur, et bien mieux que je ne pourrais le décrire. Pour éclairer votre jugement, je mentionnerai quelques témoignages : celui d'un compatriote de Gouloubenko, M. Stratetzuck, parrain d'un enfant, à qui le père déclare : "Si je ne trouve pas du travail, j'écraserai la tête de mes enfants jusqu'à ce que la cervelle en sorte." Puis : "Si je ne réussis pas, je prendrai mon rasoir, et ma femme mourra aussi." Au maire de Vandières, il dit : « Voilà mes enfants, faites-en ce que vous voulez ! » À un ami, il dit qu'il préférerait tuer ses enfants plutôt que de les confier à l'Assistance... Il dit, il dit. Puis il pleure. Le procureur est sévère, dans son rôle. L'avocat, votre excellent confrère Philonemko, joue sur la corde sensible des jurés et leur arrache les circonstances atténuantes. Gouloubenko est condamné – n'est condamné qu'à ? – vingt ans de travaux forcés.

« Voilà, cher maître. Je m'aperçois que j'ai beaucoup écrit sur l'affaire en évitant autant que faire se peut de parler de mes états d'âme. Je suis bouleversé. Ces pauvres enfants. Cette mère perdue. Ce père monstrueux. Ce public empli de haine envers lui. Et planant sur tout ceci, le spectre de la peine de mort, jamais évoqué, toujours tapi au fond des esprits. N'y a-t-il de victimes que les morts ? Il me faudra encore longtemps réfléchir pour avaler tout cela. Demain, je retourne voir une autre affaire, disséquer un autre aspect de l'âme humaine. En traçant ces derniers mots, je pense que vous avez compris à l'instant même où vous les lisez que ma décision est déjà prise. Chacun a droit à être défendu. Je vais travailler. Et je vous contacterai dès que j'aurai poursuivi quelques études. Car je vais encore avoir besoin de vous, cher maître, et, j'espère un jour, cher collègue.

« Recevez ici l'expression de mes sentiments les plus déférents. »

Voici trois cambrioleurs atypiques. La misère n'était pas leur excuse. Ces enfants de bonne famille sont Sainsaulieu, à gauche, derrière Me Salles, puis Laval, debout, et enfin Heidsieck, assis à droite.
(*L'Éclaireur de l'Est*, novembre 1935 ;
document de la bibliothèque Carnégie, Reims, BM, PER CHV 36.)

Ces délinquants de bonne famille

Affaire D. Sainsaulieu, P. Laval et J. Heidsieck, Essey-lès-Nancy
Cour d'assises de Meurthe-et-Moselle, 1er avril 1935
Affaire D. Sainsaulieu, P. Laval et J. Heidsieck, Reims
Cour d'assises de la Marne, 8 novembre 1935

QU'EST-CE QUI POUSSE des jeunes gens à franchir les limites qu'impose la loi ? À se faire cambrioleurs ? À se damner pour trois francs six sous ? L'appât du gain facilement acquis, la misère, la faim ? Oui, tout cela, certainement. Mais des fils de bonne famille ? Des gamins qui ne connaissent pas la peur du lendemain ? Sans être nés avec une petite cuillère en or dans la bouche, les trois garçons dont nous allons suivre les aventures sont tous issus d'un milieu aisé, bien connu sur « la place de Reims », comme on dit. Des bourgeois.

Commençons par... Denis Sainsaulieu. Il est fils d'une famille de neuf enfants. *L'Éclaireur de l'Est* reste très discret sur l'activité des parents. Mais si on considère que chaque mauvaise action du fiston est suivie d'une intervention du papa pour rembourser les victimes de la filouterie dont elles ont été l'objet, on se doute que les fins de mois sont correctes. Si l'aspect matériel ne peut ainsi être mis en cause, peut-être peut-on chercher du côté du caractère. Denis a l'esprit aventureux. La recherche du frisson, de la sensation forte. Voilà une des raisons d'exister du jeune homme, qui a la vie bien joyeuse. L'un de ses avocats dira : « Il eût pu être, vingt ans plus tôt, avec ce goût du danger, parmi les héros de l'aviation. » Phrase qui occasionnera à l'égard du défenseur de fortes huées de la part du public... Écolier à Saint-André, à Reims, lycéen à Saint-Joseph, puis interne dans un établissement belge, à Erquelinnes, Sainsaulieu n'est pas un élève performant. Intelligent, sans aucun doute. Aux capacités suffisamment développées pour aboutir à une situation stable, certes. Mais pas motivé. Sans entrain. En panne d'efforts. Quand il gagne les rangs de l'armée, c'est à Nancy qu'il est affecté. Là, paradoxalement, tout se passe bien pour lui. Le 21e régiment d'aviation – encore les avions – lui convient très bien. Il est nommé secrétaire du colonel, avec le grade de caporal-chef, et en tant que tel, est bien noté. Est-ce un changement d'attitude après ces années vécues en dilettante ? Pas vraiment.

Passons au suivant... Pierre Laval. Le jeune homme a l'argent facile. Une aubaine pour Sainsaulieu. Cet enfant gâté – plus par sa famille que par la nature – est paresseux. L'école, c'est en visiteur indolent qu'il la fréquente. Cela se sent dans ses résultats, bien entendu. Une maladie, une opération influent sur ses comportements. Il suit toutefois un voyage d'études en Europe centrale. Il revient à Reims, travaille dans l'usine de son père. Incorporé dans l'armée en 1933, il continue à voir régulièrement son ami. Toutefois, les renseignements ne sont pas tous défavorables. Il a les défauts de ses qualités. C'est-à-dire que c'est un copain agréable, facile à vivre. Pas un faiseur d'histoires. Mais sans grande personnalité. Un être faible.

Enfin... Jacques Heidsieck. Le plus falot des trois. La cinquième roue du carrosse. La troisième patte du canard. C'est un adolescent maladif qui étudie au collège Saint-Joseph. Comme Sainsaulieu. Il voyage en Suisse, en Angleterre. Se fait gronder par son père parce qu'il fréquente Laval et Sainsaulieu.

Voilà pour le *curriculum* de ces délinquants de bonne famille. Un mot sur leur physique ? On ne sait d'eux que ce que l'on voit au tribunal : Sainsaulieu a les traits nets, mais des yeux qui expriment une personnalité troublée ; Laval est rongé par l'angoisse de la bête traquée, lèvres serrées, regard fuyant ; Heidsieck est plutôt beau gosse, mais quand on creuse, on découvre quelqu'un d'assez insignifiant.

Maintenant, suivons-les dans un jeu de piste pendant longtemps dénué de toute violence... jusqu'au dérapage final. Il est possible que quelques trous jalonnent leur parcours. Les voleurs n'ont pas pour habitude de se vanter de tous leurs exploits. N'apparaissent ici que les faits avérés, prouvés, jugés. Pardonnés depuis bien longtemps.

Gare de Reims, 9 et 10 avril 1932

Il fait nuit depuis bien longtemps. Trois ombres se faufilent rue Villeminot-Huart. Un grillage fait barrage aux curieux qui voudraient pénétrer dans la gare de Reims par d'autres entrées que celles réservées aux clients de la compagnie ferroviaire, appelée alors Compagnie de l'Est. Maigre obstacle dont se jouent ces ombres printanières. Sur les voies ferrées, des wagons attendent le bon vouloir des locomotives. Sainsaulieu, Laval et Heidsieck manœuvrent les lourdes portes, souvent avec insuccès. Un wagon se laisse finalement forcer. Les voleurs chuchotent, se hissent sur la plate-forme et commencent à fouiller. Les yeux brillants, ils déchargent vingt-sept kilos d'une marchandise qui les fait saliver d'avance : des bonbons. De vrais gamins ! Une dizaine de disques phonographiques et un poste T.S.F. complètent le butin. La voiture de Laval est bourrée de ces larcins. Direction Villers-Allerand où la famille Sainsaulieu possède une propriété. Le lendemain, le produit du cambriolage est une nouvelle fois déplacé. C'est la garçonnière de Sainsaulieu – encore une propriété de cette riche famille – qui va servir d'abri. Elle se trouve à Reims, au numéro 41 de la rue des Moulins. Le propriétaire est un ami des voleurs. Il s'appelle Edgard Carré. Plus tard, il sera amené à témoigner, ébahi par tant de malhonnêteté.

Galerie Leconte, décembre 1932

Monsieur Leconte possède une belle galerie, rue Talleyrand, à Reims. Tableaux et sculptures s'y côtoient. Passent les bourgeois de la ville. Les uns veulent mettre en valeur un salon, les autres sont tout simplement amateurs d'art. Voire collectionneurs. Comment M. Leconte s'aperçoit-il de la disparition d'une statuette en bronze d'une valeur de 425 francs ? Et comment l'objet est-il dérobé ? Ces questions demeurent sans réponses. Jusqu'à l'identité du ou des voleurs. Les seules certitudes sont, d'une part, que l'œuvre d'art est retrouvée. Où ? Chez Sainsaulieu, au numéro 41 de la rue des Moulins, à l'occasion d'une perquisition en 1934. D'autre part, que Sainsaulieu, Laval et Heidsieck nient en être les voleurs.

« Comment, une statuette chez nous ? Mais d'où diable peut-elle venir ? »

Après réflexion, Sainsaulieu trouvera la solution – sa solution.

« Vous savez, il y avait énormément de monde qui venait à la maison. À mon avis, quelqu'un a commis le vol et a déposé le bronze chez nous ! »

Bien sûr, le jeune homme est trop honnête pour être l'auteur de ce larcin.

Librairie Michaud, 31 décembre 1932

Reims s'enorgueillit d'un centre littéraire, d'un havre de la culture. Il a pour nom Michaud. Pendant la majeure partie du XXe siècle, cette librairie est le siège de tous les livres. Le dernier jour de l'année 1932 s'écoule lentement. Les Rémois préparent le réveillon. Un locataire de l'immeuble qui abrite Michaud, rue du Cadran-Saint-Pierre, entend soudain retentir la sonnette de son appartement. L'homme n'attend personne. Il ouvre le lourd portail, parle quelques instants à un inconnu qui lui demande des nouvelles d'un autre inconnu. Manifestement, c'est une erreur. Le portail claque. Le visiteur est parti. Le locataire regagne son appartement. Or, Sainsaulieu – l'inconnu, c'est lui – a fait semblant de partir. En fait, il reste dans le couloir, attend quelques instants et pénètre dans la cour de l'immeuble. Malgré le froid de cette fin d'année, il repère une fenêtre qui est restée ouverte, là, dans le fond de la cour. Il la pousse, enjambe la rambarde et entre dans la librairie. Les livres ne l'intéressent pas. Il vole pour 4 000 francs de stylographes et stylomines. Il force un tiroir avec l'aide d'un tournevis dont il a eu l'intelligence de se munir – est-ce vraiment un signe d'intelligence ? –, puis le vide de l'argent qui s'y trouve. Il y en a encore pour 4 000 francs. Il refait le chemin en sens inverse, sort par la fenêtre, traverse la cour, le couloir, ouvre la porte qui donne sur la rue du Cadran-Saint-Pierre. Il est sur le trottoir. Il marche, ivre de liberté et de force. Il regagne tranquillement sa voiture. Ouvre la porte, démarre. Dans sa poche, 8 000 francs que ses parents rembourseront dans quelques mois. Il est midi. Les employés de la librairie Michaud déjeunent. Ils n'ont rien vu, rien entendu. Monsieur Cronzevier, le directeur, s'apercevra du délit dès qu'il rentrera sur son lieu de travail. Pierre Laval se voit remettre un magnifique stylo. Il ne cherche pas à en connaître la provenance. Ou peut-être ne le sait-il que trop...

Laon, 10 juin 1933

Sainsaulieu et Laval s'arrêtent devant la vitrine d'un bijoutier. Celui-ci s'appelle M. Letellier. Ils sortent de la voiture. Parlent d'abondance devant le magasin. Et finissent par entrer dans celui-ci. Aimablement, la propriétaire les accueille, leur demande l'objet de leur visite. Sourire commercial aux lèvres. Certainement des clients potentiels. Après tout, ce sont des garçons habillés chic dans une bijouterie chic.

« Je suis intéressé par une montre-bracelet, dit Sainsaulieu.

– Suivez-moi, je vais vous proposer quelques modèles », répond la dame.

Elle mène ses deux clients près d'une vitrine où se trouvent quelques jolis modèles. Conciliabules. Échanges d'idées, de comparatifs. D'un geste, Sainsaulieu montre qu'il aimerait telle montre. Ou celle-là. La commerçante sort les clés de la vitrine, se penche et ouvre la petite serrure. Pendant qu'elle lève le couvercle en verre de la vitrine, rapidement, Denis subtilise une paire de boucles d'oreilles. Mais il n'est pas suffisamment aguerri pour ne pas se faire remarquer. Manque de métier, de délicatesse. Madame Letellier s'aperçoit du manège de son vis-à-vis... qui chute d'un coup dans son estime. Ce n'est pas un client, c'est un voleur ! Elle appelle son mari. Celui-ci accourt. Sainsaulieu, à regret, balance les bijoux brillants sur le couvercle refermé. Il y en a tout de même pour plus de 2 000 francs. Les deux voyous se sauvent. Le commerçant appelle la police. Quand les forces de l'ordre arrivent, les voleurs ont depuis longtemps pris la poudre d'escampette. S'ensuivent un interrogatoire en règle et une description des malfrats. Et une affaire qui finit bien, car rien n'a disparu. Les bijoutiers s'en tirent à bon compte.

Essey-lès-Nancy, 1er octobre 1934

Plus d'un an s'est écoulé depuis le dernier coup de Sainsaulieu et de Laval. Entre-temps, Denis a été incorporé à Nancy. La caserne Kleber dort. Des dizaines de jeunes gens, militaires en herbe ou confirmés, ne savent pas qu'un drame va se jouer à quelques mètres de leur lit. Il fait nuit. Heure propice pour le vol et la cambriole. Dans le bureau de l'officier trésorier, deux hommes profitent également de la fuite du jour pour se reposer. Deux lits de camps sont dressés près d'un coffre-fort. L'un d'eux est occupé par le caporal Chaudron ; l'autre, par le soldat Moog. Leur mission : veiller sur le trésor du régiment. Près de 1 million est enfermé dans le coffre. Pour l'heure, les deux hommes dorment. Il est 2 heures.

Un bruit, bien faible, se fait doucement entendre. Trop faible pour réveiller les militaires. Il s'agit d'un carreau que l'on démastique, avec précaution. Un, puis deux, puis trois hommes franchissent l'obstacle et entrent dans le bureau du trésorier. Denis Sainsaulieu, Pierre Laval, Jacques Heidsieck. Comment ces hommes, habitués des petits vols commis à la va-vite, sans envergure, sans nécessité, ont-ils pu franchir le cap de la médiocrité pour passer à l'étage supérieur de la délinquance ? Mystère. Ce que l'on sait, c'est que c'est Sainsaulieu qui mène le bal. Heidsieck est chargé de faire le guet. Il reste près de la fenêtre. Les deux autres poursuivent leur besogne. Le coffre est là, tout près. Les bandits s'approchent. Tendent l'oreille. Des ronflements troublent à peine le silence. Ils s'approchent. Encore un peu. Voilà. À quatre pattes entre les deux lits. On y est presque...

Un soldat se dresse brusquement, en alerte, réveillé. Une main tente de le museler. Le militaire se débat. Un coup de matraque suivi de plusieurs autres lui martèlent le crâne. Le caporal – la victime, c'est Chaudron – s'effondre. Sainsaulieu est sur lui. Laval se rue sur les deux hommes emmêlés, frappe Chaudron avec ses poings et dégage son complice. Chaudron n'est pas inconscient. Mais il simule l'évanouissement. Il sait qu'une résistance plus approfondie lui serait fatale. Ensuite, dans l'ombre, les deux voyous s'interrogent. Ils décident alors de fuir. Preuve s'il en est que leur professionnalisme est encore de façade. Ils fuient. Comme des gamins apeurés. Terrorisés par ce qu'ils viennent de faire. Anéantis. Tremblants. Sainsaulieu avait tout prévu : les voitures aux numéros d'immatriculation maquillés, la matraque, les cagoules, les fausses clés, les pinces... Il avait pensé à tout. Sauf qu'il y aurait deux lits devant le coffre ! Heidsieck, voyant ses amis revenir, se sauve également. Il ne demande même pas ce qu'il vient de se passer. Il est aussi traumatisé que les autres.

L'alarme est donnée. La caserne se réveille. L'enquête commence. Il fallait savoir que justement, ce soir-là, de l'argent se trouvait dans le coffre. Et pour savoir, il fallait être un proche des officiers. Sainsaulieu. Il est arrêté. Ses amis également. L'histoire – leur histoire – de ces deux dernières années se déroule alors comme dans un cauchemar. Ils avouent. La gare. Laon. Michaud.

Le commissaire Chambard, de la 12e brigade mobile, et l'inspecteur Roux sont chargés de boucler le dossier. L'inspecteur Gérard est quant à lui plus spécialement chargé des affaires rémoises. Les responsabilités sont établies assez rapidement. Sainsaulieu est le maître des débats. Laval est un complice de chaque instant. Heidsieck est là par épisodes.

On convoque les amis. Peut-être en saura-t-on plus grâce à eux. Paul Krug, qui gravite dans le même milieu que son ami Jacques Heidsieck – milieu strictement champenois, cela va de soi –, tente de le dédouaner :

« Je savais Sainsaulieu coupable de quelques vols. J'ai toujours cru Jacques innocent. »

Un problème demeure : l'état de santé du caporal Chaudron. Il souffre de graves séquelles. Les coups de matraque l'ont sérieusement affaibli. Cela ne l'empêchera pas de venir témoigner au procès qui se déroulera à Nancy le 1er avril 1935. Par ce premier jugement, Denis Sainsaulieu est condamné à cinq ans de prison ; Pierre Laval, à trois années. Jacques Heidsieck est libéré. Seule une peine de trois ans avec sursis lui est octroyée. Pour autant, ces trois-là n'en ont pas fini avec la justice. Car le jugement de la cour d'assises de Meurthe-et-Moselle ne sanctionne que la tentative de vol commise à la caserne Kléber.

Les affaires marnaises sont jugées à Reims... La foule se présente en nombre. Ce n'est pas tous les jours que des noms aussi connus – et riches – que ceux-ci sont associés à des affaires de petits délinquants... Le 8 novembre 1935, la peine de Sainsaulieu est augmentée de cinq années ; celle de Laval, de quatre. Quant à Heidsieck, il devra tout de même s'acquitter d'une peine de deux ans de prison.

Ces vies qui s'achèvent

Cour d'assises de la Marne, 1934-1936

DES BALLES qui sifflent. Un corps qui s'affaisse. Un râle. Le sang qui s'échappe d'un corps en sursis.

Un couteau qui pénètre la chair tendre. Un regard grand ouvert sur l'horreur. Un cri de surprise. Des genoux qui cèdent sous le poids de la douleur.

Un spasme horrible, qui part du plus profond de l'estomac. Des muscles qui se tordent de souffrance. Le poison qui attend le cerveau. Et un trou, noir, insondable. Définitif.

Des mains qui serrent. Une gorge qui éclate. Des cartilages broyés. Des hurlements qui ne pourront jamais sortir.

Des bras qui se soulèvent, dérisoire protection. Des coups qui pleuvent. La force de la fureur aveugle. Les os qui craquent.

Ces vies qui s'achèvent...

Affaire Henri Robert, Châlons-sur-Marne
Cour d'assises de la Marne, 10-12 juillet 1934

Je suis tout, je ne suis rien. Je suis un dieu de la violence, je suis un diable en habit rouge. Je suis celui qui assiste au dernier combat de ces vies qui s'achèvent… Je me rends d'abord à Châlons-sur-Marne. Sur les pas d'Henri Robert. L'homme est un commerçant ambulant très connu dans le milieu qui est le sien. Il a toujours travaillé, commençant en tant que lad dans une ferme dès l'âge de dix ans. Le temps passe. La guerre se jette sur le monde. Henri devient fusilier marin, puis aviateur. Avec gloire. Il rencontre sa future femme. Tombe amoureux. La séduit. Se marie. Classique. Après la guerre, il devient « commerçant étalagiste ». Le terme de forain ne lui convient pas. Il fréquente les marchés de la région.

C'est en 1932 que Mme Robert rencontre M. Dufaut. Cela se passe aux Sables-d'Olonne. Madame Robert y « villégiature ». Henri rend visite à sa femme. De temps en temps. Il constate que Victor Dufaut papillonne autour de son épouse. Dufaut est un étudiant, bien de sa personne. Séduisant. Je voyais bien le manège du jeune homme. Je sentais venir le drame. Robert aussi. Il se méfie. Prévient sa femme. Avertit le séducteur en puissance. De retour à Châlons, madame craque. En pleurant, elle avoue à son mari qu'elle l'a trompé. Les dîners en amoureux, les balades au clair de lune. Sentimentales vacances. Ne sachant que faire, Henri Robert se tourne vers le commissaire Suzzoni, qui lui a été présenté par un employé de la préfecture. Le policier prône la conciliation.

10 juillet 1933. Robert achète un revolver. « Ma femme avait peur que je me fasse agresser sur les routes… » Telle est son explication. Moi, dieu ou diable, je sais ce qu'il se passe dans ces cas-là, dans les méandres torturés des cerveaux trompés. Le commerçant va voir Dufaut. Et, ensemble, ils s'en vont trouver M. Suzzoni. Dans la voiture de Robert. Ils arrivent au commissariat. Dufaut se tait. Suzzoni leur ouvre la porte. Et parle. Il admoneste vertement M. Dufaut. Il lui propose de quitter Châlons. Il faut que cette situation cesse. Madame Robert veut la paix. Monsieur Robert veut sa femme. Dufaut cède. Il comprend. Il va quitter Châlons. Robert propose de le raccompagner chez sa mère. Dufaut accepte. Suzzoni a-t-il raison d'installer le mouton dans la voiture du loup ? Rien n'est moins certain.

Car dans le véhicule, les deux hommes parlent. S'expliquent. La confrontation dont le commissaire attendait tant est en train de

Maître de Moro-Giafferi fut le défenseur d'Henri Robert, qui a tué l'amant de sa femme à Châlons.
(*L'Éclaireur de l'Est*, juillet 1934 ; document de la bibliothèque Carnégie, Reims, BM, PER CHV 36.)

virer à l'aigre. À l'orage. Pendant la conversation, Victor est un peu... caustique. Robert affirmera plus tard que Dufaut lui a demandé de l'argent. Ce n'est pas prouvé. Moi qui suis les traces de la violence, je sais, naturellement. Mais je ne parlerai que des choses avérées. Certaines. Ce qui est certain, c'est qu'Henri ne supporte pas qu'on se moque de lui. Il a le sang chaud. On ne fait pas la guerre en héros sans avoir une bonne dose de caractère. Il freine. Sort son revolver. Et tire quatre fois sur l'amant de sa femme. C'est le drame. Du haut de mes limbes, je vois cette vie qui s'achève... Le sang s'écoule, lentement, ainsi que l'âme de l'étudiant. La fureur quitte d'un coup l'esprit d'Henri Robert. Il fait demi-tour, reprend la route qu'il vient de parcourir. Et stoppe son véhicule devant le commissariat. Il demande à voir le commissaire. Le rejoint. Lui explique le geste fatal. Ensemble, ils sortent du bâtiment. Robert, d'un geste désolé, montre le cadavre de son rival. Suzzoni est effondré.

Exactement un an plus tard, Henri Robert est jugé dans l'étuve de la cour d'assises. C'est la canicule. Les échanges entre avocats sont vifs. Robert pleure. Sa femme sanglote. Le commerçant est condamné à cinq ans de prison, à dix ans d'interdiction de séjour dans la Marne et à 20 000 francs de dommages-intérêts au profit de la mère de Victor Dufaut. Dans la fournaise de la salle, Robert jette un œil glacial sur celle qu'il a aimée...

Affaire Paul Keller, Somme-Yèvre
Cour d'assises de la Marne, 10 novembre 1935

Je suis tout, je ne suis rien. Je suis un dieu de la violence, je suis un diable en habit rouge. Je suis celui qui assiste au dernier combat de ces vies qui s'achèvent... Une nouvelle fois, je me fixe sur l'est du département. À Somme-Yèvre. Les protagonistes sont les mêmes. L'infernal trio du mari, de la femme, de l'amant. À cette différence que le meurtrier est l'amant. À cette différence que la victime est un autre mari ! Variations sous le soleil de l'amour.

Marguerite Devarenne n'aime plus son mari. Paul Keller est veuf. Ce dernier, cultivateur de trente-huit ans, rencontre Marguerite, tombe amoureux. Courtise la jeune femme. Qui cède aux sirènes des plaisirs interdits. Paul est heureux. Il envisage de vivre avec son amie. Mais Marguerite est en instance de divorce. Paradoxalement, ce n'est pas le meilleur moment pour prendre un amant. Car la lutte est difficile, et, pour ne pas se voir attribuer tous les torts du ratage conjugal, elle doit paraître pure et juste. La dame refuse de vivre avec Paul. Pis, elle rompt. Sans autre forme de procès.

Keller vit à Dommartin-sur-Yèvre. Madame Devarenne vit à Châlons-sur-Marne. La distance n'est pas si grande entre les deux communes. Suffisamment cependant pour faciliter l'oubli. C'est entre 1932 et 1934 que se prépare le drame. C'est au début de l'année 1935 que tout rentre dans l'ordre. Mais ce n'est que l'œil du cyclone. Le calme qui précède la tempête. Je regarde. Je veille. J'attends. Par dépit, Paul Keller se marie avec une autre dame. Histoire d'amour de remplacement. Substitution douteuse. Le hasard fait mal les choses. Paul revoit Marguerite. La morsure est terrible sur le cœur de l'homme. Il n'est pas guéri. Les deux anciens amants parlent. Échangent les nouvelles.

« Je suis marié, tu sais, dit Paul. Tu pourrais en faire autant ? »

Pourquoi lui dit-il cela ? Le fait est que Marguerite rencontre à son tour un homme. Elle l'aime vraiment. Il s'appelle Auguste Guénard, employé de chemin de fer habitant lui aussi Châlons. Ils s'épousent.

Les fêtes de Pâques se profilent à l'horizon du calendrier. Marguerite décide de les passer chez sa mère, à Somme-Yèvre. La vieille dame se fait une joie de recevoir sa fille et son nouveau gendre. Le 20 avril 1935, dans la soirée, Paul Keller dîne en compagnie de sa femme. Il est comme d'habitude. Calme. Posé. Puis, prétextant une course à faire, il sort de chez lui et enfourche sa bicyclette. Sur le porte-bagages, un fusil de chasse. Sur le porte-bagages, la mort en vadrouille. Comment a-t-il su que son ex-maîtresse était à Somme-Yèvre ? Peu importe. Et à vrai dire, cela n'a pas grande importance… Il est 21 heures. Paul est accroupi près de la maison de Mme Devarenne mère. Il attend. Il sait ce qu'il attend. Une fenêtre est noire. La pièce est vide. Il s'agit de la chambre de la nouvelle Mme Guénard. Une heure se passe. Une heure et demie. Soudain, la fenêtre s'éclaire. L'heure de se mettre au lit a sonné pour le nouveau couple. Le bonheur pour les uns. Les affres de la douleur pour l'autre. Madame Guénard entre dans la pièce avec une lampe à pétrole dans la main. Derrière elle, son mari. Paul Keller se lève. Aperçoit une ombre. Laisse le fusil à hauteur de hanche, sous le bras. Appuie sur la détente. La chevrotine explose les vitres. L'ombre hurle. Tombe. Ce n'est pas Marguerite qui est touchée, mais son mari. Auguste est sur le sol, les mains crispées sur son abdomen perforé. Il perd son sang, il perd sa vie. Les minutes s'écoulent trop vite. Et Auguste Guénard meurt. Sans savoir pourquoi.

Paul reste près de la fenêtre, bras ballants, yeux hagards. Les cris, les pleurs, il ne les perçoit que de très loin. Plus tard, ce seront ceux de sa propre femme, de sa propre famille. Pour lui, il est trop tard. La vie de cet ancien poilu d'Orient, de cet homme gentil, à la fine moustache brune, aux cheveux plaqués, hyper émotif, est terminée. Fichue. Il est amoureux fou, et son amour n'aura plus pour lui qu'une haine féroce, tenace.

Le 10 novembre 1935, il comparaît devant la cour d'assises de Reims. Tremblant, anéanti. Toujours hyper émotif. Ce sera

Keller n'a pas supporté que son ex-petite amie se marie avec un autre que lui. C'est à Somme-Yèvre qu'il a tué son époux.
(*L'Éclaireur de l'Est*, novembre 1935 ;
document de la bibliothèque Carnégie, Reims, BM, PER CHV 36.)

d'ailleurs sa principale défense. L'adjudant Deludet et le gendarme Pesche ont été ceux qui furent chargés de l'enquête. Ils accablent Keller. Celui-ci se défend. Mais n'a-t-il pas tué un homme en voulant tuer une femme ? D'ailleurs, la femme, voile noir sur un habit noir, arrive à son tour. Sa déposition est aussi terrible.

« Tout de suite, j'ai remarqué que le rideau de gauche avait été déplacé… Sur la tombe de mon mari, je jure qu'il l'avait "découlé". C'est bien à mon mari qu'il en voulait… Il souhaitait me faire souffrir.

– Non, c'est faux… »

Donc tout cela était prémédité. L'espagnolette violée, la fenêtre poussée, le rideau bougé pour mieux apercevoir l'intérieur.

Autre son de cloche de la part d'une autre femme. Madame Keller.

« J'étais heureuse près de lui, il était bon. Ayez pitié de lui, messieurs les jurés. S'il revient, je le reprendrai. »

Hélas pour elle, le jury ne l'écoute pas. Tout en accordant les circonstances atténuantes à Paul Keller – son passé de poilu d'Orient, son paludisme avéré, ses antécédents sans tache –, il le condamne à vingt ans de travaux forcés. L'avenir de Keller est bien sombre… Mais celui d'Auguste Guénard est inexistant.

Affaire Joaquim Muro, Suippes
Cour d'assises de la Marne, 7 mai 1936

Je suis tout, je ne suis rien. Je suis un dieu de la violence, je suis un diable en habit rouge. Je suis celui qui assiste au dernier combat de ces vies qui s'achèvent… On continue ? L'amour, l'amour, l'amour. La mort. Cette fois-ci, la victime est une femme. Toute jeune, toute menue. Une victime de la méchanceté, du diable en habit rouge. Une victime de Joaquim Muro.

À Suippes, l'Espagnol Muro est tombé amoureux d'Albertine Froment il y a bien longtemps. La petite n'avait que quinze ans quand elle a été séduite par ce manœuvre un peu rustre, un peu brutal. Voire beaucoup. Pendant huit années, les deux amants vivent ensemble. Puis arrive la séparation. En novembre 1934,

Albertine en a plus qu'assez de se faire battre par son ami. Il a bien des moments agréables, certes. Mais les coups, les insultes, non, vraiment, ce n'est pas excusable. Alors, elle part. Et pas seule. Car une petite fille est née de cette union bancale. Elle a cinq ans. Et son père lui fait peur aussi. Joaquim rumine, seul, chez lui. La colère gronde. La rancœur gagne. La vengeance se dessine. Albertine est triste. Elle se fait consoler par un ami. Qui devient plus qu'un ami. Bien sûr, il est bien des moments où l'amitié se démasque et montre son vrai visage. L'amitié, n'est-ce pas souvent de l'amour qui s'ignore ? Rien de mal à cela, bien entendu. Moi, diable rouge, je ne m'en mêle pas. Non, ce qui m'importe, c'est ce qui suit.

« Je lui ferai la peau, un jour... » Voilà les paroles de Joaquim Muro. Destinées à qui, ces paroles ? À un voisin de bar. À un collègue de libations. Car le manœuvre boit plus que de raison. Pour oublier, ou pour ne pas oublier. Et ici, pour se donner du courage. Car s'il est violent, il a besoin de se donner du cœur à l'ouvrage. Il a bien un sombre dessein à l'intérieur de son crâne malade. Mais ce dessein ne pourra voir le jour que dans le terreau malsain de l'alcool. « Je lui ferai la peau, un jour... » Ces paroles, méchantes, maladroites, sont rapportées à Albertine. Cette dernière vit maintenant dans la crainte. La preuve en est que, dès que le soir arrive, elle ferme à volets hermétiques la petite baraque qu'elle habite à Suippes. Mais la peur est encore trop présente. Alors, serrant très fort la main de sa petite fille, elle va trouver refuge chez une brave voisine, qui passe ses soirées avec elle. Elle a pour nom Mme Robert.

Ce 11 janvier 1936, elle procède ainsi. Toute la journée, Joaquim Muro a laissé mûrir le fruit rouge de la rage. De café en café, il s'est assis au coin d'un bar, a commandé des alcools forts, les a ingurgités, les uns après les autres, brûlant son estomac, brûlant son amour déçu. À 22 h 30, Albertine Froment sort de chez Mme Robert. Cette dernière l'accompagne. On ne sait jamais. C'est vrai. Mais on n'imagine jamais non plus. Car que peut faire Mme Robert quand, telle une bête furieuse, Joaquim sort de derrière une barrière pour se jeter, poignard en avant, sur son ex-compagne ? Albertine hurle. Elle prend un coup de poignard dans le ventre. Sans prendre garde au sang qui s'écoule, à la douleur qui la rend folle, elle fait demi-tour, agrippant toujours la main de sa fille, et rentre dans le baraquement de Mme Robert. Qui a suivi en hurlant aussi fort que son amie blessée. Elle trouve la force de fermer la porte. Sauvées ? Non, car, comme un fou, à coups de poing, à coups de pied, il défonce la porte et pénètre en rugissant dans la maison. Il trouve la chambre où sa victime gît sur un lit déjà ensanglanté. Son enfant est là, épouvantée, les yeux écarquillés sur l'horreur. L'Espagnol attrape la jeune Froment par les épaules, la tire vers lui... et lui plonge le couteau dans la poitrine. Un râle, du sang qui s'échappe par la commissure des lèvres. Une vie qui s'achève...

Muro s'enfuit. La police ratisse la campagne, quadrille la ville de Suippes. Ce n'est que six heures plus tard qu'il est arrêté. Au cou, il a une petite estafilade.

« J'ai essayé de me suicider ! »

Vu l'état de la blessure, les policiers sont sceptiques. Méprisants...

« Il n'a pas beaucoup essayé ! »

Joaquim Muro, dans le box des accusés, est rongé par le remords.
(*L'Éclaireur de l'Est*, mai 1936 ; document de la bibliothèque Carnégie, Reims, BM, PER CHV 36.)

Le 7 mai 1936, c'est le jugement. Je suis là, dans les limbes, à guetter, à regarder. Y aura-t-il une peine de mort ? Le bourreau va-t-il se déplacer à Reims ? La cour de la prison Robespierre va-t-elle résonner du crissement de couteau de la guillotine dans son fourreau de métal ?

Alors que tous s'attendent à voir arriver un être méchant, au visage de brute, apparaît un jeune homme rongé par le remords et les angoisses. Le président retrace sa vie. Sa vie à Bordeaux, son arrivée à La Fère, son installation à Suippes, en tant qu'employé d'une entreprise de récupération. Albertine Froment, amante du haut de ses quinze ans. Deux enfants qui naissent, coup sur coup – oui, deux. Le malheur qui frappe une première fois, car l'un ne survit pas. Le président retrace la journée du 11 janvier. La colère, la boisson, le couteau, les menaces. Muro affirme qu'il s'est fâché parce que la mère de son enfant ne voulait pas que celle-ci lui dise bonjour.

« Vous avez continué de frapper alors que la fillette était présente !

– Oui... Et elle m'a même dit qu'elle retournerait avec moi si je cessais de frapper.

– Et vous l'avez poignardée quand même ! »

Dans un souffle, la voix coupée de sanglots.

« Oui. »

La préméditation est requise. Muro la nie. Pourtant, les témoignages sont accablants. Le maréchal des logis de Suippes, M. Clergé, explique qu'il a retrouvé le poignard caché dans le traversin du coupable. Madame Robert confirme que l'enfant, sur l'instance de sa mère, a bien dit bonjour à Joaquim... Donc son argument ne tient pas, car il n'y avait refus ni de la fillette ni de la jeune maman. Quant au frère de la victime, M. Froment, il déclare :

« Muro m'a dit un jour qu'il finirait à Cayenne... »

L'avocat, Me Huet, plaide et tente d'éviter le pire. Il y arrive... Tout comme la prédiction de Muro risque d'arriver. Car Joaquim est condamné à vingt ans de travaux forcés. Il quitte la salle, après avoir dit qu'il regrette son acte. Une fois la porte refermée, la foule gronde, la foule s'agite. Déçue ?

Affaire B. Royk, Kosowski et Pryjma, Sainte-Marie-à-Py
Cour d'assises de la Marne, 8 mai 1936

Je suis tout, je ne suis rien. Je suis un dieu de la violence, je suis un diable en habit rouge. Je suis celui qui assiste au dernier combat de ces vies qui s'achèvent... Délaissons les histoires d'amour et de mort ; laissons de côté les amants et les maîtresses ; oublions le côté cœur... Sauf à considérer que le portefeuille, souvent, se place dans la poche intérieure d'un pardessus. Sur le cœur. Car il s'agit bien ici d'une affaire d'argent. Une affaire qui se déroule à Sainte-Marie-à-Py, aux confins de la Marne et des Ardennes. La victime s'appelle Basile Royk. Du moins, dans un premier temps.

En octobre 1934, Royk s'en va trouver les gendarmes. Il porte plainte contre son compatriote Kret – ils sont l'un et l'autre polonais. Il explique – ou il tente de le faire, tant son français est laborieux – que le Kret en question lui a volé 700 francs. Une somme. Les gendarmes de Sommepy, dirigés par le maréchal des logis Paquinet, veulent entendre Kret. Ils se rendent à son domicile, à Sainte-Marie, et trouvent un logement vide. Le Polonais s'est enfui. La preuve est qu'il manque son vélo, sa valise et nombre de ses effets personnels. Difficile de trouver preuves plus concrètes. L'homme est-il reparti à toutes jambes – ou à toutes pédales – vers sa Pologne natale ? En creusant un peu, toutefois, Paquinet s'aperçoit que la plainte pour vol n'est pas fondée. Royk ne possédait pas cette somme. Kret n'a pas le profil d'un voleur. Alors, si l'homme est innocent, pourquoi fuir ?

Le meilleur allié des gendarmes, c'est le temps. Le temps et la lassitude. Car à force d'interroger, de poser des questions, de convoquer et de « reconvoquer » les témoins éventuels, on finit toujours par débusquer un lièvre. Quelqu'un – qui, quand, comment ? – se souvient de quelque chose. Est-ce important ? Oui. Car ce quelqu'un a entendu des gémissements du côté de l'église. Rapidement, les gendarmes font le tour de l'édifice. Et trouvent des traces de sang. Il y a eu agression. La victime ? Toujours Royk.

« J'ai été agressé près de l'église, le 31 octobre. Regardez, j'ai encore des traces de coup, ici... »

Et il montre de grandes estafilades sur son cou. C'est le mystère de Sainte-Marie-à-Py. Un agresseur rôderait dans le village. Kret a disparu. Royk – le pauvre Royk – a été attaqué dans le noir. Les gens ont peur, les gens se terrent chez eux. Le diable rouge hante la commune. Il faut continuer à interroger, à questionner. Peu à peu, le mystère se lève. La police mobile, chargée de l'enquête, voit enfin clair. La victime s'appelle Kret. Le coupable s'appelle Basile Royk. L'arroseur arrosé. L'agresseur agressé. Le motif n'est pas l'argent, mais la vengeance.

Les deux hommes sont ennemis. On n'en connaît pas la raison. Le fait est que Royk veut la peau de Kret. Il décide de monter une machination contre lui. De l'accuser de vol. De salir son image. Malheureusement pour lui, le manège ne tourne pas rond. Les gendarmes ne sont pas dupes. Basile se rend bien compte qu'il n'a pas été convaincant. Avant que les forces de l'ordre se rendent chez Kret – c'est le soir du 31 octobre –, son compatriote le guette près de l'église. Fatalement, pour rentrer chez lui, il doit passer sur ce chemin. Tapi dans l'ombre, Royk attend. Soudain, Kret arrive. Basile se jette sur lui et le frappe à coups de bâton. Il tape et tape comme un forcené. Kret s'écroule, tente de se protéger. Il gémit, il râle. Voilà les bruits que des voisins ont entendus. Royk en est bien conscient. Il sait que des témoins en rendront compte. Il se blesse légèrement au cou et laisse goutter son sang. Diabolique. Tout moi. Puis il traîne le cadavre dans un terrain vague. Il lui faut des complices. Il s'en va réveiller deux compatriotes. Kosowski et Pryjma. Ensemble, ils débusquent une vieille sape qui date de la guerre, et y balancent le corps. Puis ils se rendent chez Kret et y opèrent une perquisition en règle. Le but n'est pas de voler, mais de faire croire à... Malins, les trois Polonais. Ils dérobent la bicyclette du collègue, sa valise, quelques affaires, et jettent le tout dans une autre sape.

Le lendemain, Royk retourne sur les lieux et jette des os de mouton sur le corps de Kret. Crime parfait. Enfin, presque... Car il charge ensuite Kosowski de niveler totalement l'entrée de la sape. Il lui offre 100 francs. Kosowski prend les billets... et ne remplit pas sa mission. Les policiers aussi sont malins. Ils cherchent. Ils comprennent. Ils trouvent. Basile Royk est arrêté. Ses complices également..

Le 8 mai 1936, vient l'heure du châtiment. L'heure du jugement. La veille, les jurés ont traité le cas Muro. Assassinat à coups de couteau. L'horreur. Aujourd'hui, c'est pire ! Massacre à coups de bâton. Les trois accusés accusent le coup. Face à eux, la valise et les effets personnels ayant appartenu à la victime. Ainsi que la pioche qui a servi à creuser la sape. Rien pour rappeler de bons souvenirs. Les trois accusés font grise mine. Maîtres Simon, Gardeton et Pelthier les défendent, chacun à leur niveau. Le procureur Sabatier tente d'enfoncer le clou. L'avocat de Royk, Me Simon, explique que la famille de son client est... un peu déséquilibrée. Voire totalement folle. Pas convaincant au dire du président. La session se passe entre témoignages et contre-témoignages. Le procureur réclame la mort et la prison pour les complices. Les avocats s'offusquent, tempêtent. Les jurés, qui commencent à avoir l'habitude, observent... puis se retirent pour délibérer. Les débats durent, durent. Ils ne sont pas tous d'accord. Moi, dieu ou diable, j'attends.

Finalement, Basile Royk est condamné aux travaux forcés à perpétuité. Kosowski écope de cinq ans de prison. Pryjma, qui a suivi de plus loin le meurtre, est acquitté. Quant à moi, je pars en quête d'autres vies qui s'achèvent...

Jules Astier, habitant la commune d'Ay, riante parmi ses vignes,
était-il coupable ou innocent ?
(Collection de l'auteur.)

Coupable ou innocent ?

Affaire Jules Astier, Ay
Cour d'assises de la Marne, 6 et 7 février 1940

LA MAISON, située à la périphérie, est petite. Pas misérable. Mais pas riche non plus. C'est une petite maison de petit ouvrier agricole, à peine encombrée du strict nécessaire. Et au centre de ce petit royaume sans prétention, une petite jeune femme. Elle a vingt ans. Elle est mariée à Paul Savoye, qui a vingt-neuf ans. Un bébé de dix-sept mois a scellé cette union. Le bonheur. Mais qui sait ce qu'il se passe au cœur de la vie des couples ? Car pourquoi cette jeune épouse s'encombre-t-elle d'un amant ? L'ennui ? La soif de l'aventure ? Le frisson de l'interdit ? Ou l'amour, tout simplement ? Cet amour qui frappe n'importe qui, n'importe quand ; cet amour qui est suffisamment aveugle pour ne pas tenir compte des engagements de chacun, qui se moque des convenances...

Le 25 février 1939, Paul rentre du travail. Fatigué. Les bêtes qu'il faut soigner. Les bâtiments qu'il faut entretenir. Heureusement, le temps du travail aux champs n'est pas venu. Fatigué, donc, mais pas épuisé. Pas encore. Il rentre. Appelle sa femme. Demande des nouvelles du petit. Pas de réponse. Silence. Paul ne s'inquiète pas. Elle est chez une voisine. Elle est chez une parente.

Elle n'est pas loin. Il va pour se déshabiller, pénètre dans la chambre. Et tombe en arrêt sur le cadavre d'une femme. La sienne. Madame Paul Savoye est morte. Assassinée.

La petite maison du petit ouvrier agricole est envahie. Gendarmes. Médecin. Quant aux voisins et parents, ils attendent dehors, malgré le froid. Paul est assis sur une chaise, la tête entre les mains, la tête prête à exploser, la tête pleine de larmes. La mort remonte à quelques heures. Larynx écrasé. La jeune femme a été tuée dans la matinée. Paul travaillait avec son patron. Ce n'est pas lui, assurément. Rien n'a disparu. Rien n'a été volé. Que pouvait-on espérer prendre ? Non, le motif est ailleurs. L'enquête se poursuit les jours suivants. Ay est en effervescence. Un crime, quand il survient, est toujours au cœur des conversations. Normal. L'être humain s'apitoie. « Le pauvre. Le malheureux. » Mais l'être humain s'excite. « Un meurtre ! Près de chez moi. Et je connaissais la victime. Une bien belle femme… » En attendant, Paul continue à pleurer. Surtout quand il apprend que sa femme avait un amant depuis trois ans. Un repris de justice. Un vieux bonhomme de quarante ans ! Elle qui était si jeune…

Jules Astier est violent. Il est manœuvre. C'est un être dépravé qui ne pense qu'aux plaisirs coupables. En 1927, déjà, il a été condamné pour viol et attentat à la pudeur. En 1927, la future femme de Savoye n'avait que huit ans. Le profil idéal. D'autant plus que la jeune Savoye – quel est son prénom ? Pourquoi personne ne le prononce jamais ? – avait décidé de rompre. Comment les gendarmes l'apprennent-ils ? Difficile de savoir. Rien n'est jamais clair, précis. Il faut lire entre les lignes de la vie des gens. Mais elle ne voulait plus de ce voisin trop aimant, trop amant. Trop violent. Le profil idéal, donc. Arrêté, emprisonné, jeté à la vindicte populaire. D'autant plus que Jules – est-il bête ! –, se trouvant la veille du meurtre dans une « maison hospitalière » d'Épernay, a dit devant témoin qu'il voulait tuer sa maîtresse. Ces maisons plus ou moins closes accueillent n'importe qui, et l'on y dit souvent n'importe quoi… Mais la coïncidence est frappante. Et Jules – vraiment, est-il bête ! – affirme à son beau-frère, le lendemain du meurtre, qu'il a étranglé la mère d'un petit enfant de dix-sept mois. Le jour du drame, il n'a rien dit. Sauf qu'il s'est montré dans tous les coins de vignes d'Ay, parlant d'abondance, histoire de se forger un alibi. Le profil idéal, toujours. Et les agissements qui vont avec. Jules Astier est coupable. Pourtant, il se dit innocent. Innocent. Innocent... Maître Brissart, l'avocat qui accepte de s'occuper de son cas, en est d'ailleurs persuadé. Il épluche le dossier et parvient à faire requalifier le motif d'accusation. Ce n'est plus un assassinat, plus un meurtre. Simplement un coup mortel.

Arrive le 6 février 1940. C'est la guerre. Les Agéens se préoccupent-ils encore de l'assassinat de la petite Savoye ? Bien sûr. Les attaques incessantes des sous-marins allemands sur la flotte anglaise, la présence de Winston Churchill à Paris, l'explosion d'une bombe déposée par un Allemand au siège de la Sûreté à Lausanne, les affres de la Finlande, les tensions entre les États-Unis et le Japon, tout cela, c'est bien loin. Un meurtre, de la violence sur le sol de la commune, un coupable – déjà jugé par le peuple – qui crie son innocence, voilà du concret, voilà de l'intéressant.

Jules est un petit gars maigrichon qui a une forte chevelure brune, un regard qui a la couleur de l'acier, des lèvres minces et serrées sur ses sombres pensées, un menton volontaire. Le président Thibierge, qui l'accueille à Reims dans l'antre des Assises de la Marne, évoque son passé. Du bagne pour le viol, de la prison pour les outrages à la pudeur. Déjà, ça cale le bonhomme. Astier grogne. Brissart aussi.

« Vous buvez ?

– Oui, je bois un peu. »

Il jette un œil en coin au jury. Ça commence assez mal. Évidemment, s'il était un fils de bonne famille. Avec un pedigree comme le sien, ce n'est pas gagné.

« Et vous battez régulièrement les femmes que vous approchez... Madame Savoye l'a plusieurs fois constaté.

– Des claques, parfois... Mais elle revenait toujours. »

Il est mal à l'aise. Battre une femme, est-ce donc si grave ? Le président continue d'enfoncer le clou. Il relate – en voilant un peu les faits, manière de ne pas choquer trop profondément l'auditoire – la rencontre entre la jeune fille et l'accusé, ironise sur le fait qu'Astier est celui qui reprochait à Savoye la légèreté de son épouse, raconte la visite le 24 février 1939 dans une maison de tolérance. Intolérable... Jules se trémousse sur son siège. Il secoue sa crinière brune comme un lion en cage. Fait des grands gestes avec ses petits bras. Est prêt à exploser.

« Vous vous êtes montré à de nombreuses reprises dans les vignes d'Ay, ce 25 février.

– Oui, j'y étais toute la journée.

– Je confirme. De nombreuses personnes vous y ont aperçu.

– Vous voyez...

– Sauf... Sauf pendant une petite heure, dans la matinée. Au moment exact où a eu lieu le crime.

– Pourtant, j'y étais...

– Personne ne le confirme. »

C'est un duel à fleurets mouchetés entre les deux hommes. Le président garde son calme. Astier souffre, mais, tout en s'agitant beaucoup, parvient toutefois à se maîtriser. De temps à autre, une œillade de son avocat le contraint à faire profil bas. Le président reprend l'interrogatoire.

« Pourquoi n'êtes-vous pas allé vous incliner devant le cadavre de votre amie ?

– Il y avait le commissaire dans la maison des Savoye. Puis le médecin... Alors je n'ai pas voulu déranger. »

Regard dubitatif de Thibierge. Astier baisse le sien.

« En fait, je n'y ai pas pensé sur le moment... »

Le président sourit. Voilà une réponse qui le satisfait davantage. D'un geste, il passe la parole au procureur, qui reprend à son compte le trou dans l'emploi du temps matinal de Jules. Ce dernier parle, beaucoup. Beaucoup trop. Il lasse, il exaspère, il fatigue. Puis il se tait. Il regarde les jurés, le président. Le procureur. Jette encore un œil à son avocat. Glisse sur les spectateurs, parmi lesquels la famille de son ancienne maîtresse. Il se considère, lui, Jules, prisonnier entre deux gendarmes. Et pense à ce qu'il a fait – ou pas fait. Car lui seul sait s'il est coupable ou innocent. Allons, l'esprit fruste du manœuvre n'est pas fait pour les états d'âme. Il repart au combat, il repart à la guerre. Maître Brissart prend la parole. Il contre-attaque.

Les témoins défilent. D'abord, les médecins. Le légiste. Le médecin de famille – le docteur Lazarovitch, d'Ay. Le médecin expert. Qui dit que Jules Astier est entièrement responsable de ses actes.

« Naturellement, pense Astier. Je ne suis pas débile ! »

Puis le commissaire. Il s'appelle Nivert. Bien connu sur la place rémoise, il se balade souvent avec son chapeau sur la tête. Compétent, acharné, soucieux de la vérité, l'homme est juste. Et il a l'œil pour remarquer le détail qui accuse ou qui innocente. Ici, en l'occurrence...

« Astier, dit-il, avait le visage égratigné. »

De plus, il confirme les propos tenus dans ce bouge sur « sa jeune voisine ». Des propos menaçants.

Une femme suit. Une ancienne au Julot... Elle parle longuement. Raconte ses déboires avec l'accusé. Lequel se complaît dans la propension à la violence.

« Il m'a menacée d'un couteau ! »

Ulcéré, Astier se lève, mains crispées sur la barrière qui le sépare du reste du monde.

« C'est faux !

– Allons donc, je reviens de loin. »

Le témoin suivant se lance dans un récit de la même eau. C'est un homme. Il accuse Jules.

« Tu récites une leçon, intervient encore Astier. Tu ne dis pas la vérité, Popaul.

– Si, Jules, et tu le sais bien. »

Jules sait beaucoup de choses. Et se rassied.

À ce moment, arrive le mari de la victime. Noble, douloureux. Il parle lentement, sourdement. À peine s'exprime-t-il un peu plus fort quand il dit :

« J'aurai ta peau ! »

Paroles en l'air. Cri de dépit. Tentative d'autosoulagement...

Ensuite, deux prostituées d'Épernay se présentent à la barre. Des habituées de la maison close précédemment citée. Elles confirment les propos de Jules. Lui aussi, apparemment, est un habitué.

Autre témoignage important : celui de Mlle Courgibet, coiffeuse à Ay, qui a vu Astier dans le café de Mme Michelet le 25 février à 9 heures du matin. Ce café est voisin de la maison Savoye. Or, d'après le légiste, le crime a été commis entre 8 heures et 8 h 30.

La journée du 6 février tire à sa fin. Il faudra attendre le lendemain, mercredi 7 février, pour en savoir plus…

Et quand commence la seconde audience, le ton est donné. Maître Brissart n'a qu'un objectif : revoir l'emploi du temps de son client. Il assure, tonne et prouve que Jules Astier ne pouvait pas être présent à 8 heures chez son amante. Les jurés font la moue. Persuasif, certes, l'avocat. Mais les preuves qu'il apporte sont bien maigres. Si M. Prioux a vu Astier, le jour du meurtre, à 8 h 45 dans les vignes, le visage écorché et le pantalon déchiré, M. Leclerc l'a aperçu dans un endroit bien plus éloigné à 9 heures.

« Et, ajoute Brissart, il y a mille six cent soixante-dix mètres entre les vignes de Prioux et la maison Savoye. Donc il n'a pas pu y être à l'heure du meurtre. »

Leclerc explique qu'Astier marchait vite. Très vite. « Comme un lièvre. » Un certain M. Borsetti, mécanicien, l'a reçu chez lui à 10 heures pour réparer sa roue de bicyclette. Quant à Martin, le beau-frère qui a recueilli les confidences de Jules, il affirme s'être trompé.

« Il a dit qu'il aurait pu le faire, pas qu'il l'a fait ! »

Effectivement, il y a une nuance. Maître Brissart continue de se défendre bec et ongles.

Le procureur Lasvignes réclame pour le manœuvre violent les travaux forcés. Car c'est un menteur, car c'est un amoral, car c'est un meurtrier. Il suffisait d'une minute pour tuer la pauvre jeune maman.

L'avocat en termine. Explique qu'il ne faut pas condamner Astier sur la vision que l'on a de son passé, de son caractère. Met en avant le flou dans les horaires, affirme que l'accusé était dans la campagne à l'heure du drame. Reprend l'erreur d'interprétation de Martin.

« L'honnête homme a droit à la justice… Le bagnard aussi. »

Fin de l'acte. Début de l'attente. Le jury s'échappe. Puis revient. Un verdict de culpabilité dans la besace. Jules Astier est condamné à quinze ans de travaux forcés. Ainsi qu'à la peine de relégation. Mâchoire crispée à s'en faire sauter les dents, regard noir, Astier ne dit rien. Il fixe le mur. Puis soudain se penche vers son avocat.

« Merci… Je suis innocent. »

SOUVENEZ-VOUS DANS VOS PRIÈRES
du
Docteur Fernand GENILLON
Chevalier de la L. d'honneur, croix de Guerre 14-18
Maire de Fismes
Décédé en déportation au camp de
Buchenwald Allemagne, le 29 Février 1944
à l'âge de 56 ans

Il a donné à tous des marques d'une bienveillance inlassable.

Il a aimé plus que tout son Dieu, sa famille et sa patrie.

Ne connaissant que son devoir, il a sacrifié sa vie pour son pays.

Vous seul mon Dieu connaissez tout le bien qu'il a fait, toutes les misères qu'il a soulagées. Il n'a espéré qu'en vous. Seigneur ayez pitié de lui et accordez-lui les joies éternelles

Vous qui l'avez connu, dans vos prières ne l'oubliez pas

Le docteur Génillon, maire de Fismes, arrêté par la Gestapo et mort dans les camps nazis.
(Collection de l'auteur.)

Les fantômes de la guerre

Affaires de collaborations, Fismes, Verzy, Reims et Épernay
Tribunal militaire de Châlons-sur-Marne, 1944
Cour de justice de la Marne, 1944-1945

NOUS SOMMES les fantômes de la guerre. Sans linceul et sans chaînes, nous errons sur les plaines de Champagne, la gorge nouée par des larmes invisibles et le corps criblé de violence. Nous sommes les fantômes de la guerre, et nous demandons justice. Puisqu'il est question ici de crimes, parlons de crimes. De ceux qui font honte à un pays, de ceux qui avilissent leurs auteurs. Oui, nous en sommes morts, ici ou là : dans un camp polonais ; dans une prison rémoise ; dans un fossé, au bord du chemin ; dans un baraquement allemand. Nous sommes morts de privations, d'une balle dans la nuque, de torture, de faim, gazés, les yeux crevés, attachés à un poteau. Nous sommes morts d'une maladie barbare : la haine. Pendant que, outre-Manche, des Français parlaient aux Français, ici, dans la Marne – mais rassurez-vous, pas plus qu'ailleurs –, des Français parlaient aux Allemands. Et nous dénonçaient.

Dès la fin 1944, et pendant de nombreux mois, les tribunaux militaires, bientôt suivis de la cour de justice de la Marne ou de la chambre civique, s'emploient à emprisonner ces criminels, ces collabos, à les juger. Car c'est ce que nous voulons, nous, les déportés, les résistants, les humbles ; nous qui avons crevé du manque de liberté. Nous ne voulons pas de ces purges sauvages, de ces ignominies répondant à d'autres ignominies. Nous sommes les fantômes de la guerre, et seule la justice pourra dissoudre l'étendue de notre brouillard, pourra nous laisser gagner le ciel pour ceux qui y croient, ou le doux matelas moussu de la terre pour les autres.

Quelques affaires font la une de *L'Union*. Il y en a beaucoup d'autres. Nous nous contenterons de celles-ci.

La cour de justice de la Marne est constituée en octobre 1944. Mais le temps du châtiment est déjà venu pour certains. Dans l'attente de la naissance de cette institution, le tribunal militaire de Châlons-sur-Marne se saisit de quelques sombres histoires. *L'Union* du 1er novembre 1944 – journal tout nouvellement créé, issu directement des mouvements de résistance – relate l'un de ces plus sombres moments.

Ce sont nous, les fantômes de Fismes, qui sommes les premiers servis. Les souvenirs affluent. Un temps froid. Des camions qui se garent tout au bout de la place, non loin de la mairie. Des hommes qui en sortent en hurlant. D'autres véhicules. Les tractions de la Gestapo. Et la rafle commence. Même le maire, le docteur Génillon, est embarqué. Il ne reviendra pas. Devenant ce que nous sommes devenus. La nuit s'abat sur la ville, se mêle au brouillard. *Nacht und Nebel*. La légende est en marche. La fin de notre vie aussi.

Un an plus tard, la France est en route pour la liberté. Le 31 octobre, le tribunal militaire se réunit sous la présidence du colonel Coutilex. Le chef d'escadron Mottant se charge de l'accusation. Les avocats s'appellent Petit, Arnoud ou Gaudier. Et les accusés se nomment Jeunet. Le jeu de cette famille est trouble autant que troublant. Une fois membres de la Résistance, une fois gestapistes convaincus. Tout juste si, à force de jouer double, triple et même au-delà, ils savent encore de quel côté ils sont. Ce qui est certain, c'est que la rafle de décembre 1943 leur est directement imputable. Des Jeunet étaient dans les voitures allemandes. Évidemment, il manque le coupable le plus ignoble de la famille, Roland, lequel est en fuite. Il ne se contentait pas d'aider la Gestapo. Il en était membre à part entière, engagé qu'il était dans la Waffen SS. Mais il reviendra. On le retrouvera. Nous le retrouverons. Outre le réseau de résistants détruit à cause de cette famille – un réseau du nom de Possum –, il est question pendant ce procès du meurtre du secrétaire de mairie de Fismes, Lucien Pinchaud. André Jeunet y est impliqué. La Résistance aussi. Pinchaud, collaborateur ? Il ne fait pas partie de notre cohorte de fantômes.

En attendant, les sept membres de la famille maudite par toute une ville sont condamnés à mort. Quelques jours plus tard, quatre d'entre eux sont graciés, leur peine est transformée en travaux forcés – il faudra même attendre des dizaines d'années pour prouver qu'une des femmes était plus victime que coupable –, alors que les trois autres sont confirmés dans leur condamnation. Par un froid matin de décembre, Marie Jeunet et ses fils Raymond et André sont conduits au lieu dit « les Mousquetaires », à Châlons. Là, un groupe d'hommes décidés les attend, mains crispées sur le fusil, regard fixe, sans trembler. À 7 h 50, les trois coupables meurent. Les avocats ont l'estomac noué. L'aumônier prie en silence.

Entre-temps, Roland a été retrouvé. De retour à Reims, il est condamné à mort par la cour de justice. Et fusillé en septembre 1945 dans le parc d'une clinique de la rue Courlancy transformée en prison.

Le fantôme de Verzy, c'est moi. J'ai disparu, emporté par les Allemands après une altercation avec les sœurs Fouchart.

La fin de la guerre est proche. Dans la nuit du 26 au 27 août 1944, les bombardements s'intensifient. Le tunnel de Rilly-la-Montagne est particulièrement visé. Pour cette raison, des habitants de Rilly viennent s'abriter à Verzy, dans la cave Roederer. Parmi eux, Léa Manceau, née Fouchart, et sa sœur, Jeanne. L'immeuble qui surmonte cette cave est encore occupé par les Allemands. Les vainqueurs du moment, dans les hauteurs ; pour nous, les sous-sols, l'enfer. Dans la nuit, les deux sœurs, lasses de notre compagnie, montent, tentent de gagner le purgatoire. Elles rient et trinquent avec les Allemands. Entre-temps, mon épouse n'a pu s'empêcher de lâcher aux filles quelques propos insidieux sur leur conduite.

Le lendemain, le soleil est revenu. La nuit s'en est allée, et les bombes avec elle. Soudain, les deux filles accostent ma femme, lui demandent de quel droit elle s'en est prise à leur comportement. Elles ne se rendent pas compte que la fin est proche. Que leurs amis sont en sursis. J'interviens alors :

« Dans quatre jours, votre compte est bon. »

Elles me rétorquent, indignées :

« Votre tour viendra avant ! »

Puis, furieuses, elles partent. L'aînée, Léa, entraîne sa sœur qui suit, docile. Les vigneronnes – c'est leur métier – de Rilly rencontrent des Allemands, lesquels s'empressent de venir m'interroger. Je ne me laisse pas faire, avec fierté. Les soldats partent à leur tour. Léa se rend alors à la kommandantur. Puis se promène dans Rilly à bord d'une voiture allemande. Le soir même, la Gestapo débarque chez moi. Hurle. Nous emmène, ma femme et moi. Léa et Jeanne triomphent. Bientôt, tout le village voit réapparaître mon épouse, terrorisée et abattue. En ce qui me concerne, c'est l'inconnu. Elle ne sait pas ce que je suis devenu.

« Monsieur Deltour a disparu ! »

Je deviens un fantôme.

La première affaire de la cour de justice, le 7 novembre 1944, c'est la mienne. C'est celle des filles Fouchart. La Cour se réunit à l'hôtel de ville de Reims, dans la salle du conseil municipal, sous la présidence de M. Purnot. Le commissaire du gouvernement se nomme M. de Schalcken. Le greffier est M. Larcher. À l'arrivée de ces membres, un peloton militaire présente les armes. Léa et Jeanne entrent. Elles ont perdu de leur superbe. Désignation des jurés, rappel des faits, réquisitoire, défense. Les formes changent avec les époques. Mais le schéma est toujours le même. La Justice fonctionne ainsi, et c'est une bonne chose. Léa Manceau-Fouchart, trente ans, mère de trois enfants, et dont le mari est toujours prisonnier en Allemagne, est condamnée à mort. Sa sœur passera dix ans en prison.

Quelques jours plus tard, un promeneur marche dans le bois des Zouaves, à Sillery. Il s'arrête d'un coup, pétrifié. Un pied dépasse d'un sol malmené. Il appelle les gendarmes qui extraient un corps méconnaissable. C'est celui du chef d'abri de la maison Roederer, c'est celui de M. Deltour, c'est le mien. Ma femme reconnaît mes vêtements. J'ai été abattu d'une rafale de mitraillette dans la tête. Je suis le fantôme de Verzy.

Léa Fouchart sera graciée, puis libérée quelques années plus tard.

Sully Picard est un résistant. Il participe activement aux divers mouvements, aux sabotages. Mais, bizarrement, nombre de ses amis sont arrêtés, fusillés, déportés. L'homme est en fait un agent appointé de la Gestapo. Sa maîtresse, Lucia Thévenard, est complice. Indubitablement. L'année 1945 pointe son nez. Les Allemands reculent sur tous les fronts. Berlin est un champ de ruines. Notre esprit de fantômes également. Nous sommes une soixantaine à avoir souffert des agissements du traître. Ainsi, quand M. de Schalcken demande la mort pour Picard, nous ne nous agitons pas plus qu'une brume étale bousculée par une bise à peine perceptible. Juste retour des choses. Et quand Picard est condamné à la peine capitale, la paix pénètre nos veines virtuelles. Sully ne tombera toutefois pas sous les balles vengeresses. Comme nombre de ces collaborateurs enfermés dans les geôles françaises, il sera gracié quelques jours après. Devoir de mémoire ne signifie pas nécessairement devoir de vengeance. Mais le débat est d'importance. Monsieur de Banville, vice-président du Comité départemental de libération, crie son indignation. *L'Union* lui ouvre largement ses colonnes.

« On nous signale que le traître Sully Picard, condamné à mort, a été gracié. Nous protestons énergiquement, car il paraît que l'on aurait invoqué la Résistance pour obtenir cela. Or, pour nous, les vrais résistants, Sully Picard est un traître. Nous mettons en garde contre l'emploi du mot “Résistance” car cela pourrait, au retour de nos camarades déportés, entraîner des discussions désagréables. »

Désagréable, la période l'est certainement. Ambiance pesante, rationnement draconien, suspicion générale. Violence mal maîtrisée. Inlassable, rationnelle, la cour de justice continue de juger, de sévir.

De sombres histoires de délations, de trahisons, défilent les unes après les autres. Nous, les fantômes, logeons dans ces couloirs de l'hôtel de ville. Hantons les lieux comme les mémoires.

Émile Gozé, vigneron à Rilly-la-Montagne, est condamné à vingt ans de travaux forcés. Marié à la fille de M. Sohier, rémois habitant rue du Mont-d'Arène, Gozé divorce en 1942. Rejetant la faute de cette mésentente entre lui et son épouse sur son beau-père, il fait intervenir la Feldgendarmerie, qui trouve un pistolet chez Sohier. Emprisonné à Reims, puis à Châlons, Sohier finit par disparaître. Un fantôme de plus. Lors de cette condamnation, en janvier 1945, la salle est glaciale. Les fenêtres sont marquées par le givre. Même les spectres ont froid.

S'il y a quelque chose qui nous glace encore plus que l'hiver 1945, c'est l'acronyme L.V.F. « L.V.F. », comme Légion des volontaires français contre le bolchevisme. Cet organisme est de toutes les compromissions, de toutes les fourberies. On lui doit nombre de fantômes. Si les limbes sont si encombrés, c'est en partie à cause des membres de la légion.

Ainsi, quand la Cour s'occupe du cas de Gonin, ancien juge de paix d'Épernay, c'est un soulagement pour tous. L'individu qui se présente droit dans ses bottes devant la justice est un vieil homme de soixante-treize ans. Accusé d'être responsable de la L.V.F. à Épernay, de collaborer activement avec les Allemands, de faire acte de prosélytisme en cherchant et recherchant continuellement de nouvelles recrues pour son organisation, Gonin avoue. Tout, et sans renier sa part de responsabilité. Pourtant, héros de 1914, ancien greffier au parquet de Reims, juge de paix à Ay, à Châlons, puis à Troyes, l'homme n'est pas une tête brûlée. Il a même sauvé une dame de la noyade en 1931 à Ay. Encore une fois héroïque. Alors, que comprendre ?

« En 1916, j'étais sous les ordres de Pétain. En 1940, je l'ai suivi. Je me suis trompé. »

Banalement, le juge Gonin a mis ses pas dans ceux de celui qu'il croyait le sauveur de la France. Comme tant de Français. Qui n'était pas pétainiste en 1940 ? Bien peu. Le tort qu'a eu Gonin, c'est de s'acharner, de lutter aux côtés de l'ennemi, de participer à l'élimination des siens. Voire de dénoncer directement des voisins. Cela est impardonnable. Verdict : quinze ans de réclusion avec indignité nationale. À soixante-treize ans, c'est la mort lente. Mais la nôtre fut si rapide.

Le 6 novembre 1941, Max Philbert, le chef rémois tristement célèbre de la L.V.F., se présente à la police, accompagné d'un jeune homme de vingt-deux ans. Ce dernier se nomme André Denis. Il a contacté Philbert pour dénoncer quatre de ses camarades, Chalton, Quentin, Dardenne et Crépin, chargés de distribuer des tracts communistes. Deux d'entre eux sont cavistes, comme Denis. Outre ces méfaits, le jeune homme accuse Quentin et Dardenne d'avoir brisé la vitre de l'immeuble de la L.V.F., rue des Élus. La Gestapo s'empare de l'affaire. Les communistes sont arrêtés. Interrogés. On sait ce que cela veut dire. Malgré les efforts des directeurs des caves, les hommes sont condamnés. En effet, Denis s'acharne sur eux. Les Allemands sont plus sensibles à ses arguments qu'à ceux des directeurs. Crépin est déporté. Les trois autres sont fusillés.

En arrivant sur la tombe de son fils, M. Quentin père s'effondre, victime d'une crise cardiaque. Nous l'acceptons parmi les fantômes. Il parle souvent avec son fils.

Denis est condamné à mort. Comme beaucoup, il sera gracié. Puis amnistié en 1959.

Tous, nous nous bousculons pour raconter notre histoire. Nous sommes de Pargny, de Brimont, d'Unchair. De partout. Une dernière.

Je m'appelle Mélin, et j'habite Reims. Marié à une mauvaise femme, je décide de la quitter en octobre 1941. Je pars sans rien. Je lui laisse l'ensemble des biens du ménage. Que puis-je faire de plus ? Dans une boîte à outils, elle trouve un revolver que je conservais de la dernière guerre. Un souvenir. Une relique. Elle me l'envoie, prétextant qu'elle n'en a pas besoin. Puis prévient les Allemands. Qui arrivent en trombe, mettent ma maison à sac. Et trouvent naturellement le revolver. Le 13 janvier 1942, je suis fusillé à Châlons. Ma femme – la maudite – quitte Reims et se marie à Longueval, dans l'Aisne. Entre-temps, elle a dit à son fils – à notre fils :

« J'ai dénoncé ton père aux Allemands. Je préfère le savoir mort qu'avec une autre femme. »

Pour elle, c'est la mort. Une mort provisoire, car elle n'est pas exécutée. Peu importe, justice est rendue.

Nous sommes les fantômes de la guerre, et nous veillons.

Les états d'âme du receveur buraliste de Cramant

Affaire Paul Brun, Cramant
Cour d'assises de la Marne, 21 février 1946

PAUL BRUN est receveur buraliste à Cramant. Il habite rue du Carrouge. Le village est tranquille. La guerre, peu à peu, s'éloigne. Nous sommes en juillet 1944. Mais ici comme ailleurs, des ressentiments subsistent. Difficile de dire qui a fait quoi. Difficile de déterminer le camp choisi par les uns comme par les autres. La France est une grande famille qui se déchire. À Cramant, comme ailleurs, des rancœurs, fondées ou non, alourdissent l'ambiance. Il est urgent de repartir sur de bonnes bases, de laisser l'avenir pointer le bout de son nez. En attendant, il faut vivre avec ses voisins. Ses amis. Ses faux amis. Paul Brun est né peu avant le siècle, dans le Vaucluse. Il a quarante-cinq ans. L'homme est à Cramant depuis quatre ans. Il est receveur buraliste. Autour de lui, les vignes mûrissent lentement au soleil. Les vieux de la commune s'assoient sur des bancs, discutent. Les plus jeunes, beaucoup en attente d'un nouveau travail, arpentent les rues. Un peu grisés par la sensation festive qui suit la déroute annoncée du IIIe Reich.

Chaque soir, Paul, qui vit seul, s'enferme dans sa petite maison de la rue du Carrouge. Il dort mal. Il a des états d'âme. Qui vont le mener au drame. Avant d'exercer son métier de receveur, il était militaire. Sous-officier de carrière, il a suffisamment servi la France pour recevoir la médaille militaire. C'est en effet un gage de reconnaissance, une récompense méritée. Pourtant, comme nombre de soldats de l'armée française, il connaît son pire cauchemar en mai et juin 1940. Avec des milliers de ses compagnons, il est coincé dans la poche de Dunkerque. C'est l'opération *Dynamo*. Miraculeusement, il en réchappe. Ni prisonnier ni exilé en Angleterre. Il fuit dans l'arrière-pays. Se fixe à Cramant. Trouve un travail à sa convenance. Fréquente les gens du pays. Ne fréquente-t-il que les autochtones ? Pas facile à dire. Les témoignages sont relativement discrets. Certains n'hésitent toutefois pas à dire qu'il entretient des rapports cordiaux avec l'ennemi. Avec l'occupant. Mais il est vrai que ce genre de témoignage est plus simple à tenir une fois l'Allemand vaincu. Il y a les collabos de conviction. Il y a les lâches. Il y a ceux qui ne comprennent rien. Il y a ceux qui laissent faire. Il y a les résistants de la première heure. Il y a les résistants de l'apéro. Il y a les résistants de la dernière heure. Cela fait beaucoup de groupes, de sous-groupes, de mélanges. Une journée comme ci, une journée comme ça. Cela n'empêche pas Brun d'être catalogué.

« Toutes les nuits, des jeunes viennent frapper à ma porte ! »

Voilà son leitmotiv, voilà le fond de son exaspération. Brun a toutefois un locataire qui nie ce harcèlement répété. Alors pourquoi des habitants reconnaissent-ils avoir vu les carreaux du receveur buraliste régulièrement brisés ? Pourquoi certains jeunes avouent-ils des menaces de mort ?

Le 16 juillet 1944, Paul Brun est excédé. Il est 22 h 30. La nuit est tombée. Et avec elle, son lot de cafard et de solitude. Dans la rue du Carrouge, c'est l'infernal défilé de la jeunesse en folie. Une bande de jeunes gens montent et descendent l'allée. Sur la porte de Brun, une potence est gravée. Date-t-elle de ce soir-là ? Est-elle plus ancienne ? Que d'interrogations dans cette triste affaire ! N'en pouvant plus de ce bruit dont il est la victime – dont il croit être la cible –, Paul Brun ouvre violemment la porte et apostrophe les jeunes qui passent devant sa maison. Apparemment, ceux-ci sont surpris. Plus tard, tous seront unanimes à dire qu'ils ne cherchaient nullement à provoquer l'ancien militaire. Paul a un gourdin à la main. Il en menace le petit groupe. Quelques mots peu amènes sont échangés. Les jeunes partent. Le receveur rentre chez lui. Et ferme soigneusement sa porte à clé. Son cœur bat la chamade. Il est en colère. Peut-être en proie à une paranoïa croissante.

Un peu plus tard, il entend de nouveau du bruit devant chez lui. Il tourne en rond dans sa maison, rumine sa fureur, fait un pas en avant, un autre en arrière. Puis se décide à sortir l'arme qu'il garde avec ses affaires militaires. Il s'agit d'un revolver, tel qu'on en trouve dans des milliers de maisons françaises. Il ouvre la porte, brusquement. Devant lui, deux hommes parlent. Paul Brun lève le bras, arme le revolver et tire. Une seule fois. À cinq mètres de lui, se trouve un dénommé Roger Collard. Il est âgé de trente-trois ans. Il est célibataire. Il exerce le métier de vigneron. C'est au moment où il appuie sur la détente que Brun reconnaît Collard. Il est trop tard. La balle – la seule et unique balle – pénètre avec toute sa puissance meurtrière dans le ventre de l'homme. Il a l'intestin perforé. Il s'effondre, mains crispées sur son abdomen. En proie à une douleur insoutenable. Des cris, des exclamations. Des volets qui s'ouvrent. Des gendarmes qui arrivent. Brun tente, bêtement, de cacher son arme. Mais en vain. Cela ne sert à rien. Les gendarmes l'emmènent à la brigade. Une ambulance prend en charge Roger Collard.

Le lendemain, 17 juillet, Collard meurt dans d'atroces souffrances. Et le meurtrier est écroué.

Il faut attendre le mois de février 1946 – le 21 exactement – pour que la cour d'assises de Reims juge le cas. Il est vrai que, entretemps, les tribunaux de toutes sortes ont eu à traiter de nombreuses affaires de collaboration. Celle-ci en découle certainement un peu. Mais il s'agit de juger ici un homme aux nerfs fragiles, pas un collabo. Le substitut du procureur, M. Clerget, requiert quinze années de travaux forcés. L'avocat, Me Brissard, demande la relaxation pure et simple. La peur, pour lui, est la seule coupable. Le jury n'en décide pas ainsi. Paul Brun, ancien militaire décoré pour services rendus à la patrie, est dégradé de la médaille militaire. Il est condamné à dix années de travaux forcés.

Les coups de poker de Me Lelarge

Affaire Jean-Marie Simonnot, Broussy-le-Grand
Cour d'assises de la Marne, 2 juin 1948

JE LAISSE calmement la Cour s'installer, tâchant de ne rien révéler des pensées qui sont les miennes. Le président Dardot, que je connais bien – et qui me le rend bien, me lançant de temps à autre un regard méfiant –, est assisté de MM. Burgues et Raynal. Nous sommes le 9 février 1948. Face à moi, le procureur de la République, M. Flamarion, occupe le siège du ministère public. Il sait que, entre lui et moi, c'est une lutte de tous les instants qui va bientôt débuter. Il me sourit. Je reste impassible. On se retrouve au tribunal comme autour d'une table de poker. Il faut bluffer, parfois mentir. Et n'abattre la carte décisive qu'en dernière instance. Or, cette carte, moi, Me Lelarge, défenseur de Jean-Marie Simonnot, je l'ai. Et c'est une carte gagnante.

Je décide de laisser commencer la partie. Je décoche un petit sourire à Simonnot – qui est un meurtrier de la pire espèce, entendons-nous bien, mais c'est un client, et, déontologiquement, je me dois de le défendre bec et ongles. Dardot ouvre les assises, parle quelque peu aux jurés et appelle le greffier. Lui aussi dévisage Simonnot. Ce dernier, avec aplomb, le regard dur et noir, la mine sévère, la chevelure plaquée sur son crâne – renforçant son côté voyou –, ne baisse pas les yeux. Le greffier, M. Larcher, entame son histoire. Ce n'est pas un conte pour enfants, loin s'en faut.

Le drame a lieu le 5 juillet 1944. Période troublée s'il en est. Il est 1 heure du matin dans le petit village de Broussy, non loin de Fère-Champenoise. À l'écart, une petite ferme, à l'instar de ses habitants, est au plus calme. Le propriétaire s'appelle Jules Leblanc. Il dort. Il a eu une dure journée, et demain, il faudra se lever tôt pour aller atteler les chevaux. Dans le même lit, sa femme Élina, tout aussi épuisée que lui, ne rêve même pas. Sommeil, sommeil. À quelques pas de là, dans une autre chambre, le frère, Arthur Leblanc, récupère aussi. Soudain, Jules se réveille en sursaut. Il entend marcher dans la cour. Il se lève, vaseux. Qui peut bien venir à cette heure. Un voisin qui a des problèmes avec ses vaches ? On frappe à la porte. Une fois. Puis une autre. Élina se réveille à son tour. Arthur en a certainement fait autant. Jules arrive dans la cuisine.

« Police ! »

À cette heure ? s'interroge Leblanc.

« Police ! »

L'homme insiste.

« J'arrive, doucement, doucement… »

Et Jules Leblanc ouvre la porte. Qui vole en éclats. Car violemment, deux hommes bousculent l'huis et balancent l'infortuné fermier au sol. Celui-ci comprend immédiatement qu'il a affaire à des cambrioleurs. Il aperçoit Élina et Arthur qui sont là et qui regardent les voleurs avec effroi. Jules se relève et, entraînant sa femme, se dirige vers une deuxième porte qui donne sur la cour. Il comprend que seule la fuite pourra assurer leur salut. Il ouvre la porte… et se trouve nez à nez avec un troisième individu. C'est alors une bagarre intense qui s'engage dans la petite fermette. Un homme attrape Élina et la maintient contre le mur. Les deux autres bandits bousculent les meubles, retournent tout. Puis se jettent sur Arthur et Jules. Arthur est un gaillard costaud. Peu à peu, il prend le dessus sur son adversaire, qui n'a d'autres recours que de sortir une matraque et de frapper Arthur à la tête. Celui-ci s'effondre. Évanoui. De même, Jules n'est pas en reste. Dans la force de l'âge, rompu aux travaux des champs, il a une force peu commune. À ce moment, plusieurs coups de feu sont tirés. En l'air. Jules, surpris, cesse de combattre. Et l'autre en profite pour sortir un large couteau. Et lui tranche la gorge, en plusieurs fois. De gauche à droite. De droite à gauche. Un vrai sauvage. Jules s'effondre sous les cris de sa femme. Une large mare de sang s'étale sur le carrelage inégal de la cuisine. Et Arthur ? Est-il mort ? C'est ce dont les cambrioleurs veulent s'assurer. L'un d'entre eux pique le frère du fermier. Voyant qu'il n'a pas de réactions, le bandit pense que celui-ci aussi a son compte. Les voyous n'insistent pas. Puis ils comprennent que le raffut qu'ils viennent de faire peut attirer les voisins. Ils décident alors de s'enfuir, laissant la femme avec ses cris et ses larmes. Un silence soudain s'abat sur le lieu du crime.

L'enquête n'est pas bien difficile. La veille du meurtre, un ancien employé de la ferme, Jean-Marie Simonnot, était venu chercher – prétexte futile – du ravitaillement. Sans succès, bien entendu. Mais Élina Leblanc avait reconnu la voix. L'homme est arrêté à Vert-la-Gravelle. Il nie, bien sûr. Cela fait partie du jeu. Puis il finit par avouer. Les coups de surin, c'est bien lui. Le matraquage aussi. Tout. Il prend tout sur lui. L'idée ? Bien sûr. Lui. Les complices ? Ça, c'est une autre histoire. Meurtrier, peut-être. Balance, jamais.

« De toute façon, sans preuves, je serai bientôt libre. »

Et les aveux ?

Je le répète, Simonnot est certain de son fait. D'autant plus qu'il a déjà accompli quarante-trois mois de préventive. C'est beaucoup. Il affirme à son avocat – il m'affirme – que c'est largement suffisant pour ce qu'il a fait, et que le tribunal le relâchera sitôt le jugement rendu.

J'ai quelques doutes. Mais je ne prends pas la peine de les lui dire. Simonnot est un idiot.

Quand le greffier Larcher conclut en énumérant le triple chef d'inculpation – assassinat prémédité, tentative d'assassinat et tentative de vol qualifié –, le président Dardot dévisage une fois de plus l'accusé et lui dit :

« Vous risquez votre tête ! »

Sous son front buté, une soudaine et cruelle incertitude se fait jour dans les yeux du voyou. Pour la première fois, je sens que mon client commence à douter. C'est là que je prépare mes cartes. Au moment où le président annonce qu'il va faire entrer les premiers témoins, je fais signe que je souhaite prendre la parole.

« Allez-y, maître.

– J'ai une information à vous communiquer, monsieur le président.

– Je vous en prie.

– Voilà plusieurs semaines que je recherche le frère de l'accusé. Or, il se trouve que je l'ai rencontré ce matin même. Ce frère m'a apporté diverses précisions sur la personnalité de mon client. Férocement atteint par l'alcoolisme, Simonnot en a retiré des tares qui pourraient atténuer sa responsabilité. Le rapport donné par l'expert, et qui conclut à cette entière responsabilité, me paraît douteux. Je souhaite de plus amples informations, notamment concernant l'état mental de l'accusé. Il me paraît prudent de reporter ce procès. »

Et voilà une carte abattue. Sera-t-elle gagnante ? Je n'en suis pas certain. Mais elle a de quoi faire fléchir légèrement le président. Je le vois qui pèse le pour et le contre. Indécis. Je décide alors d'assener le coup de grâce. La bonne carte, la voici :

« Par ailleurs, je viens d'apprendre que Mme Leblanc, dans sa grande douleur, a envoyé à chacun des jurés une longue lettre.

– Une lettre ?

– Oui, monsieur le président. Une lettre dans laquelle elle incite messieurs les jurés à faire preuve de la plus grande sévérité. Je comprends la douleur légitime de Mme veuve Leblanc. La douleur est terrible pour elle. Mais il y a là une violation du principe de justice. Il s'agit ni plus ni moins d'une pression exercée sur les jurés. Ce n'est pas tolérable dans notre système judiciaire. »

À ce moment, et de manière paradoxale, le procureur Flamarion vient à mon secours et donne le coup de grâce à cette session des Assises, faisant de mon coup de poker un coup victorieux.

« Ce que dit Me Lelarge est exact. J'ai en ma possession une copie de la lettre. Je vous la lis… »

Ce qu'il fait, apparemment pressé d'en finir à son tour. Puis il conclut :

« Je regrette cet incident juridique qui va remettre de quelques semaines l'échéance de la dette contractée par Simonnot, et qu'il devra payer tôt ou tard. Bien que la requête effectuée par Mme veuve Leblanc auprès des jurés soit humainement légitime, il est certain que, juridiquement, elle porte atteinte au libre exercice de la défense... Mais Simonnot ne perdra rien pour attendre. »

Après un quart d'heure de délibération, le président décide de reporter la séance. Et m'accorde une nouvelle expertise mentale de l'accusé. Je jubile, car ce n'est pas simplement du temps gagné sur le temps. Il y a peut-être là de quoi sauver la tête de mon client.

Le 2 juin 1948, les mêmes acteurs sont de retour dans le théâtre des Assises de la Marne. Enfin, presque. Car, bien entendu, les jurés sont remplacés par d'autres, moins... avertis par la veuve. Donc pas de lettre. Pas de recommandation. Rien que l'âme et rien que la conscience. Il est certain que la partie sera ici plus difficile pour moi. Pas de carte miracle. Pas d'as sorti de la manche. Simplement des arguments et de la volonté. Mais, parfois, cela est suffisant pour gagner au poker. Le président Dardot entame la séance tambour battant. Ne daignant même pas jeter un œil sur moi. Pas question que je lui vole son procès. Pas deux fois de suite. Immédiatement, les questions portent sur les complices. Car ils étaient bien trois. Et seul l'un d'eux est présent.

« Qui sont-ils ? demande le président.

– Ils s'appellent Charlot et Balbier.

– Leur adresse.

– Du côté de Paris.

– Voilà qui est bien vague.

– C'est tout ce que je sais. »

Quoi qu'il en soit, c'est tout ce qu'il dira ! Il ne faut tout de même pas trop lui en demander. Et si, dès son arrestation, il s'est accusé du meurtre, maintenant il clame son innocence.

« Quand j'ai donné un coup de couteau, Leblanc était encore vivant. C'est mon complice qui l'a achevé.

– Quel complice ?

– *Ben*... Charlot... Ou Balbier. »

Autant dire personne. Flamarion, l'avocat général, est furieux. Il ne peut demander qu'une chose : la peine de mort. Et il connaît d'avance la carte que je vais abattre.

« Si vous condamnez mon client à mort et que, par hasard, on retrouve dans un mois, dans un an, les complices de Simonnot. Si ce même Simonnot a eu la tête tranchée et que l'on comprend que le vrai meurtrier se trouve parmi les deux complices, vous aurez commis une terrible erreur. On ne condamne un homme à mort qu'avec une certitude parfaite. Ce n'est pas le cas ici. »

Et je parle encore, et je parle toujours. Circonstances atténuantes. Préméditation non prouvée. Alcoolisme chronique. Irresponsabilité. J'ai la main, et je la garde. Quand la Cour se retire, je suis confiant. Et j'ai bien raison. Jean-Marie Simonnot n'est pas condamné à mort. Mais seulement aux travaux forcés à perpétuité. Seulement. C'est une autre forme de mort, bien entendu. Mais pour moi, c'est une partie enlevée de haute lutte. Demain, je continue le jeu.

Soirée sanglante au cinéma de Courcy

Affaire Marian Wojciky, Courcy
Cour d'assises de la Marne, 6 et 7 juillet 1948

QUEL FILM joue-t-on ce mardi 12 février 1946 à Courcy ? Nul n'en a plus la moindre idée. Seul compte le sang qui se coagule sur le sol mal balayé ; seule reste l'odeur de poudre qui flotte encore dans l'atmosphère glauque de cette nuit d'hiver.

Sur la place du village, face à l'église, se trouve un petit café-tabac tenu par les époux Geoffroy. Un rapide coup de rouge sur le comptoir ; un verre de goutte avalé cul sec, le coude levé, les larmes aux yeux ; un Picon bière savouré lentement, mousse frisée au coin des lèvres, tel est le quotidien des lieux. Les Geoffroy sont liants. Ils connaissent tout le monde. Tout le monde les connaît. La vie de tous les jours, simple, sans plus d'histoires qu'un homme qui trébuche de temps à autre parce qu'il ne tient pas l'alcool.

Il est 20 h 30. C'est le coup de feu. Il y a plus de monde qu'à l'habitude. Normal, Jacques Thévenot est là. Qui est cet homme ? C'est un opérateur de cinéma ambulant – le terme est bien ronflant – qui vient de Witry-lès-Reims. Aujourd'hui est le tour de Courcy. Dans une salle attenante au café, grande et sombre salle, Thévenot a installé son appareil qui ne demande qu'à ronronner, a tiré la grande nappe blanche qui va habiller le mur du fond et termine de fixer sur le projecteur la première bobine du film. Les spectateurs ne sont pas encore prêts. Indisciplinés, ils parlent debout, retournent dans le café pour s'en jeter un dernier, se rendent de nouveau dans la salle pour voir si le film commence bientôt. Bref, c'est l'anarchie joyeuse du mardi soir.

Soudain, le froid pénètre dans le café. La porte vient de s'ouvrir violemment. Quatre hommes se présentent dans l'embrasure, jettent un œil de défi à l'assemblée et entrent dans la pièce surchauffée. Les inconnus – ils ne sont pas du village, assurément – ne paraissent pas bien costauds sur leurs jambes. Le patron comprend vite. Ils sont ivres. La porte passée, refermée, le courant d'air glacial s'enfuit comme s'il ne voulait pas voir ce qu'il va arriver. Les hommes s'approchent du bar et apostrophent le patron. Méfiant, celui-ci obtempère. Les écoute. Ils ont soif. Après tout, c'est un bistrot. L'un des hommes est vêtu d'un uniforme français. En 1946, nombreux sont les militaires qui se baladent ici ou là, bien souvent désœuvrés, le plus souvent saouls. La libération de la France, si elle a ramené la paix et l'espoir, n'est pas qu'un lendemain qui chante. Les temps sont durs. Les gens également. Pourtant, le militaire ne semble pas français. Avec ses trois camarades, ils échangent en polonais. Soit. Il y a dans le coin de nombreuses nationalités qui se côtoient. Ce n'est pas un problème.

Peu à peu, la salle du café se vide. La séance va finalement débuter, et Thévenot se tient à l'entrée de la grande pièce, contrôlant les billets que les uns et les autres ont achetés. Les Polonais se dirigent vers l'opérateur et tentent d'entrer. Jacques Thévenot se rend tout de suite compte qu'ils sont un tantinet énervés. Il leur demande gentiment leurs billets, se fait rembarrer comme un malpropre, persiste. Droit dans ses bottes, l'ambulant ne cède pas. Pas de billet, pas d'entrée. Le ton monte. Dans la salle de cinéma, les têtes se tournent pour tenter d'apercevoir l'origine de la dispute. Les Polonais insistent. Thévenot aussi. Soudain, un coup de poing part, et le Witryat se le prend en plein visage. Visiblement, la lutte est inégale. Et sans opérateur, comment voir le film que tout le monde attend ? Agacé, un spectateur se lève pour venir en aide à Thévenot. C'est un colosse, une armoire à glace. Il sait qu'il impressionne et que les bagarres prennent rapidement fin quand il montre sa musculature. Le spectateur, ouvrier de culture, s'appelle Pierre Kariger. Il est né à Orainville, dans l'Aisne, vingt-quatre ans auparavant.

« Que se passe-t-il ? Un problème, monsieur Thévenot ? »

Ces paroles, prononcées d'une voix de basse, avec calme, avec assurance, suffisent à apaiser le jeu. Thévenot se frotte la joue, regarde d'un œil peu amène l'homme qui l'a frappé et, constatant que celui-ci a l'air de revenir à de meilleurs sentiments, secoue la tête.

« Non, ça va aller… »

Les quatre Polonais présentent un ticket, et l'opérateur les laisse passer. Tout semble rentrer dans l'ordre. Kariger retourne s'asseoir. Soulagé. Ce ne sont pas quatre petits bonshommes ivres et énervés comme un cent de puces qui vont lui gâcher sa soirée. Le film du mardi soir, c'est sacré. Le film, justement, commence. Les petites silhouettes s'agitent sur l'écran. Histoire d'amour ou histoire de western, c'est pareil. Puis arrive l'entracte. Chacun se lève, gagne la sortie pour boire un coup. Un de plus. C'est la bousculade. Kariger attend un peu et se précipite ensuite dans le couloir. Il entend une voix forte qui traverse la salle. Il se retourne. C'est l'un des quatre trublions qui l'apostrophe violemment. Exaspéré, il attrape une chaise par le dossier et la lève bien haut au-dessus de sa tête. Si le gugusse croit qu'il suffit d'élever le ton pour l'impressionner, il se trompe. D'autres personnes interviennent à leur tour. Les Polonais se jettent sur les uns et les autres. C'est la bagarre générale. Alors, tel un cow-boy, l'un des soldats polonais sort un pistolet et, sans réfléchir, tire en direction du jeune Kariger. La balle rate son objectif et va se ficher dans le mur, juste derrière le colosse. Un silence abasourdi gagne la grande salle de cinéma. Alors que plus personne ne parle, on entend encore longtemps résonner le coup de feu. La bagarre a subitement cessé, vaincue par un coup de tonnerre.

L'agresseur s'apprête à tirer de nouveau. Pierre Kariger comprend qu'il n'a plus qu'une solution : fuir. Il se jette sur le sol et, bousculant jambes et chaises, tente de gagner à quatre pattes la sortie de la pièce. Un nouveau coup de pistolet, fulgurant, clouant tous les spectateurs sur place, retentit. Tandis qu'il était arrivé près de la sortie, le colosse s'effondre. Les quatre hommes se précipitent sur lui. Et le propriétaire du pistolet tire, et tire, et tire encore. Les autres s'acharnent sur Pierre à coups de pied. Ils le défigurent. Alors qu'il est déjà mort. Puis, tirant à droite et à gauche, pendant que tout le monde se jette à terre, les voyous se sauvent. Non sans qu'un garçon de dix-huit ans, Jacques Martinot, bûcheron à Courcy, ait reçu une balle dans le pied gauche.

Le film du mardi soir est sorti de l'écran pour se dérouler en direct. Un peu comme si les gangsters américains avaient décidé de traverser le miroir. Un homme est mort, et quatre bandits sont partis. Bourrés de haine et d'alcool.

Il suffit de quelques minutes pour que la gendarmerie de Loivre soit prévenue. Très vite, Courcy grouille d'uniformes. Le chef Delval et le gendarme Petit sont les premiers sur les lieux. Bientôt, la police militaire et la police polonaise les rejoignent. Constatation. Enlèvement du corps. Hospitalisation du blessé. Et début des interrogatoires. Nombreux et tous convergents. La chasse à l'homme commence. Les gendarmes ont l'habitude. Répétons-le, les années d'après-guerre sont fertiles en désordres de toutes sortes. Les repères ont disparu pendant ces années terribles. Le brassage des populations et la peur de l'autre n'arrangent rien.

Courcy reçoit également la visite du juge d'instruction Poisson et de son greffier, M. Many. Ce sont eux qui suivront l'affaire. L'autopsie, effectuée par le docteur Lefebvre, confirme que Kariger a été tué de trois balles de 9 mm. Toutes tirées dans le dos. L'une d'elles a fait éclater le foie. Irrémédiable.

Le mercredi après-midi, soit moins de vingt-quatre heures après les faits, les gendarmes de Loivre repèrent un individu agité qui tourne dans le village. Il revient sans arrêt devant le café Geoffroy. Le chef interpelle l'homme, lequel parle difficilement le français. Un Polonais. La coïncidence est trop grosse. Ils emmènent l'homme à la gendarmerie. En fait, envahi par le remords, l'individu cherchait à soulager sa conscience. Il s'appelle Dobrowski. Il n'est pas long à avouer la participation à la soirée sanglante. Attention, participation simplement ! Il n'avait pas d'arme sur lui. Pour le reste, il est plus vague. Les gendarmes arrivent tout de même à lui arracher un nom.

À Bétheny, se trouve un camp de Polonais. Ce lieu est appelé « camp Sikorski ». Là, les enquêteurs arrêtent un second homme :

Joseph Zilovski, qui est employé ici en qualité de garde. Il est mis en cellule. Le temps que la mémoire lui revienne. Ce qu'elle fait rapidement. Le nom des deux autres comparses est connu. Il s'agit de Casimir Szymanski et de Marian Wojciky. Hélas ! ces deux-là ont quitté le camp. Les gendarmes brûlent. Ces Polonais ne peuvent pas s'être évanouis dans la nature. Il y a toujours une trace, toujours une piste. Les camps de réfugiés sont légion. La première des choses à faire est fastidieuse, mais souvent efficace. Jacques Delval et Raymond Petit prennent le téléphone de la brigade et appellent, encore et encore. Au total, entre jeudi et samedi, ils passent une cinquantaine de coups de fil. Ce n'est pas le 22 à Asnières, c'est 22, nous sommes les gendarmes, aidez-nous ! Et ça paye.

Le samedi 16 février 1946, à 15 heures, les gendarmes de Rozay-en-Brie, en Seine-et-Marne, opèrent l'arrestation de Casimir Szymanski et de Marian Wojciky. Szymanski est retrouvé avec une arme pleine de munitions. Il nie toutefois farouchement être l'auteur des coups de feu. Wojciky ne résiste pas :

« C'est moi qui ai tiré. Ensuite, j'ai jeté le pistolet. »

Fin de la chasse à l'homme.

Les soldats polonais, en passe d'être bientôt démilitarisés, sont confiés à l'autorité militaire, en attendant d'en découdre avec la justice française. C'est le samedi suivant qu'a lieu à Courcy la reconstitution du meurtre. Seuls trois Polonais sont présents. Le premier arrêté a été complètement innocenté. Le juge d'instruction et le substitut du procureur, le capitaine de gendarmerie et quelques-uns de ses hommes, ainsi que l'avocat de Wojciky, Me Lelarge, sont sur place. On sait déjà que les complices de Marian ne seront pas inquiétés. Ivres, oui ; provocateurs, certainement ; mais à aucun moment ils n'ont laissé croire qu'ils pourraient tuer quelqu'un. Il n'y aura qu'un inculpé : Marian Wojciky.

Le procès a lieu le lundi 6 juillet 1948. Sans grande passion. Maître Lelarge met en avant l'enfance détruite de son client. La fuite de son pays d'origine, à l'âge de seize ans. La disparition de sa famille à cause de la guerre. Et son métier de garde de prisonniers, éprouvant, perturbant.

« Mon seul plaisir, c'est de boire. »

Voilà l'explication du prévenu. Voilà sa vie. Puis Marian conclut ainsi, le lendemain, dernier jour du procès :

« Je suis catholique, et je regrette d'avoir donné la mort à un homme envers qui je ne nourrissais aucune haine. Je demande pardon à la famille de la victime. Ma conscience ne sera jamais propre. »

Tout cela en polonais, bien sûr. Un traducteur assure l'exactitude des propos. Le procureur demande vingt ans de travaux forcés. Le jury donne à l'accusé dix années. Assorties de vingt ans d'interdiction de séjour. À trente-quatre ans, Marian Wojciky sera déjà un bien vieil homme.

Le crime du républicain espagnol

Affaire Galant Marcel Santos, Fontaine-sur-Ay
Cour d'assises de la Marne, 4 juillet 1949

Il fait une chaleur épouvantable, le 4 juillet 1949. Le juge Dardot, président de la session des Assises de Reims, soupire. Entre deux phrases, il serre nerveusement son mouchoir entre ses doigts et s'en sert pour éponger son front luisant de sueur. Les jurés font de même. Ils ont bien du mal à écouter ce que disent les intervenants. Ils passent un doigt autour de leur col de chemise, rêvent d'une limonade bien fraîche. Au cœur du tribunal, deux gendarmes grommellent dans leur moustache, képi relevé bien haut sur le crâne. Ils somnolent un peu, accablés par la canicule. Ils encadrent un accusé, droit, hiératique, impeccable dans son costume gris. La cravate serrée autour de son cou ne l'indispose nullement. Il est de taille moyenne, le teint mat. Son nez proéminent lui donne un caractère ferme. Il a les yeux gris, vifs et pénétrants.

L'esprit de Marcel Santos, le meurtrier, est loin. Les républicains traversent un petit village espagnol, au sud de Terruel, le dépassent, se retrouvent en rase campagne. La ligne des combats est toute proche. Dans la chaleur de l'après-midi, ils ne voient rien. Seule une femme, inconsciente, marche à côté de son âne.

On entend, là-haut, dans le nord, des échanges de coups de feu. C'est là qu'ils se rendent. La troupe est hétéroclite. Mélange d'Espagnols, de Français et de Russes. Mélange de communistes, d'anarchistes et de paumés. Les visages sont à l'image de la terre : burinés, ravagés, creusés. Chacun a son propre uniforme. L'ordre dans le désordre. Soudain, c'est le déluge. Des avions envahissent le ciel. D'autres surgissent. On se bagarre pour un morceau de nuage. Les camarades de Santos se jettent au sol. Mais la terre est sableuse, rouge. Il n'y a rien pour s'abriter. La seule ombre visible est celle de la silhouette des avions qui court sur le sol. Marcel Santos sent la haine lui étreindre le cœur. *¡ No pasarán !*

« Monsieur Santos ? »

L'Espagnol quitte son rêve et se retrouve face à ses juges.

« Oui, monsieur le président.

– Je vous ai posé une question.

– Excusez-moi, je n'ai pas entendu... »

Son accent est des plus méridionaux. Néanmoins, Marcel parle bien la langue française.

« Je vous ai demandé votre état civil et votre date de naissance.

– Ah oui... Je m'appelle Galant Marcel Santos. Je suis né le 10 février 1911 à Madrid. Je suis espagnol, républicain et communiste, monsieur le président.

– Le fait que vous soyez communiste a-t-il un rapport avec notre histoire ?

– Bien sûr, car j'ai tué un fasciste. Je suis un prisonnier politique... »

Et pendant que l'interrogatoire se déroule, l'esprit de Santos dérive encore. Le temps a passé. Il est monté en grade. La guerre d'Espagne l'a fait lieutenant. Il commande maintenant une petite unité motorisée. Il harcèle les troupes ennemies, fait face aux dissensions internes. Les opposants ne sont plus seulement devant, mais à l'intérieur de son propre camp. Nous sommes en 1939. Les franquistes défilent avec les troupes allemandes. Les communistes traquent les anarchistes. La guerre est un gâchis terrible. Marcel Santos veut continuer à se battre. Il passe la frontière. Gagne la France. S'engage chez ceux qui, peu avant, étaient venus défendre sa patrie et ses idéaux.

« Monsieur Santos, vous n'êtes déjà plus là. Je vous demande d'écouter M. le greffier lire l'acte d'accusation, je vous prie. »

Le meurtrier s'excuse une fois de plus. Cette chaleur... Bien sûr. Il écoute et, en même temps, il vit la scène. Dans la soirée du 15 janvier 1947, à Fontaine-sur-Ay, Mme Philomène Frescourt frappe à la porte du Portugais M. da Souza. N'entendant pas de réponse, elle entre dans la petite maison. Il fait sombre dans la cuisine. C'est une pièce basse avec des solives apparentes. Dans un petit réduit, se trouvent des pommes de terre et des betteraves. Quelques bouteilles, aussi. C'est de là que Mme Frescourt entend un râle. Profond. Douloureux. Soudain, elle voit un homme accroupi qui se relève, se retourne et la regarde. Il a les yeux exorbités, fous. Un dément. Il lui crie :

« Madame, monsieur malade... »

Elle prend peur et s'enfuit. L'homme la poursuit. La rattrape dans la cour. Et la frappe avec un marteau, avec ses poings. Elle sent sa tête exploser. Mais elle a le courage de dégager ses sabots qui la gênent et parvient à s'échapper. Ses blessures sont relativement légères. Elle alerte la population. La gendarmerie, bientôt suivie de la 12e brigade mobile de Reims commandée par le flegmatique commissaire Niverd, envahit les rues de Fontaine-sur-Ay. Dans la maison du drame, les enquêteurs découvrent un homme en piteux état. De son crâne fracturé, s'échappent du sang et des morceaux de matière cervicale. Da Souza est condamné. Mais il mettra une semaine à mourir. Il s'éteint sans avoir repris connaissance, le 22 janvier. Madame Frescourt affirme que son agresseur est un Espagnol.

« Je l'ai déjà vu au camp d'Ay... »

Que faisait-il dans ce camp ? Pour expliquer sa présence, Santos a besoin de repartir dans un de ses flash-back qui rythment de plus en plus sa vie. La chaleur a disparu. Les uniformes maudits sont maintenant vert-de-gris. Un moment, Santos a été déboussolé par l'alliance Allemagne-Russie. Mais maintenant, l'affaire est entendue. Il y a d'un côté les fascistes, de l'autre les communistes. Et lui se trouve du bon côté. Il se bat, bien décidé à anéantir l'empire nazi. Malheureusement, il est fait prisonnier. C'est un camp de concentration qui l'attend. Un endroit sinistre qui s'appelle Mauthausen. Un camp dont le but ultime est la mort.

Là, incapable de se faire oublier, il se révolte. En représailles, il reçoit un coup de crosse sur la tête. Il s'évanouit. Délire et fièvre l'accompagnent. Il ne sera plus jamais le même. Il a toutefois la chance de survivre. Il revient en France à la Libération. Est hébergé dans un camp de réfugiés situé à Ay, à quelques kilomètres d'Épernay. Commence pour lui une nouvelle vie. Il travaille pour différents patrons. Tous n'ont qu'à se louer de son ardeur. Renfermé mais travailleur consciencieux, il ne se livre que quand il est question de politique. En 1947, la France balance entre deux régimes. Marcel Santos s'est battu en Espagne. Il s'est battu en France. Il s'est battu en Allemagne. Il combattra à nouveau en France pour faire triompher son idéal, son idée maîtresse.

Le président Dardot éponge une nouvelle fois son front ruisselant et demande sa version au meurtrier :

« Monsieur Santos, vous avez été arrêté conjointement par la gendarmerie et la police. Incarcéré, vous avez nié l'évidence obstinément pendant un an. Puis, ce laps de temps écoulé, vous avez enfin – du bout des lèvres – consenti à avouer. Pouvez-vous nous donner votre version des faits ?

– Oui, monsieur le président.

– Nous vous écoutons.

– Je suis réfugié de la République espagnole et antifasciste. Je m'occupe de propagande pour le parti communiste espagnol. Le soir du 15 janvier, chez da Souza, j'avais avec moi des brochures. Une discussion politique s'éleva, qui dégénéra en bagarre. Da Souza saisit un marteau. Je l'ai désarmé. Puis je ne sais plus ce qu'il s'est passé...

– Monsieur da Souza était un homme de soixante-trois ans qui ne faisait pas de politique, explique le président. Il était solitaire et passait son temps dans les bois alentour. C'était un bûcheron. Votre dispute à connotation politique ne tient pas. Da Souza n'y trouvait aucun intérêt.

– Il m'a traité de communiste. Je l'ai traité de fasciste. Voilà ce qu'il s'est passé. »

Sa défense est la même depuis ses aveux. C'est un crime politique. Rien de moins, mais rien de plus. Il doit être jugé en tant que tel. Il n'est pas un voyou. Simplement un militant. Or la version du commissaire Niverd est assez radicalement différente. Quand Mme Frescourt est arrivée, l'homme était agenouillé dans le recoin. Près du corps du Portugais. Ensuite, il s'est levé et s'est précipité sur elle. Dans la baraque, aucune trace de bagarre. Ni table ni chaises renversées. Seul un homme presque mort haletait sur un tas de betteraves et de pommes de terre. L'enquêteur en est certain : Santos était venu pour le voler. D'ailleurs, on ne trouva nulle part trace de brochures de propagande. Santos aurait-il pris le temps de les emporter toutes après avoir agressé Mme Frescourt comme un fou ? D'ailleurs, cette dernière confirme bien que son agresseur n'avait qu'un marteau dans la main. Ce qui est déjà beaucoup. Et, en l'occurrence, plus dangereux que des revues... Non. Pas une seconde on ne peut croire à cette version.

L'accusation demande alors la peine de mort par la voix de M. Girard, substitut du procureur. La défense, tenue par Me Cogié, en tentant de prouver l'absence de preuves, quémande l'acquittement. Elle s'appuie aussi sur un rapport du docteur Cochemé, qui pense que l'esprit de l'accusé est un peu... dérangé. Les jurés, dans la chaleur du soir qui tombe, reconnaissent la culpabilité de l'Espagnol. Mais lui accordent des circonstances atténuantes. Folie, peut-être. Puisque l'expert le dit. Santos n'en démord pas. Ce meurtre faisait partie de sa lutte politique. Il est une victime du système capitaliste. Système qui le condamne aux travaux à perpétuité. Mais que sont les travaux forcés pour un homme qui a combattu dans les montagnes espagnoles ? Qui a chassé le nazi dans les plaines françaises ? Qui a fait la nique à la mort dans les camps de concentration ?

Marcel Santos marche le long de la route poussiéreuse. Au loin, les canons franquistes tonnent. Avec son arme vieille et mal réglée, il va tenter une fois de plus de tuer un ennemi. Ceux qui ne sont pas avec lui sont contre lui...

La vigneronne d'Avize

Affaire Yvette M., Avize
Cour d'assises de la Marne, 16 et 17 juillet 1951

« La femme M. est-elle coupable d'avoir volontairement donné la mort à son mari ?

– Non.

– Est-elle coupable d'avoir volontairement porté des coups et fait des blessures à M. ?

– Non.

– Les coups et blessures ont-ils été faits avec intention d'entraîner la mort et avec intention de la donner ?

– Non.

– En conséquence, la Cour prononce l'acquittement de la femme M. et ordonne sa remise en liberté immédiate. »

On se croirait alors dans une salle de spectacle. La foule applaudit, hurle son approbation. Le président Dardot sourit. Il n'est pas choqué par ces démonstrations. Le maire d'Avize traverse la salle et se jette au cou de Mme M., vigneronne dans son village. Il pleure. Il est content. Plus étonnante encore est la réaction du père de la victime. Lui aussi pleure. On pourrait croire que ses larmes sont motivées par le dépit, par un certain sens de l'injustice. Que non. Il approche de sa belle-fille… et félicite la meurtrière de son fils. Autour d'elle, les enfants – ses enfants – se pressent, l'embrassent, sont en larmes à leur tour. C'est la joie, la liesse. Madame M. est heureuse, malgré l'année qui vient de s'écouler, malgré les douze mois de prison qu'elle vient de faire. Pour rien, puisqu'elle est déclarée non coupable. Nous sommes le 17 juillet 1951.

« Comment, Yvette a fait ça ? Elle a osé, Yvette, la douce, l'effacée Yvette ? »

Oui, elle l'a fait. Yvette M. a tué son mari le 2 juillet 1950. Pour comprendre l'étrange dénouement qui aura lieu un an plus tard, pour comprendre l'acte apparemment impardonnable d'Yvette, il convient de faire connaissance avec Roger M., âgé de quarante-sept ans, vigneron à Avize. L'homme est un dur, un bagarreur. Un querelleur qui joue volontiers du couteau. Il pousse le vice jusqu'à frapper ses adversaires – qu'il a nombreux – à l'aide de bouchons de champagne. On peut se dire que, dans le pays champenois, ce genre de lancer est plutôt bon enfant. Pas pour Roger, car il truffe ses bouchons de morceaux de lames de rasoir ! Un autre de ses vices – et pas le moindre – consiste à battre son épouse. La pauvre Yvette, âgée de trente-neuf ans, mère de quatre enfants, se fait agresser depuis dix-huit ans. Un calvaire qu'elle endure quotidiennement. C'est en mars 1931 qu'elle épouse Roger, de neuf ans son aîné. Pourquoi ? L'amour ? À l'époque, il est beau garçon, gymnaste, bien de sa personne. Tout ce qu'il faut pour plaire aux filles. Il est vrai qu'il boit un peu. C'est peut-être un défaut de jeunesse... Mais les défauts sont faits pour disparaître, ou pour s'aggraver. Chez lui, c'est la deuxième version qui tient la corde. Il commence très rapidement à battre sa femme. Malgré l'amour, malgré les enfants. Il frappe, comme un fou, comme un idiot. Comme une brute.

Le dimanche est toujours un peu triste pour Yvette. Jour de repos, jour férié. Jour où il faut supporter. Heureusement, son mari décide d'aller travailler dans les vignes. Un peu de repos fait du bien. Yvette prépare le repas. Et pense à sa fille, Paulette, en traitement à l'hôpital Auban-Moët, à Épernay. Elle prend le bus de 13 h 30 pour lui rendre visite. Roger rejoint sa femme un peu plus tard, accompagné de Marie-Thérèse, l'autre fille. Le couple et les jeunes filles marchent alors dans le parc. Paulette est encore faible. Ils déambulent lentement. Parlent de choses et d'autres.

« Il existe trois cartes d'entrée dans l'établissement, dit Roger.

– Non, répond Yvette sur le ton de la conversation. Il y en a deux. »

Elle est sûre d'elle-même. Comme elle est sûre que ses propos n'ont que peu d'importance. Mais pas pour Roger. Ce dernier se tourne vers ses filles et dit :

« C'est bien. Ce soir, votre mère aura son compte ! »

Elles savent toutes les trois ce que cela veut dire. Elles baissent la tête, déjà vaincues... Roger les laisse sur ces tristes paroles et repart sur sa bicyclette. Yvette rentre en autocar et passe le reste de la journée chez une amie : elle n'a pas les clés de sa maison, située au numéro 3 de la rue d'Épernay, à Avize ! Quelques heures plus tard, Marie-Thérèse, qui est rentrée avec son père, vient chercher sa mère.

« Tu peux rentrer, il dort... »

Là aussi, elles savent ce que cela veut dire. Il cuve...

« Je te laisse, maman, je vais à la kermesse. »

La petite a seize ans. L'âge où l'on commence à sortir. Seule, Yvette rentre chez elle. Effectivement, Roger ronfle tout son saoul sur le lit conjugal. Il est tout habillé, béat. Laid. À faire peur. La femme fait un peu de rangement. Jette un œil furtif à son mari qui ne se réveille pas. Ouvre un tiroir. Et tombe sur une massette. Rêveuse, elle s'en saisit. Comme une somnambule, elle se dirige vers le lit. Lève l'arme improvisée et frappe le mari. Oh ! pas très fort. Car l'homme se réveille, sans trop de mal. Il hurle de colère, poursuit Yvette à travers la cuisine, dans toute la maison, bientôt dans la cour. C'est au tour d'Yvette de crier, de supplier. Roger arrive à reprendre le marteau. Corps à corps, le souffle court, les deux époux ennemis luttent. Yvette tient de nouveau la massette en main et frappe comme une forcenée, comme une mécanique soudain dégrippée. Déchargeant par ses gestes fous des années et des années de souffrance et de frustration. L'ensemble des pièces de la maison est maculé de taches de sang. Yvette réalise l'horreur de son geste. En pleurant, elle cherche Marie-Thérèse, ne la trouve pas. Elle s'en va voir une parente et lui avoue le drame. Il est 23 heures quand le gendarme Demange enregistre les déclarations.

Le lendemain, la petite ville voit débarquer tous ces messieurs de la justice. Le procureur de la République, M. Guérin ; le juge d'instruction, M. Martha ; le greffier, M. Legou, ainsi que le capitaine de gendarmerie. Et le légiste, le docteur Deschamps.

L'autopsie révèle quinze coups de marteau sur la tête. De quoi assommer un bœuf. Yvette est arrêtée, emprisonnée. L'infamie… Sauf qu'à Avize, les commentaires vont bon train. « C'est bien fait pour lui » ; « Il fallait que quelqu'un le fasse » ; « La ville est débarrassée d'un bon à rien. » La meurtrière est louangée ; l'accusée, excusée.

Tout cela pour en arriver à l'acquittement du 17 juillet. Acquittement qui n'étonne personne. Déjà, la veille, le 16 juillet 1951, quand le président accueille la foule, le ton est donné. La messe est dite quand l'accusation fait semblant d'accuser, mais en fait se fait défenseur. Un avocat, en aparté, confie :

« De toute ma longue carrière d'avocat d'Assises, je n'ai jamais entendu acte d'accusation aussi favorable à une "criminelle". »

Cet acte qui revient sur la dramatique journée du 2 juillet de l'année précédente. Car on apprend que l'altercation était plus grave que ce qui avait été révélé jusque-là. On pensait que la discussion concernant le fameux ticket d'entrée était un simple incident. Non. Il s'agissait bien d'une vraie, d'une véritable, d'une inquiétante colère. En arrivant pour voir sa fille Paulette, sur son vélo, avec son autre fille Marie-Thérèse sur le cadre, Roger est persuadé que sa femme lui cache un bulletin d'entrée pour l'empêcher de pénétrer dans l'hôpital, ce qui est absolument faux. Il menace sa femme, il menace Paulette. Laquelle a tellement peur qu'elle s'évanouit ! Il trace devant elles deux une croix en disant :

« La première qui franchira cette ligne, je la tue ! »

Puis il part, emportant une Marie-Thérèse terrorisée, laissant une Paulette évanouie, accablant une Yvette effondrée. Cette dernière n'ose pas rentrer chez elle, certaine d'être battue. Car elle sait que, dans la poche de son mari, repose toujours un « poing américain ». Une arme dont il aime à se servir. C'est ensuite le drame décrit plus haut. Yvette frappe avec le marteau. Pour se défendre, Roger prend une serpe. Mais il n'a pas le temps de frapper. Il tombe. Yvette, voyant son mari inanimé, perd conscience. Quand elle se réveille, elle est couverte du sang de son époux. Elle se rend chez son beau-père, avoue le drame. L'homme lui pardonne déjà. Car il connaît le calvaire de la pauvre Yvette. Comme le connaît bientôt tout le tribunal. Comme le connaissent tous les Marnais qui lisent le compte rendu dans *L'Union*.

Voici quelques menus détails de la vie de cette famille martyrisée. Un jour, Roger M. aligne ses quatre enfants et sa femme contre un mur, prend son fusil et les met en joue. Un jour, Roger M. casse tous les meubles de la maison. Un jour, Roger M. passe une corde au cou de sa femme et dit qu'il va la pendre. Un jour, Roger M. passe une corde au cou de ses enfants et dit qu'il va les pendre. Un jour, Roger M. envoie sa femme coucher dans le bûcher et ramène à la maison – dans le lit conjugal – deux prostituées. Un jour, Roger M. chasse sa fille Paulette pour mettre dans son lit une autre prostituée avec un militaire. Paulette s'y refusant, il ordonne à sa fille de partager sa couche avec le couple. Un jour, un jour... Mais un autre jour, celui de l'enterrement de Roger M., la ville se venge ! Monsieur Catani, le maire d'Avize, vient témoigner :

« Pour son enterrement, je n'ai trouvé personne pour le porter en terre. J'ai dû réquisitionner trois cantonniers et un charretier pour le transporter au cimetière. Et pas un habitant n'a suivi le cortège ! »

Il n'y a là rien à ajouter. Aucune accusation, aucune plaidoirie ne diront plus que ce qui a été dit et décrit par le maire et par ses administrés. Voilà pourquoi la foule applaudit quand Yvette est acquittée. Voilà pourquoi le président Dardot sourit. Voilà pourquoi, le 17 juillet au soir, la vigneronne d'Avize, petite bonne femme d'un mètre cinquante-sept, peut dormir dans les bras de ses enfants...

Un drame paysan

Affaire Marcel C. et Marcelle L., Juvigny
Cour d'assises de la Marne, 3 novembre 1952

DANIEL PELLUS, journaliste vedette du quotidien *L'Union*, a le sens de la formule. Le poids des mots, c'est à l'aide de sa plume qu'il le fait peser sur les lecteurs. Pour raconter un procès d'Assises, pour décrire un tueur, il n'y a pas mieux. Voici l'introduction de l'article consacré au meurtre d'Albert L., de Juvigny. Rien que ces quelques phrases suffisent à planter le décor du crime. Une ferme en est le théâtre. L'amour, un amour dur et sans romantisme, en est le moteur. Au bout du chemin : la mort pour le mari, la prison pour les assassins.

« On a aligné au pied du tribunal, avant d'ouvrir les portes de la cour d'assises de Reims, les pièces à conviction. On n'en a oublié aucune. Voici le blouson et la culotte de la victime, Albert L., chef de culture. Les taches de boue s'y mêlent aux traces de sang. Voici la corde et le torchon avec lesquels l'assassin a étranglé. Le balai qui a essuyé le sang répandu sur le sol de la cuisine. Le sac dans lequel fut enfoui le cadavre. Voici la brouette qui a servi au transport macabre. Le couteau qui a tailladé la joue de la victime pour faire croire à un accident. Voici même le vélo qui complétait l'atroce scène. »

Il suffit de fermer les yeux pour y être, pour entendre les gémissements, les halètements, les cris – s'il y en eut – ou les souffles rauques et précipités. Il suffit de fermer les yeux pour se transporter dans la cour de cette ferme – de ce vieux château – de Juvigny, avec sa boue d'automne, sa pluie fine qui grisaille les bâtiments, le cœur et les âmes. Il suffit de se laisser mordre les entrailles par la jalousie, la rancune, la haine, le mépris. Tous sentiments qui sentent l'ombre et la nuit. Et on serait surpris de se retrouver soi-même au centre du drame, un couteau serré par des doigts aux jointures blanchies par la colère, les yeux exorbités, les mains tremblantes. On serait surpris de se retrouver acteur de ce drame paysan.

La session des Assises s'ouvre le 3 novembre 1952. Le conseiller à la cour d'appel Janin en est le président. C'est un homme sévère et droit. Le front dégarni, le cheveu rare et ramené sur l'arrière du crâne, de grosses lunettes d'écaille. Il en impose. Une aura d'autorité se dégage de sa personne tout entière. Il est assisté par messieurs Raynal et Viennois. Le substitut Lanoire est placé à gauche de la tribune. Autour de ces magistrats, assis et graves, les jurés sont debout. L'un après l'autre, ils clament et déclament leur serment. Impressionnés, conscients de la responsabilité qui pèse sur leurs épaules. Car si les meurtriers ont agi avec une conscience viciée par les sentiments, eux doivent garder sang-froid et précision juridique. Le droit et encore le droit. Une fois cette formalité – ô combien importante – remplie, tout le monde se tourne vers le box des accusés, où viennent d'entrer deux personnes encadrées par des gendarmes attentifs. Un homme et une femme. Un amant et sa maîtresse. Deux criminels.

Marcel C. est jeune. Vingt-quatre ans. Vingt-deux au moment des faits, en octobre 1950. On le devine insensible. Son visage sec est impassible. Ses lèvres sont minces, son regard est insaisissable. Il ne regarde rien ni personne. Seuls ses yeux paraissent refléter sa véritable personnalité. La femme, Marcelle L., a un visage plus épais. La bouche s'affaisse. Le regard est dur, dénué lui aussi de sentiments. On ne sait pas aimer chez ces paysans.

Quand Marcel rencontre Marcelle, il est encore plus jeune. Cela se passe en 1945. Le gamin sympathise immédiatement avec

Albert L. Pourtant, son aîné a trente ans. La femme de L. est une infidèle. À l'époque, son amant est le propre frère de son mari.

« Et vous avez pris la suite en août 1947, dit le président Janin à Marcel. La femme de votre ami L. vous a invité. Elle vous a offert des cigarettes, puis accordé ses faveurs. Par la suite, vous avez eu des relations fréquentes, notamment le dimanche, à Châlons, dans un hôtel. Et quand vous ne pouviez pas aller à Châlons, cela se passait dans les champs. »

Marcel ne répond pas. Même quand le juge poursuit sa biographie.

« Ensuite, c'est le service militaire. Et les permissions tant attendues. À chaque fois, vous rejoignez votre maîtresse, qui vous ouvre ses bras. Vous l'avez dans la peau. Dame, à dix-neuf ans, se dire l'amant d'une femme de trente-deux ans, c'est valorisant. Vous en êtes fier. Puis un jour, Albert vous surprend. Il vous gifle. Un simple soufflet sur la joue. Rien de plus. »

Janin fait une pause et regarde Marcel C. droit dans les yeux.

« Il n'était pas vindicatif, ce brave L. ! Il vous a écrit peu après pour vous dire qu'il passait l'éponge. C'était pour le moins un mari complaisant. Il ne vous gênait pas beaucoup !

– *Ben* non, monsieur le président. »

Donc, fatalement, les affaires reprennent. Le temps passe. Soudain, en 1950, Marcelle avoue à Marcel qu'elle est enceinte. Qui est le père ? Pas le mari, évidemment. Le président fait une longue pause – une de plus. Théâtral. Il choisit de ne pas poser de question, de laisser venir à lui le jeune homme. Celui-ci, mal à l'aise, s'agite sur sa chaise. Le regard du juge le transperce. Le condamne. Il parle pour rompre cet épisode désagréable.

« Je lui ai demandé de divorcer, à Marcelle. Elle a refusé. Moi, je voulais me marier, régulariser. Quoi, c'est normal, non ? »

Pas de réponse.

« Elle m'a répondu que ça ferait trop d'ennuis. Alors, pour la première fois, elle m'a parlé de faire disparaître L.

– Parce que tuer quelqu'un attire moins d'ennuis que de divorcer, selon votre logique ?

– Peu à peu, l'idée s'est insinuée dans mon esprit. J'ai commencé à vivre avec. Ça ne me paraissait pas impossible. Je me suis habitué. Fallait que ça arrive...

– Ensuite…

– Une fois, j'ai eu une bûche dans les mains. L. est passé. J'aurais pu le tuer par-derrière, mais je ne voulais pas…

– Vous vouliez le tuer en face ? »

Comme si c'était le mot de trop, le meurtrier baisse la tête, fait une moue obstinée et se tait. La tactique du magistrat a fait long feu. Il faut attendre quelques minutes avant que Marcel reprenne la parole. Mais Janin doit le pousser, comme une charrette trop lourde, trop chargée. Il lui tire les paroles une à une. Presque comme une fontaine tarie. Mangée par la sécheresse.

« Parlez », insiste le président, à la limite de l'énervement.

Marcel C. consent.

« Elle m'a tellement poussé ! » explose l'homme.

Dans son coin, Marcelle L. lui jette un regard féroce. Le juge fait signe au garçon d'ignorer cet œil meurtrier, et, d'un geste, lui intime de poursuivre.

« L. m'a dit de prendre la porte. Je lui ai dit de sortir avec moi. Il avait le poing fermé. Quand j'ai vu cela, je l'ai frappé à la face. Je l'ai frappé encore deux fois. Puis je lui ai serré le cou avec la corde, puis avec le torchon.

– À quel moment votre maîtresse est-elle sortie ?

– Elle est partie au premier coup de poing avec la petite fille.

– Ensuite ?

– Elle est revenue avec moi. On a posé le corps dans la brouette. On l'a trimballé sur plus d'un kilomètre. Là, on l'a laissé sur le côté, et on lui a tailladé la joue pour qu'il saigne. Il fallait faire croire à un accident.

– Et la petite ?

– On est allés la voir dans sa chambre. On a bu du café, et on lui a dit ce qu'il fallait qu'elle raconte aux gendarmes.

– N'est-ce pas ignoble de faire d'une petite fille de huit ans votre complice ? Vous aviez perdu la notion des choses ?

– Je ne savais plus ce que je faisais… »

C'est le moins que l'on puisse dire. Marcel se tasse sur son siège. Il a dit ce qu'il avait à dire. Du reste, que pourrait-il ajouter ? L'aveu est là. Il est meurtrier. Il devra payer. Ce qu'il ignore encore, c'est le montant de l'addition.

Le président Janin laisse le jeune homme mariner dans ses pensées. Sombres et noires. Celles d'un assassin. Il se tourne vers Marcelle. L'autre. La femme. Le diable. Car elle en a vraiment l'allure, avec son air sournois et sa bouche serrée sur ses dents crispées. Comment peut-on s'amouracher d'une telle femme ? Pas de grâce, pas de sourire, pas de charme. Peut-être une folie érotique. Car cette fille de maçon, dernière d'une famille de onze enfants et qui s'est mariée après avoir rencontré son mari dans un bal, a enchaîné les liaisons. Les bras des ouvriers agricoles, les bouches des soldats américains, elle a tout connu. Une affamée. Mais peut-on reprocher à un être humain d'aimer l'amour quand la vie est si dure ? Le crime est dans l'exécution du mari, pas dans la vie libertine… Un mari eût fait la même chose, on aurait ri. Là, on se contente de ricaner… Quoi qu'il en soit, elle n'est pas sympathique. Elle s'énerve quand Janin lui rappelle ses frasques.

« Je n'ai jamais fait ça dans les champs ! »

Et puis :

« Ce n'est pas moi qui ai voulu tuer Albert.

– Vous avez écrit une fois à Marcel, en parlant de votre mari : "Fais ce que tu voudras, mais débarrasse-moi de ce fumier."

– C'est faux.

– Une autre fois, vous avez conseillé à C. de le saouler et de le jeter dans les caves du château.

– Non.

– Si ! »

Ce mot, jeté comme un cri, comme une bouée à laquelle on veut se raccrocher, c'est Marcel C. qui l'a balancé, coupant la parole au président qui allait poursuivre.

« N'avez-vous pas conseillé à C. d'attendre votre mari sur la route avec un gourdin ?

– Non.

– Si ! »

Encore ce cri du cœur. Cette bouffée de désespoir.

« Quand vous vous êtes trouvée enceinte pour la deuxième fois, vous avez parlé de faire disparaître votre mari.

– Je n'ai jamais dit cela. Albert savait que j'étais enceinte.

– N'avez-vous pas tenté d'empoisonner votre mari à la poudre à doryphore ?

– Non, jamais. »

Le juge soupire. Des témoignages de ce type, il en a tant et plus. Les négations de Marcelle n'y pourront rien changer. Les jurés se regardent. Grimacent. Difficile de trouver des excuses.

« Quand j'ai vu C. taper mon mari, je suis partie avec ma fille. Quand je suis revenue, Marcel nettoyait le carrelage.

– Et cela ne vous a pas émue ?

– J'ai dit : "*Ben*, nous v'là propres." Et C. a répondu : "T'en fais pas, on va l'emmener sur la route pour faire croire à un accident. Si tu me dénonces, j'en ferai autant à toi et à ta fille."

– Et vous n'avez eu aucune larme, aucune émotion ? Quand on vous a montré votre mari à la morgue, vous n'avez pas bronché… »

Et l'on ne s'étonne pas de ce comportement, car chacune des paroles prononcées par Marcelle tout au long de cet échange l'est dans un calme parfait, une absence d'émotion impressionnante, une apathie totale.

« Vous êtes sans cœur, cynique, lâche. Et mauvaise mère, par le fait de rendre une enfant complice. Votre attitude est odieuse ! »

D'un coup, le président Janin explose. Il aimerait voir cette femme pleurer, supplier, implorer. Regretter. Non, il n'a en face de lui qu'un bloc. Il ne sent même pas de haine en cette meurtrière. Seulement de l'indifférence. Il lui fait signe de se rasseoir et fait entrer les témoins.

Les uns après les autres, s'ils ne sont pas juges, jugent. Ainsi, le docteur Bardol :

« Marcel C. est un hypersexuel, intelligent, mais insensible. La femme est également responsable. »

Ainsi, l'adjudant-chef Doyen :

« C'est moi qui ai recueilli les aveux de C. La femme avait une grosse emprise sur lui. Elle était mal considérée à Juvigny. C'était une femme volage qui se conduisait mal. »

Et le président Janin d'ajouter :

« Une Messaline, quoi. »

Ainsi, le berger Hippolyte Schutz, petit bonhomme basané à la voix caverneuse de soixante-neuf ans :

« Je lui faisais des cadeaux. Des bijoux, des sous-vêtements. À mon grand regret. Un jour, je lui ai prêté de l'argent. Je suis allé réclamer l'argent, non au mari, mais à l'amant. Car c'était lui, le galant homme. C'était pour lui qu'elle avait emprunté. En échange, elle a eu pour moi certaines… complaisances. Elle trouvait que j'étais trop vieux. Et puis, j'ai eu un accident. J'avais… enfin, vous me comprenez, monsieur le président. Alors, avec elle, c'étaient que des trucs de vieux gaga. J'étais le petit vieux honoraire… »

Ainsi, la châtelaine pour qui travaillaient le couple et C. :

« Marcel C. était quelqu'un de bien. Il n'avait qu'un seul défaut, celui d'être tombé amoureux de cette femme ! »

Ainsi, le maire, qui enchérit :

« C. s'est laissé monter le coup par cette bonne femme-là ! »

Ainsi, les ouvriers agricoles et les gens du village, qui lâchent tous les mêmes mots. Le témoignage de la mère du meurtrier est à l'image de celui de son fils. Terne, insipide. Elle ne laisse passer aucun sentiment. Ricane. Ne regarde pas son fils. Qui lui rend son indifférence.

Commence alors une lutte, longue et âpre. Les coupables – qu'ils sont assurément – n'ont plus qu'à attendre. Qu'à entendre. L'accusation se lance à corps perdu dans la bataille.

« Un crime passionnel ? Encore faut-il qu'il y ait eu passion ! »

Il est vrai que ce mot correspond mal au caractère des accusés. Le sexe n'est pas l'amour. Que demande-t-il, le substitut Lanoire ? La réclusion perpétuelle. Pour l'un comme pour l'autre.

« Toute peine inférieure serait d'une faiblesse que la cause ne justifie pas. »

La défense attaque. Par Me Brissart, le brillant avocat rémois, d'abord. C'est lui qui lance la charge le premier. Pas facile quand on défend une dame peu sympathique, quand on sait la salle totalement acquise à l'accusation. Comment faire ? L'avocat ne choisit pas de contrer M. Lanoire. Non, il attaque Marcel C. D'après lui, l'instigateur, le vrai meurtrier, le seul coupable, c'est Marcel au masculin. Pas Marcelle au féminin. Il s'arrête. En vrai joueur, il sort alors un atout de sa manche. Une carte gagnante. Un coup de maître. Un coup à la Me Brissart ! Une lettre. Maladroite. Pleine de fautes.

« Je viens vous *demandez* si vous ne voudriez pas *écrir* à la pauvre Marcelle avec le coup que je *vient* de lui faire surtout dans la position *qu'elle* se trouve en ce moment *sa* serait pour lui envoyer un peu d'argent *penser* elle est *la* toute seule elle a *rient* pas d'argent pour *écrir* la pauvre Jacqueline *écouter* je vous en prie *faite* le pour elle moi je vous en *serait* reconnaissant plus tard.

« J'ai fait une grosse *baitise Ici* d'avoir fait ce que je viens de faire vous savez je le regrette beaucoup mais hélas trop tard surtout pour la famille aussi bien pour elle que pour moi la pauvre. Enfin je vous *écri* c'est pour elle parce que vraiment elle ne peut pas et je pense que vous ferez pour le mieux *s'y* vous lui en n'envoyez envoyez le par mandat mais enfin faites votre possible. Je vous en *remerci* beaucoup pour elle. Voilà son adresse Madame L., 1 boulevard Anatole-France Châlons-sur-Marne.

« Je pense que chez vous tout le monde va bien que M. Gilbaut a toujours du *travaille* et que la petite gamine se porte bien *surement* que vous n'avez pas eu facile pour venir à l'enterrement vous *s'avez* j'en aurai un *remord* toute ma vie je *n'auserais* plus remettre les pieds à Juvigny.

« Enfin avec *toute* l'espoir que vous ferez votre possible pour elle encore une fois merci beaucoup. Je vous quitte pour aujourd'hui en vous serrant une *cordial poigner* de main.

« C. Marcel. »

« Cette lettre, assène l'avocat, était destinée à la sœur de Marcelle L. Y voyez-vous une preuve de la culpabilité de cette femme ? »

Et de conclure :

« L'opinion publique est loin. Elle ne doit pas vous dominer. »

Que reste-t-il à Me Floriot, le défenseur de Marcel ? Simplement l'absence de préméditation. Simplement l'âge du gamin. Il montre sa vie de vingt ans ; il montre sa vie à l'armée ; il montre sa vie au travail ; il montre sa vie en amour. Un gamin de vingt ans ! Et il tape à son tour sur la coaccusée. Cette femme dominatrice, cette femme de toutes les influences. Ennemis, les deux avocats ? Ou tactique commune ?

Les jurés sont déboussolés. Ils ne savent qui croire. Ils se laissent fléchir. Il n'y aura pas de condamnation à perpétuité. Marcel, l'homme, est condamné à dix ans de réclusion ; Marcelle, la femme, à huit années. La foule est déçue, puis s'en va. Ne reste qu'une petite fille de dix ans, orpheline, désemparée, marquée à vie. Et une brouette bancale qui trône au milieu du tribunal, alors que celui-ci se vide petit à petit.

Petits voleurs et forte tête

Cour d'assises de la Marne, février 1953

Affaire Hubert S. et Henri A., Reims
Cour d'assises de la Marne, 3 février 1953

LAISSONS DE CÔTÉ les meurtres, les viols, les parricides et autres horreurs sordides. Intéressons-nous quelques instants à ce qui fait le lit de nombreuses affaires d'Assises. À ce qui en est l'essentiel, et parfois leur donne le piquant, le sel que ne vient pas ternir la douleur d'un deuil, l'amertume d'une perte irréparable. Car quand on consulte les comptes rendus journalistiques des journées, longues et parfois répétitives, de ces procès, force est de constater que, bien souvent, il s'agit d'histoires de vols, de pillages. Bien sûr, il ne s'agit pas de correctionnelle. On ne juge pas ici d'affaires de vols de poules, d'historiettes à la petite semaine. Les faits reprochés ont toujours un certain caractère de gravité. Car là où la loi est détournée, il y a souvent malheur, déboires, tristesse. Tant pour les plaignants que pour les auteurs. Mais comme dit souvent la sagesse populaire : « Tant qu'il n'y a pas mort d'homme... »

La première histoire concerne deux jeunes gens. L'un s'appelle Henri A. Il est d'origine italienne. L'autre est Hubert S., français. Surtout alsacien. Un peu allemand par sa mère. Enfin, il ne sait plus très bien.

Henri a vingt ans. Le bel âge. Celui où on est heureux. Où les filles vous tendent les bras. Où les rires se poursuivent tard dans la nuit. Mais pour Henri, cela ne se passe pas tout à fait comme ça. Il rêve. À tout ce qu'il n'a pas. À tout ce qu'il n'a plus. Il a un visage ovale au masque tragique, aux grands yeux, à l'air têtu. Ce fils de maçon italien rumine les coups du sort. Pourtant, le jeune homme est considéré comme un joyeux luron, un chahuteur. Il y a des clowns tristes. Henri est ajusteur et passe auprès de ses employeurs rémois pour quelqu'un sans histoire. Ce qui ne l'empêche pas en décembre 1950 de se retrouver au chômage. Compression de personnel, ils appellent ça. Et cette mésaventure n'est qu'une petite partie de ses soucis. Son père est mort depuis quelques mois. Tombé d'un échafaudage. C'était un Italien costaud et travailleur. Et maintenant, il n'est plus. Pis, sa mère vient de mourir à son tour. Henri ne garde du clown que la tristesse. Il rumine les coups du sort dans un bistrot du boulevard Pommery, à Reims, quand il rencontre Hubert S. C'est un peu par hasard que ce dernier entre au Tabarin. Les deux hommes lient rapidement connaissance, tant il est vrai que les gens malheureux savent se reconnaître au premier regard.

Car Hubert S. n'est pas mieux loti. Commerçant ambulant sur les marchés de la Marne, ses affaires ne fonctionnent pas. Il est endetté jusqu'au cou. Il pense à revendre sa camionnette pour combler le gouffre qui se creuse sous ses pieds. Et, cerise sur le gâteau – amer gâteau –, sa femme vient de le quitter. Le passé du jeune homme n'est pas non plus très reluisant. Né en Alsace, d'un père français et d'une mère allemande, Hubert est gagné très jeune par les idées nationales socialistes. En 1941, il milite dans les jeunesses hitlériennes. Son rêve est de piloter un avion. Il s'engage dans la Lutwaffe. Après avoir hésité à gagner, avant la guerre, l'aviation française. Il est d'abord mitrailleur, puis sous-officier. Il réalise son rêve et pilote un Messerschmitt. Il participe à une opération aéroportée sur Aix-la-Chapelle en 1944. Est blessé par un éclat d'obus. Est fait prisonnier. Puis finit par rentrer en France après la fin des hostilités. À Reims, il travaille dans les bureaux d'une maison de champagne avant de créer sa petite entreprise avec le succès que l'on sait. Quand il rencontre Henri A., il a vingt-sept ans.

Moins par moins égale plus. C'est ainsi que les deux hommes comptent rebondir, de confidence en confidence, en additionnant leur déveine. Ils se rencontrent chaque soir du mois de décembre au Tabarin. Peu à peu, ils forment des projets communs. Puisque rien ne leur réussit, il leur faut forcer le destin. Et pour cela, forcer des portes closes. De préférence ouvrant sur des maisons cossues. Riches. Ils ont le matériel : S. apporte sa camionnette ; A. possède une mitraillette Sten... et des romans policiers. Il en a lu des tonnes. Des idées, il en puise à la pelle. Il est persuadé que ces lectures lui apportent une certaine dose de compétence. Le soir de Noël, ils roulent au petit bonheur la chance dans les rues rémoises. Ils repèrent – après maintes hésitations – la bâtisse d'un médecin, le docteur Legros, sur le boulevard Pommery. Ils sonnent. Personne. Ils escaladent un mur, en laissant l'arme dans la voiture. Pénètrent dans la maison. Retournent tout. Volent quelques babioles – avec tout de même des bijoux et des montres. Et sont dérangés par le propriétaire qui rentre à minuit. Ils se sauvent précipitamment.

Quelques jours plus tard, ils décident de recommencer. Avec plus de réussite. Monsieur et Mme Deminotti sont deux Italiens qui exploitent une petite épicerie au numéro 50 de la rue Boussinescq. Hubert repère les lieux. Pour cela, rien de plus simple. Il entre dans le magasin et achète du chocolat. Puis il ressort. Avec son complice, ils restent une heure sur le trottoir, face à leur objectif.

« Que fait-on ? On y va ? On n'y va pas ? »

Ils sont loin d'être sûrs d'eux. Mais aucun des deux ne veut passer pour un imbécile aux yeux de l'autre. Alors ils foncent. Henri entre en tête, mitraillette au poing. Il court dans un long couloir. Derrière lui, Hubert. Devant, la cuisine. Et Mme Deminotti qui, ahurie, se demande ce que veulent ces deux énergumènes.

« Taisez-vous, on en veut à votre argent, pas à votre vie ! »

Ils poussent la femme dans la cuisine. Où se trouve le mari. Henri pose la mitraillette contre le mur. D'emblée, il frappe l'Italien et réclame de l'argent. Madame Deminotti se jette à genoux et hurle :

« *Sancta Madona ! Sancta Madona !* »

L'épicier, un petit vieux hirsute qui parle avec un accent terrible, se jette sous la table et crie :

« Au secours ! Au secours ! »

Ce n'est plus un cambriolage, c'est un film comique. Les deux gangsters se regardent, tentés de se boucher les oreilles face à tant de bruit... Sans se concerter, ils font tous les deux demi-tour et s'enfuient... aussi terrorisés que leurs victimes. En partant, ils enlèvent le chargeur de la mitraillette, le jettent dans un égout, et se débarrassent de l'arme dans un second temps.

Quelques heures plus tard, ils sont arrêtés par les inspecteurs Poret et Ragache. Fin de l'héroïque carrière d'Henri A. et d'Hubert S. dans le milieu du grand banditisme. Carrière qui, il est vrai, n'a jamais vraiment décollé. Heureusement pour eux, ils ont des amis. Un prêtre vient soutenir Henri. Des membres de l'équipe de basket dont il fait partie et ses collègues de travail témoignent à décharge pour Hubert.

Alors que le procureur requiert une peine de dix à quinze ans pour chacun des voleurs, la cour d'assises de la Marne les condamne le 3 février 1953 à cinq ans de réclusion. Pour ces deux pieds nickelés de la cambriole, ce sera long, mais c'est un moindre mal.

Affaire Gilbert L., Courlandon, Warmeriville, Taissy, Champillon, Sept-Saulx, Berru, Saint-Martin-aux-Bois (Oise), Saint-Martin-aux-Champs, Épernay et Reims
Cour d'assises de la Marne, 4 février 1953

D'un tout autre calibre est le dénommé Gilbert L., qui est jugé le lendemain. Henri et Hubert étaient de petits voleurs, des amateurs. Gilbert est une tête brûlée, un irréductible.

L'homme, que ses amis surnomment « Maloute », voit le jour dans une caravane de forains aux alentours de Charleville. Le père est inconnu. À quatorze ans, l'adolescent se sauve de chez lui. Il est placé à l'Assistance publique, qui l'envoie travailler chez un cultivateur. Cela ne dure pas. Il fuit à nouveau. Il fera cela toute sa vie. C'est le moment de l'invasion allemande, de l'exode, du bruit des avions en piqué et des cris des pauvres gens se jetant dans les fossés de la France vaincue. À cette époque, il a seize ans. Pour cadeau d'anniversaire, il écope d'une première condamnation pour vol de bicyclette. La guerre se durcit. Le caractère de Gilbert aussi. Mais dans le bon sens. Il intègre un mouvement de résistance. Participe à des sabotages. Sa conduite est exemplaire. Voilà peut-être le seul moment de sa vie où il pourra fièrement lever la tête. Intervient enfin la Libération. Il repart dans ses errements. Il vole et pille, ici et là. La résistance, c'est à la société qu'il la fait. En quelques mois, il est condamné sept fois ! Sa dernière sortie de prison date de novembre 1947.

Là, il se fait marchand forain. Parcourt les campagnes. Mais son métier n'est qu'un prétexte. Il ne pense qu'à une chose : voler, voler, voler. Il sème la panique dans les villages, laissant derrière lui une odeur de ruine. Le 3 novembre 1947, il est à Courlandon. Il cambriole la famille Hamar, puis M. Lehoguais. Il repart avec 4 000 francs. Et du linge, des machins, des trucs. Partout autour, dans les bois et dans les marais, on retrouve des effets provenant de chez ses victimes. Le 7 novembre, il est chez le laitier Mage, à Taissy ; le 20 novembre, c'est la veuve Hourlier, rue Albert-Thomas à Reims, qui est dévalisée ; c'est ensuite au tour des Leroy et des Mascret, à Warmeriville ; de M. Bouvier, à Sept-Saulx. Il sème la tempête. Puis Gilbert s'arrête à Épernay, à Saint-Martin-aux-Champs, à Berru, de nouveau à Reims. Son plus gros coup, c'est celui de Saint-Martin-aux-Bois. Un pistolet calibre 6 mm et 70 000 francs disparaissent de chez M. Meister ! Ailleurs, il s'empare de linge – encore –, de vivres, de bijoux. Tout a une fin. Même les meilleures choses. Si, bien sûr, on se place du côté de Gilbert. Ses nombreuses victimes respirent quand, le 7 décembre, il est arrêté. Pas trop tôt. Elles vont pouvoir peut-être se faire rembourser, retrouver leurs biens. C'est qu'il était dur à pincer, le forain.

D'autant plus dur qu'il parvient à s'évader un mois plus tard... en sautant du deuxième étage de la prison. Va-t-il disparaître ?

Non. Il a le diable dans la peau, diraient les vieilles Marnaises. Au lieu de se faire oublier, de se terrer dans un trou de souris, il persiste. Et signe. Gilbert L. défonce les portes des maisons Villet et Millet, à Taissy. Saccage tout. Démolit les fenêtres. Tout cela à coups de pioche, à coups de rancœur. Le vol ne le satisfait plus. Il doit détruire maintenant. Cela ne dure pas. Les voleurs qui résistent au temps sont les plus modestes. Lui ne vit que de forfaits et de forfanteries. Il est repris quelque temps plus tard. Et sévèrement gardé. Un spécialiste de l'évasion, ça se couve. On inscrit quatorze vols sur son ardoise. Il va lui falloir la régler, maintenant. La maison ne fait pas crédit.

Et malheureusement pour lui, il y a un petit quelque chose qui aggrave son cas. Gilbert possède un revolver. Qu'il trimballe tout le temps sur lui. Oh ! ce n'est pas qu'il ait l'intention de s'en servir. Mais on ne sait jamais. Il dira au président du tribunal :

« Les agents de police sont bien armés, eux, monsieur le président. »

Naïf ou moqueur ? La réponse ne fait pas de doute. Car il rit, le bougre. Pas les jurés. Verdict : dix ans de prison, suivis de relégation. Il est condamné le jour de la Saint-Gilbert.

À Châlons, comme ailleurs, trois jeunes Arméniens ont passé du temps à dévaliser leurs collègues. Gangsters affirmés ? Non, car ils sont jugés « récupérables ».
(Collection de l'auteur.)

Des Arméniens récupérables

Affaire A. Der Krikorian, J. Khatchadourian et S. Akopoff, Châlons-sur-Marne
Cour d'assises de la Marne, 12 mai 1955

Les trois malfrats qui nous font face sont jeunes. Très jeunes. Mes collègues jurés et moi-même les détaillons des pieds à la tête. Ils ont bien l'allure de petites frappes : costards élégants, propres sur eux, rasés de près et peignés de frais. Le teint mat, les yeux sombres, un brin provocateurs. Ce sont des Arméniens. Le président Henriquet les dévisage, sans mot dire. Puis porte les yeux sur nous, les jurés. « L'avenir de ces petits voyous vous appartient, semble-t-il dire. À vous de faire bon usage de votre pouvoir, à vous de juger. » Bien entendu, aucune de ces paroles ne sort de sa bouche. Mais tel est le message que je perçois. C'est la première fois qu'un tel rôle m'est dévolu. Le hasard. Je ne saurais mettre en cause la chance ou la malchance. Je suis juré. C'est tout. Un instant, je capte le regard du président, puis je me tourne vers les autres jurés. Tous ont un air grave, concentré. Un peu angoissé, aussi. Je devine que l'image que je leur renvoie est la même. On a un boulot à faire. Exécutons-le à fond. Heureusement, ce n'est pas une affaire terrible. Pas de morts, pas de blessés. Seulement du vol. Du recel. Et pour nous, une loi à faire respecter. Une société à protéger.

Le premier s'appelle Der Krikorian. Son prénom est André, mais il aimerait certainement s'affubler du surnom de « magnifique ». C'est un ancien tailleur. Il travaillait à Malakoff... quand il travaillait. On dirait un chanteur de charme particulièrement préoccupé par la symétrie de son nœud de cravate. Le chef, c'est lui.

Deuxième homme sur le banc des accusés, Jean Khatchadourian est plus timide. Moins bien habillé, il paraît presque falot à côté de son complice. Plus ému aussi. Quand le président évoque sa vieille mère qui vit maintenant seule à Asnières, sans ressources, quelques larmes semblent surgir de son regard noir. Larmes qu'il écrase rapidement de ses poings tremblants.

Enfin, Simon Akopoff complète le trio. Si son visage est aussi sombre que celui de ses comparses, il a l'air plus... absent. Un psychiatre confirmera d'ailleurs au cours de l'audience que sa responsabilité doit être atténuée. Il est fort, musclé, athlétique. Mais son cerveau est un peu anémié.

Le conseiller Henriquet nous présente les trois bonshommes, insiste sur le fait qu'ils ont tous vingt-quatre ans, qu'ils sont copains d'enfance. Des pieds nickelés ensoleillés, en quelque sorte. Parlons-en de l'enfance, justement. Je mélange un peu les paroles des uns et des autres, passant parfois d'une audience à une autre, relevant les assertions du procureur de la République, notant les réponses des avocats. En fait, je tente de rationaliser ce que j'ai vu, ce que j'ai entendu. Hiérarchisant tant les faits que mes émotions.

Der Krikorian a perdu sa mère très jeune. Il a été ballotté de foyer en foyer, perdant ainsi ses repères. Il a acquis en compensation une sorte d'hyperactivité qui le porte à monter plusieurs projets en même temps, à tenter d'être en plusieurs endroits simultanément, à courir, à parler. Il est doué, intelligent. Et il se sert de ses qualités en toute honnêteté pour commencer... Puis un peu moins plus tard. Son frère, Léon, qui l'a accompagné pendant toute son enfance, n'a pas vu croître en lui les germes de la délinquance. Pas plus que sa jeune femme, frêle, fragile. Pâle.

Jean Khatchadourian est, lui aussi, un enfant d'Arménie détruit par les événements. Ses parents ont fui très jeunes le pays, après le massacre orchestré par les Turcs. À deux doigts d'avoir la tête tranchée, couchée sur le billot, sa mère n'a dû la vie qu'à un bourreau fatigué qui l'a repoussée du pied avant que la hache la décapite. Ses jeunes enfants venaient d'être tués sous ses yeux. Plus tard, Jean est né. Puis le père est mort. En haillons, sans argent, sans rien, l'enfant a vécu avec sa mère dans la zone, en bordure d'Asnières. Il a rencontré Der Krikorian, partageant avec lui sa misère et sa faim.

Quant à Akopoff, son parcours est sensiblement identique. L'intelligence en moins. Sa jeunesse, il l'a passée seul, avec sa mère. « Ma maman », comme il dira et répétera sans cesse lors du procès.

Le président Henriquet, avec l'aide active du commissaire Mathieu et de l'officier de police Amelot de la brigade mobile de Reims, décortique le système Der Krikorian. Ses premiers vols, il les commet dans la région parisienne. Pourtant, en 1951, quand il commence à fréquenter les marchés, il n'y pense guère. Juste en filigrane. Il s'associe à son vieil ami Khatchadourian. Chacun apporte 30 000 francs. C'est assez pour acheter la marchandise qu'ils iront vendre chaque jour. Acheter. Vendre. Voilà bien ce qui leur plaît. Ce doit être une manière de devenir sinon riche, du moins relativement aisé. Ils ont la mise de départ. Il leur manque un véhicule. Or, Akopoff en possède un. Une traction avant dont il est assez fier. À eux trois, ils entament leur métier de commerçants. Leur vocation est née.

Après de nombreux mois, ils se rendent compte que le travail est dur. Les rentrées d'argent sont plus maigres qu'ils n'espéraient. Le 18 décembre 1951, ils se préparent à se rendre sur le marché d'Autun. Comme beaucoup de camelots, ils s'installent la veille. Il y a déjà une camionnette chargée à bloc. Oh ! ce ne sont pas des lingots d'or qui dorment dans le véhicule. Seulement des pantoufles. Mais il est toujours plus profitable de revendre des marchandises que l'on n'a pas payées. Les Arméniens volent la camionnette, pendant qu'Akopoff suit avec sa traction avant. En bordure d'un chemin, ils transfèrent une partie des pantoufles dans la voiture. Le reste, ils le laissent, par manque de place. Le système Der Krikorian se met en place. Pourquoi agir comme cela ? Pourquoi quitter la voie de l'honnêteté ?

« Parce que c'était facile, répond le jeune homme. Avant Autun, il ne nous était pas venu à l'idée de voler. Les portières de la camionnette n'étaient pas verrouillées... Nous étions sans le sou.

– La belle vie, hein ? dit Henriquet.

– Nous nous étions mis à fréquenter les dancings. C'était devenu notre nouvelle passion. Les 60 000 francs étaient presque entièrement passés dans ce loisir.

– Combien vous a rapporté le vol des pantoufles ?

– Environ 100 000 francs. Il nous a servi à payer les frais que nous avons eus suite à un accident.

– Ah oui ? Comprenez-vous que le commerçant que vous avez volé est au bord de la faillite ? »

En effet, le système d'assurance pour les vols ne fonctionne pas encore. Le pauvre homme qui vient témoigner à la barre explique toute sa détresse.

Forts de cette expérience, les trois compères renouvellent l'opération une fois. Puis deux. Au total, ils agissent sur six marchés différents de la région. Les profits, sans être considérables, deviennent intéressants.

Un jour, le camion qu'ils dérobent tombe en panne. Peu importe, ils mettent la main dans le cambouis et le réparent. Ils repartent avec le véhicule brinquebalant et le butin. Puis, estimant que la région devient dangereuse, ils décident de tenter leur chance ailleurs. Un quatrième larron – un ami complètement innocent – est contacté. Il les accompagne au soleil. À Juan-les-Pins. Quand cet ami se rend compte que les trois associés volent sur un marché, en plein centre de la ville, il se fâche et remonte à Paris. Il ne veut pas être complice de cela !

Malgré son déficit intellectuel, Akopoff réfléchit. Ou peut-être prend-il simplement peur. Quoi qu'il en soit, Der Krikorian veut passer à la vitesse supérieure. Simon les laisse tomber à son tour.

« Je veux travailler avec maman ! »

Peu importe. Les deux rescapés de l'équipe méprisent Akopoff et envisagent le grand coup. Celui qui leur donnera aisance et prospérité. Outre les dancings, André et Jean fréquentent assidûment les cinémas. Leurs préférences vont aux films noirs. Ce qu'ils aiment dans ces films, ce ne sont pas les policiers, mais les gangsters. Ils s'abreuvent de toiles, se gavent de coups tordus, s'intoxiquent de stratégies malhonnêtes. Ils prennent une carte de France et choisissent le lieu de leur exploit. De leur grande œuvre. Ce sera Châlons-sur-Marne. Et les voilà dans la préfecture du département marnais. Ils roulent doucement dans la ville. Ils ont acheté la traction à Akopoff. Soudain, à l'angle de la rue Herbillon et de la rue de la Marne, une belle bijouterie leur tend les bras. Ils roulent encore un peu, histoire de repérer totalement les lieux. Dans le coffre, trois pistolets voisinent avec du matériel de cambrioleur. Les deux bandits attendent la nuit, vont au cinéma. Se délectent d'une poursuite entre gendarmes et voleurs. Et reviennent non loin de la bijouterie. Dehors, il fait froid. Nous sommes dans la nuit du 3 au 4 janvier 1953.

Minuit passe. André et Jean escaladent une clôture. Forcent une serrure. Et se retrouvent dans un jardin qui jouxte la bijouterie. Avec leur matériel, ils s'attaquent au mur. Commencent à desceller une brique. Mais n'est pas gangster qui veut ! Ici, c'est la réalité. Les films, c'est de la romance, de l'imagination. Du vent. Le bijoutier s'appelle M. Banholtzer. Il entend du bruit. Un son précis et régulier. Rien qui ne soit dû au hasard. Il se lève précautionneusement et appelle la police. Deux gardiens de la paix arrivent aussitôt, font le tour de la bijouterie, découvrent la porte forcée et tombent sur les deux apprentis cambrioleurs. Les policiers leur font les sommations d'usage. André Der Krikorian et Jean Khatchadourian laissent choir leurs outils. Ils ne songent même pas à résister. Ce ne sont que des pieds tendres. Des bandits d'opérettes. Ils sont emmenés au poste. Interrogés. Confiés au juge d'instruction. Emprisonnés. Et ils parlent. Peu après, Akopoff est arrêté à son tour. Et incarcéré.

« Je veux rester avec maman ! »

Ça ne va pas être possible. Voilà toute l'histoire.

Le conseiller Henriquet se tait. Le commissaire et l'officier de police ont été précis, efficaces. Mes collègues jurés et moi-même avons suivi avec une attention soutenue ces révélations, vivant chaque parcelle du récit comme si nous y étions, tâchant de comprendre les motivations des uns, la détresse des autres. Car voici le temps des témoins. Les commerçants lésés, d'Asnières à

Malakoff, dont certains ont tout perdu, le joaillier châlonnais, qui a eu la désagréable surprise d'être réveillé en pleine nuit – suffisamment tôt cependant pour ne pas être détroussé. À ce moment, l'avocat de Der Krikorian intervient. Il explique que le bijoutier ne craignait pas grand-chose. La police confirme en effet que, au moment de l'arrestation, les deux malfaiteurs avaient déjà remballé leurs affaires, contrairement à ce qui avait été dit ! Conscients de la difficulté de pénétrer dans la bijouterie, les Arméniens avaient décidé d'abandonner leur casse. Cela minimise fortement leur culpabilité. Je grimace. Qui croire ? Une fois, on nous dit blanc ; deux minutes plus tard, l'affaire est noire. Le tout serait-il gris ?

« Quand nous étions en train de desceller la brique, confirme Khatchadourian, j'ai dit à mon copain : “Te rends-tu compte de ce que nous sommes en train de faire ? Nous sommes fous !”

– Et j'ai répondu, dit Der Krikorian : “Tu as raison ! Viens... partons.” »

Et c'est à ce moment que les deux gardiens de la paix sont arrivés. À quelques minutes, les pseudo-voleurs s'enfuyaient sans le moindre mal.

Apparaît alors un autre larron. Celui-ci se nomme Bezdikian. Arménien lui aussi. Car pour que les vols commis sur les marchés rapportent quelque argent, il fallait bien vendre les marchandises. Et pour cela, la complicité d'un receleur était nécessaire. Voilà tout le rôle de Bezdikian. Ce dernier ne risque pas grand-chose : il est déjà en prison pour de nombreux autres délits. Il est néanmoins durement interrogé par l'avocat, Me Marcepoil, qui veut ainsi dédouaner ses clients.

« Vous êtes dix ans plus âgé que ces gamins. Vous les avez encouragés en achetant leurs marchandises à vil prix. Si vous n'aviez pas existé, ils n'auraient peut-être pas continué sur la pente sur laquelle ils s'étaient engagés. Vous avez aussi procuré un Mauser à Khatchadourian ! On ne donne pas de telles armes à des gosses comme ceux qui sont assis sur le banc des accusés. »

Bezdikian fanfaronne.

La femme de Der Krikorian, timide à en être malade, est convoquée. Elle ne sait que dire. Léon Der Krikorian intervient à son tour. Le frère raconte sa jeunesse. Leur jeunesse. Lui aussi est bouleversé. Et – moment intense entre tous – la vieille mère d'Akopoff vient à son tour témoigner. Elle supplie qu'on lui rende son fils. Comme mes collègues, je suis touché par cette déclaration. Comment juger quand l'émotion vous submerge ? Mais pour contrebalancer cette émotion, je n'oublie pas ce commerçant aux cheveux blancs, lui aussi en larmes, qui, à cause du trio, est complètement ruiné, devant rembourser ce qu'il n'a jamais vendu.

Le lendemain, nous entendons le réquisitoire prononcé par le substitut Bonnefoy – que je qualifierais de bien nommé, tant il fait preuve d'humanité, voire d'humanisme. Puis les avocats entament leur diatribe, longue et passionnée. Quant à nous, il faut composer avec tout cela. Il est déjà tard quand nous nous retirons en huis clos. Un bref instant de silence s'instaure, avant que l'un de nous prenne la parole. Le président nous rappelle les articles du code pénal. L'un d'entre eux stipule qu'une attaque à main armée est punie de la peine de mort. Je frissonne. Doit-on appliquer cette barbarie à ces jeunes Arméniens ? Évidemment, non. Le procureur ne l'a même pas réclamée. Chacun notre tour, nous pesons et soupesons les arguments de la plaidoirie comme ceux de la défense. C'est un peu un jeu d'échecs dans lequel chacun avance ses pions. Certains sont sévères. D'autres plus généreux. J'en fais partie. Lors de ma désignation, mon épouse m'a dit : « Tu ne feras pas un bon juré. Un curé, peut-être. Tu es toujours prêt à pardonner à tout le monde ! » Non. Je pense autant aux victimes qu'aux criminels. Il faut comprendre les uns et prendre en compte la douleur des autres.

« Le coupable principal est sans conteste Der Krikorian, argumente un juré. Il est responsable de ce qu'on lui reproche, et même de ce qu'on reproche aux autres. Il les a entraînés tous les deux. »

Tour à tour, nous prenons la parole, répondant à un argument par un autre, contrecarrant les assertions exagérées par des apaisements, reprenant un point de droit pour l'opposer à un fait, avéré ou non.

« Certes, Der Krikorian est doué et intelligent.

– N'oublions pas que, pour eux, c'était un jeu. Un jeu stupide et dangereux, mais un jeu. Ils se sont rendus compte de leur erreur devant la bijouterie. Au point de reculer devant l'irréparable.

– Est-ce seulement la vérité, et non un effet de manche de l'avocat ?

– Pas du tout. Les policiers ont reconnu qu'ils avaient déjà remballé leur matériel à leur arrivée.

– S'ils ont stoppé leur tentative, c'est parce que le mur était trop difficile à percer. Pas par remords ! Il ne faut pas croire tout ce que ces malfrats ont dit. Ils ont minimisé leur rôle, c'est évident !

– Je suis d'accord pour distinguer les peines des trois hommes. Seul le premier mérite les travaux forcés. Pour les autres, la prison suffira.

– Avec ou sans sursis ?

– N'oublions pas qu'ils ont tous exprimé des regrets pour ce qu'ils ont fait.

– Et rappelons-nous les termes employés par Me Marcepoil : “Je défends Khatchadourian parce qu'il est jeune et que j'aime les jeunes. Parce que la société et un honnête homme doivent tout faire pour récupérer un jeune qui s'est égaré. À celui-là, il faut une sanction... Une leçon, plutôt, mais la peine des travaux forcés serait injuste, inutile et inhumaine.” »

C'est moi qui reprends ces arguments. Le thème de « récupérabilité » de ces petits bandits m'a touché. Oui, ils sont récupérables. Ils ont à peine vingt-quatre ans. Ils ont eu une enfance difficile. De longues peines ne serviront à rien. Il faut qu'ils puissent sortir rapidement de prison pour ensuite travailler et rembourser ce qu'ils doivent.

« Il faut frapper au porte-monnaie, c'est là que ça fait mal ! »

Les jurés hochent la tête. Ils sont convaincus. Il nous faut une heure et demie pour livrer notre verdict : cinq ans de travaux forcés pour André Der Krikorian, cinq ans de prison pour Jean Khatchadourian et quatre années de prison pour Simon Akopoff. En revanche, ils devront trouver 1 million et demi de francs de dommages-intérêts pour les victimes réunies en partie civile. Il va leur falloir en vendre des pantoufles, sur les marchés, pour trouver tout cet argent !

Le vol du fabuleux trésor de la cathédrale de Reims

Affaire C. Liogier, L. Oudin, E. Chardeau et B. Lefèvre, Reims
Cour d'assises de la Marne, 14 et 15 février 1956

25 mai 1825

LA CATHÉDRALE de Reims – la magnifique – est ouverte dès 5 h 30. La nuit fut courte. La ville a été en effervescence toute la nuit. Il fallait se préparer, ne rien oublier. Être à l'heure. La foule, canalisée, entre rapidement mais en ordre dans l'immense bâtiment. Femmes en parure de cour. Hommes en habits à la française ou en uniforme. Les couleurs se jettent à l'assaut des vieilles pierres. Ici ou là, bien rangés, des drapeaux se déploient. Pairs de France et députés s'installent en silence. Conscients de vivre un grand jour. Puis arrivent les ambassadeurs, les princes, les ministres. La famille. Les personnes les plus en vue de l'Europe royaliste. On trouve même un musulman, envoyé de Tunis. Les diamants brillent, en toute banalité. C'est alors que paraît Charles X, le – presque – roi de France. Car c'est bien lui, le héros du jour. C'est sur lui que se portent les yeux du monde entier. Charles va se faire sacrer par l'archevêque de Reims, Jean-Baptiste de Latil. Avec lui, le clergé s'avance. Les prélats sont presque aussi nombreux que les princes. Ils sont vêtus tout aussi luxueusement.

Certains portent des dalmatiques et des chapes superbes. La dalmatique est un vêtement en forme de croix, richement brodé. La chape est une grande cape de cérémonie. Les unes comme les autres sont un cadeau du futur roi. Un cadeau destiné à demeurer *ad vitam aeternam* au sein de la cathédrale de Reims. Charles s'avance, majestueux. Dans quelques minutes, il sera définitivement roi de France.

9 juillet 1946

Monsieur Lamort est sacristain à la cathédrale. Une porte communique entre la sacristie – qui est son repère, qui est sa vie – et une autre salle. Une grande et belle salle. La salle du Trésor. Quand il pénètre dans cette dernière, M. Lamort ne manque jamais de jeter un œil au travers des fenêtres garnies de barreaux. Là, il contemple les jardins de l'ancien archevêché. Il aime les quelques fleurs qui donnent une touche de couleur à cet amalgame d'herbes folles et de pierres éparses. La guerre n'est pas encore très loin, et des travaux encombrent les lieux. Ce jour-là, cependant, ce qu'il aperçoit lui ôte toute envie de se laisser aller à la contemplation. La salle du Trésor est sens dessus dessous. De gigantesques tiroirs gisent sur le sol. Des armoires blindées, puissamment protégées, sont grandes ouvertes. Monsieur Lamort laisse échapper un cri d'effroi. On a cambriolé la cathédrale !

Quelques minutes plus tard, tout le clergé est là. En émoi. L'architecte des Beaux-Arts chargé des travaux, M. Rouge, accourt dès que la nouvelle lui est transmise. Et bien sûr, les services de police, avec à leur tête le commissaire Conso, du 2e arrondissement, sont à pied d'œuvre. Tout autant que sur les dents. Comme cette affaire risque de faire la une des journaux de France dès le lendemain, les personnalités se succèdent toute la matinée dans la salle du Trésor. Le substitut du procureur, le juge d'instruction, mais également le sous-préfet de Reims viennent se mêler aux policiers et aux gendarmes, lesquels sont commandés par le capitaine Villemin. Il est à peine 9 h 30 quand le commissaire Conso rapporte ses conclusions. Les voleurs – ils étaient plusieurs, forcément – sont entrés dans la pièce par le cours Anatole-France. Ils se sont ensuite faufilés dans le chantier qui entoure la cathédrale. Ils ont pu facilement s'y cacher, découvrir une fenêtre laissée ouverte pour assurer l'aération et, à l'aide d'une scie à métaux, sectionner un barreau de la fenêtre. Grâce à des pinces – des pinces-monseigneur dans une cathédrale ! –, ils ont tordu les autres barreaux, puis ont pénétré tout doucement dans la salle. Et mis la main sur le trésor.

Les responsables de ce joyau de l'histoire de France font, en tremblant, l'inventaire de ce qu'il reste… et de ce qu'il manque. L'ornement du sacre de Louis XVI – c'est-à-dire des dessus de bourses rehaussés de pierreries, un voile et un manipule – et surtout les dix chapes et les quatorze dalmatiques offertes par Charles X à l'occasion de son couronnement ont disparu. Il s'agissait d'ornements religieux tissés en drap d'or fin, parsemés de motifs de lys, de blé et de raisins. De véritables chefs-d'œuvre. Manquent également des couronnes et des joyaux en bronze sertis de pierreries. Parmi ces couronnes, celle de Charles X. Une perte inestimable… estimée toutefois à plusieurs dizaines de millions de francs !

10 juillet 1946

L'enquête se poursuit. Les inspecteurs Cocu et Laforgue, de la 12e brigade de police mobile, reprennent l'affaire en main, avec l'aide de M. Conso. Les supputations vont bon train. Bande internationale. Complicité dans les lieux. Connaissance en art. Spécialistes des vols en musée. Participation de receleurs particulièrement malins. Mais ce ne sont que des supputations. Pendant ce temps, les sacristains se hâtent de mettre le reste du trésor en sûreté. Il ne s'agirait pas qu'une autre partie des précieuses pièces disparaisse.

Août 1946

Bernard Lefèvre n'est pas tranquille. L'annonce du cambriolage de la cathédrale l'inquiète. Car il a quelques doutes. Doit-il en parler ? Et à qui ? Il choisit de s'en ouvrir à son beau-père, Lucien Oudin. Celui-ci est un tout petit bonhomme. Presque un gnome. Cela ne l'a pas empêché de faire seize enfants à ses femmes.

« Lucien, tu sais, pour le vol dont tout le monde parle, eh bien, j'ai des soupçons.

– Des soupçons ? Et quel genre ?

– Ton copain, là, le Claudius, l'ami de ta fille. L'autre jour, je l'ai vu. Il sortait de la cathédrale, et il m'a montré un fil d'or enroulé autour d'une allumette. C'est un fil qu'il avait ramené de là-bas. Ça m'a pas fait bonne impression... »

À ce moment, le beau-père éclate de rire. Un rire empreint d'une légère pointe d'alcool. Il attrape son gendre par le bras et l'emmène dans l'escalier. En direction du grenier. Là, il montre à Bernard des ballots. Qu'il ouvre. Le jeune homme est sans voix. Des habits de curés d'une richesse incroyable. Des pierreries. Des couronnes. Tout un tas de machins et de trucs dont il n'a pas la moindre idée d'« à quoi ça sert », mais tout un tas de machins et de trucs dont il a plus qu'une fameuse idée d'« où ça vient ». Le trésor de la cathédrale ! Et, riant toujours, Lucien prend une couronne au hasard. Celle du sacre de Charles X, par exemple. Et la pose sur la tête de Bernard. Lequel se sent tout à fait ridicule. C'est à ce moment que sa mère, la seconde femme de Lucien, arrive et se met à invectiver son mari.

« Lucien, jette ça, ça porte malheur ! »

Le lendemain, le drôle de petit homme martèle les couronnes et les pierreries. Et s'en va les jeter dans le canal. Quant aux ballots de vêtements, il les rend à l'ami de sa fille. Le fameux Claudius.

Pendant ce temps, les policiers se battent et se débattent. Leurs informations sont mauvaises. Leurs pistes sont fausses. Ils n'ont pas le plus petit début de réponse à leur problème. Les voleurs courent toujours.

1954

Ernest Chardeau est en colère. Ce n'est pas la première fois que sa femme le met dans une telle furie. C'est simple, il ne la supporte plus.

Alors ce mécanicien parisien se sert d'un argument, un argument de force qui, paradoxalement, est celui des faibles. Il frappe son épouse. En larmes, celle-ci se sauve du foyer conjugal. Se rend au commissariat le plus proche et dépose plainte contre sa brute de mari. Lequel est interpellé peu après. Devant les policiers, l'homme perd les pédales. Il se sent moche, ridicule. Dit tout et n'importe quoi. Implore le pardon du monde entier. Est prêt à avouer l'inavouable.

« Tenez, pour le vol de la cathédrale de Reims, ce n'est pas ma faute, ils voulaient juste la voiture... »

Voilà comment le hasard finit par donner aux enquêteurs un fil qu'ils n'ont plus qu'à tirer pour avoir la solution de l'énigme. Même si ce n'est pas un fil d'or, il vaut son pesant de cacahouètes ! Le nom des complices ? Ernest serait plutôt enclin à dire que le complice, c'est lui. Les têtes pensantes, ce sont les autres. Il y a Claudius Liogier. Il y a Marcel Neyrinck. Il y a Lucien Oudin. Lui n'était que le chauffeur. Son rôle ? Fournir une camionnette en échange de 20 000 francs. Ni plus ni moins. Quand il a vu les millions qui ont été volés, il a été un peu en colère, forcément. Mais il n'a rien dit... Jusqu'à ce que sa sacrée femme lui en fasse voir de toutes les couleurs.

Il ne faut que quelques heures pour que les trois voleurs soient appréhendés. Enfin, deux des trois. Car Claudius Liogier est déjà incarcéré depuis la fin des années 1940 dans une prison du Nord de la France, pour une autre affaire. Oudin parle. Immédiatement. Les couronnes ont été brisées et jetées dans le canal. On drague. Et on repêche des morceaux de ferraille et des bouts de verre colorés.

« C'est ça, votre trésor ? »

Les policiers interrogent les responsables de la cathédrale. La réponse est positive.

« C'est ça, oui... »

Il apparaît que ce ne sont que des reproductions. Les originaux ne sont plus là depuis longtemps.

« En revanche, les ornements sacerdotaux, bien sûr, ce sont les vrais. La perte est incommensurable ! Des millions et des millions... »

Liogier parle. Un peu. Se contredit sans arrêt. Responsable. Pas coupable. Ce n'est pas moi. C'est Neyrinck. Et Neyrinck commence à parler à son tour. Pas bien longtemps, hélas ! Car le

Claudius Liogier fait un sourire aux journalistes. Mais à l'audience, il passera plus de temps à pleurer qu'à rire de son forfait. Il lui en sera tenu compte.
(*L'Union*, février 1956 ; document de la bibliothèque Carnégie, Reims, BM, PER CH FOL 1.)

voyou ne supporte pas l'enfermement. Il se tue à la prison de Reims, où il est incarcéré. Pour lui, extinction des poursuites.

14 février 1956

Voilà dix années que le vol de la cathédrale a eu lieu. L'affaire était oubliée par bien des Rémois. Pas par la justice.

Le journal *L'Union* se hâte de rafraîchir la mémoire de ses lecteurs. Il présente l'accusé principal. Il est vrai que c'est un personnage, ce Claudius Liogier ! Grand, les tempes grises, portant beau, il est âgé de quarante-neuf ans. Son casier judiciaire est une longue addition. Car, à ce jour, il a déjà été condamné à soixante-cinq années de prison ! Est-ce à dire qu'il y restera jusqu'à la fin de sa vie ? Non, car avec le jeu des confusions des peines, il a pratiquement payé sa dette à la société. Dans quelques mois, Claudius devrait être libre... Ceci, bien entendu, avant le procès qui l'attend. Et pour lequel, il le sait, il risque gros.

Une courte biographie s'impose. Liogier est né à Saint-Étienne. Son père est lui aussi quelqu'un de pas très recommandable. Sa principale nourriture consiste en sept litres de vin qu'il avale quotidiennement. Son activité officielle est celle de maçon. Il arrondit ses fins de mois grâce à quelques grappillages, qui lui valent de temps à autre une visite des gendarmes. Le fils travaille très jeune dans la mine stéphanoise. À dix-huit ans, il décide de suivre les traces peu reluisantes de son géniteur. Il vole. Et se fait prendre. Première condamnation. Premier chiffre dans cet exploit mathématique que sera son casier. Il sort. Il vole. Il sort. Il vole. Mais il ne se contente pas de rester dans la région. *L'Union* ne s'étend pas sur le détail de sa « carrière », mais précise que, en trente années, Claudius fréquente un nombre impressionnant de prisons françaises. D'où il s'évade huit fois ! Pour le journaliste, c'est un véritable Tour de France des compagnons qu'il exécute. Et comme tout compagnon qui se respecte, il doit terminer par un chef-d'œuvre. Qui sera le vol du trésor de la cathédrale de Reims. La boucle est bouclée. Liogier aussi, puisqu'il se fera prendre – certes un peu tardivement. Mais entre-temps, il aura été hébergé dans d'autres prisons, pour d'autres filouteries...

Ce 14 février 1956, ils sont quatre dans le box des accusés. Pas Neyrinck, puisqu'il est mort. Mais outre Liogier, Oudin et Chardeau, on trouve le jeune Lefèvre, qui s'est fait complice par son silence.

Le président Rougier entame le bal judiciaire par Claudius. C'est lui, le suspect n° 1. Le premier sur la liste. Mais la défense du Stéphanois est simple. L'homme ne se démonte pas. Depuis deux ans, il suit la même ligne de conduite. Il n'en démordra pas. Un long dialogue s'instaure. Extraits :

« Qui a eu l'idée du cambriolage ? demande le président.

– Vous savez, cela remonte à dix ans. Avec le temps, je m'y perds ! »

Il est vrai qu'un vol est chose tellement banale qu'on ne sait plus bien qui a fait quoi. Toutefois, la mémoire lui revient.

« C'était Neyrinck, le principal responsable. Il opéra seul. Moi, j'étais resté sur le trottoir, à l'extérieur. Quand j'ai vu qu'il avait sorti tous les ballots, je suis seulement allé dire à Chardeau, qui était resté à quelques centaines de mètres de là, au volant de sa camionnette, de venir chercher la marchandise.

– Et les outils ? »

Monsieur Rougier désigne d'une main l'assemblage hétéroclite qui se trouve sur une table devant lui : une scie à métaux, une pince, un arrache-clous. Toutes choses trouvées à l'intérieur de la salle pillée par les gangsters. Liogier hausse les épaules. Il n'a jamais vu ces outils. Le juge soupire et passe à autre chose.

« On a retrouvé les couronnes – ou plutôt les pseudo-couronnes. Mais on n'a jamais mis la main sur les ornements sacerdotaux. Où sont-ils ?

– Je suis venu chercher les manteaux [c'est comme cela qu'il appelle les magnifiques dalmatiques incrustées d'or] à Reims, où ils avaient été entreposés chez Lucien Oudin. Ils ont ensuite été déposés à Paris, chez un juif.

– Ce juif n'a jamais pu être retrouvé non plus, dit le président.

– Bien sûr, répond Liogier, désarmant, puisque j'étais en prison ! »

D'un air de dire : « Si vous m'aviez laissé dehors, je vous aurais aidés, et on n'en serait pas là. » Il ne manque pas de culot, le Claudius...

Vient ensuite le tour de Lucien Oudin. Qui raconte son rôle de receleur, les ballots dans le grenier, la couronne sur la tête de son beau-fils, la destruction des fausses couronnes. Tout cela avec un rire au coin des lèvres. Il est vrai que les psychiatres le qualifient de « présénile ». Le petit homme ne comprend pas bien les risques qu'il encourt. Rien de bien nouveau. Même chose pour Ernest

Chardeau. Ce dernier n'a eu comme mission que celle de transporter Neyrinck et Liogier.

« Vous n'avez pas cherché à savoir ce que l'on attendait de vous ?

– Monsieur le président, je n'ai pas l'habitude de demander le casier judiciaire de ceux que je transporte. »

Encore un argument imparable.

« J'avais besoin de gagner ma vie. Je venais de me briser le bras. Mes camarades de travail m'ont loué la camionnette pour une petite somme. Liogier devait me rembourser, et, ensuite, j'avais une petite commission supplémentaire sur la cargaison. »

En fait, Oudin en a été pour ses frais. Il a payé la location de la voiture, et se voit menacé de prison. Mauvaise opération.

Enfin, vient le tour de Lefèvre, honnête travailleur, sur lequel tous les renseignements requis sont excellents. Son tort ? S'être trouvé au mauvais endroit au mauvais moment. Avoir joué à Charles X pendant quelques secondes. N'avoir rien dit ensuite. À noter que son avocat est Me Bernard Faupin, qui se fera connaître plus tard par un bel ouvrage consacré à l'affaire de la Grande Jeannette, à Prouilly[1].

Les jurés écoutent et notent. L'affaire paraît limpide. Et elle l'est certainement. En fait, la question que tout le monde se pose est celle-ci : les voleurs ont-ils été volés ? Car, apparemment, aucun d'entre eux n'a retiré le moindre bénéfice de ce casse qui, s'il est spectaculaire et symbolique, ne restera pas comme celui du siècle. En clair, qu'ont-ils dérobé, et pour quelle valeur ? Seul un spécialiste peut répondre. Cet expert, c'est M. Gandhillon, archiviste de la Marne. Un historien de grande classe.

« Les couronnes sont fausses, assène-t-il. S'il s'était agi de couronnes authentiques et non pas, comme en l'occurrence, de simples répliques, leurs branches d'or eussent été creuses et les joyaux légers.

1. *Faupin, Bernard,* L'Affaire de la Grande Jeannette ou le Massacre du moulin de Cuissat, *Éditions Dominique Guéniot, 1996. Voir le chapitre intitulé « Le septième assassin ou l'affaire de la Grande Jeannette » dans* Les Grandes Affaires Criminelles de la Marne, *de Bruno Dehaye aux Éditions De Borée.*

C'est grâce à cette échelle que Liogier et sa bande ont pénétré dans le palais du Tau en tordant un barreau de fenêtre.
(*L'Union*, juillet 1946 ; document de la bibliothèque Carnégie, Reims, BM, PER CH FOL 1.)

– Pourquoi appartenaient-elles au trésor ? », demande alors le président.

L'archiviste sourit, mais ne répond pas. Ce n'est pas à lui de répondre à ce genre de question bien gênante.

« Évidemment, vous êtes conservateur, par conséquent, vous n'êtes pas là pour détruire. »

Le président a de l'humour. L'archiviste sourit davantage. Passons maintenant aux « manteaux ».

« On doit leur reconnaître une double valeur, explique M. Gandhillon. La première, historique, est évidemment inestimable. Pourtant, si on avait à les remplacer, il n'est pas exagéré de penser que la réalisation d'une seule de ces chasubles disparues reviendrait à l'heure actuelle à plus de 2 millions. C'est dans ces conditions qu'en 1952 j'avais estimé à 22 ou 38 millions le montant du vol. Mais, si l'on s'en tient à la seule valeur marchande de la matière précieuse, celle-ci peut être estimée environ entre 500 000 et 600 000 francs.

– Pouvait-on écouler ces ornements tels qu'ils se présentent ?

– Monsieur le président, cela n'entre pas dans mes attributions ! »

Les rires fusent dans la salle. Même le président y va de son petit moment d'hilarité. La question en effet mérite d'être posée à un receleur. Ce que, à l'évidence, M. Gandhillon n'est pas. C'est dans ce climat bon enfant que se termine la première journée du procès.

15 février 1956

Monsieur Méfort est le premier à prendre la parole. Monsieur Méfort est avocat général et, en tant que tel, il demande le maximum pour Liogier. C'est-à-dire dix années de travaux forcés. Pour les autres, il est plus indulgent. Notamment pour Bernard Lefèvre, qui a reçu quelques pierres en échange de son silence. Des pierres qui n'étaient que de simples morceaux de verre teints. Il demande cinq ans pour Chardeau et une peine de prison – à l'appréciation des jurés – pour Oudin.

Maître Odin, l'avocat de Claudius, prend la parole. Brillamment. Il banalise l'affaire. Met en avant la « carrière » non violente de son client. Parle de son expiation. Liogier n'a-t-il pas passé de nombreux mois de prison à sculpter deux bénitiers ornés de feuilles d'acanthe et de fleurs de lys, dont l'un – offert par le voleur – se trouve maintenant dans la cathédrale ? Si cela n'est pas du repentir...

« S'il n'y avait, derrière ce cambriolage, l'image de votre magnifique cathédrale, vous accorderiez la confusion qui lui permettrait d'être libre dans quelques mois. Messieurs les jurés, quelle peine appliqueriez-vous si de semblables faits avaient été commis dans une usine ou dans une dépendance de la gare ? »

Mais le meilleur avocat de Liogier, c'est Liogier lui-même. À sa demande, il prend la parole. Il se lève. Les larmes coulent sur son visage. Il sait parler. D'autant plus qu'il se raconte avec des accents de désespoir que l'on sent sincère. Le voleur en a assez de la prison, assez de sa vie de délinquant. Il ne pense plus qu'à une chose : rentrer dans le rang. Les jurés l'écoutent.

« Si l'on ne m'accorde pas la confusion de cette peine avec une précédente condamnation, cela équivaut pour moi à quelque chose de pis que la mort. Je vais vous dire ma vie telle qu'elle est... »

Et en un quart d'heure, il narre toute une existence de petits délits, une existence gâchée par trente années passées derrière les barreaux. Là, il n'a rencontré que des voyous.

« Je ne pouvais pas me relever. Je n'avais pas de travail. On ne voulait pas de moi. Je n'ai jamais bénéficié de la moindre grâce individuelle. Jamais, jamais on ne m'a tendu la perche. Je vais avoir cinquante ans, et je n'ai vécu que six ans en liberté... J'ai encore une chance ! Quand je me demande ce que j'ai fait, je me dis que je suis honnête. »

Voire...

« Je n'ai jamais porté d'arme. Je n'ai jamais eu de bande. Si j'étais celui que l'on dit, j'aurais tué, comme Pierrot le Fou. Alors je demande que l'on m'accorde cette confusion de peine qui me permettra de sortir au plus tôt. Je ne veux pas mourir dans un asile de vieillards. Je n'ai jamais rien demandé. C'est la première fois. »

Les complices s'expriment à leur tour. C'est plutôt un chuchotement qu'un discours. Mais cela n'a aucune importance. L'essentiel a été dit. Le jury est touché au cœur. Claudius Liogier est condamné à dix ans de travaux forcés. Avec confusion de peine. Au début, le Stéphanois ne comprend pas. Il se penche vers son avocat, qui lui explique la situation. Un large sourire se plaque alors sur le visage torturé de Liogier. Un peu comme un enfant qui découvre son premier Noël. Il est heureux. Enfin. Oudin et Chardeau sont condamnés à trois ans de prison, également avec confusion. Lefèvre est acquitté.

Charles X continue de hanter les travées de la cathédrale de Reims. Son trésor a disparu, mais l'Histoire demeure. L'essentiel est là.

Vitry-le-François possède un très bel hôpital dont voici la cour intérieure. Peut-être que, en raison de son handicap, l'épouse de Georges T. l'a fréquenté quelque temps, avant de se faire sauvagement assassiner...
(Collection de l'auteur.)

Meurtre à la hache

Affaire Georges T., Blaise-sous-Hauteville
Cour d'assises de la Marne, 22 avril 1958

L'HISTOIRE A COMMENCÉ comme ça :

« Donne-moi donc un coup de hache, et tu seras tranquille ! » Et il l'a fait, le Georges. En fait, ce n'est pas un coup, mais deux, qu'il lui a mis, à sa femme. Et maintenant, il est debout, devant le juge, devant les jurés, dans sa gabardine grise, avec ses cheveux argentés, ses épaules tombantes, son dos voûté. Sa mine déconfite. Un pauvre bougre de vacher aux Assises. Voilà ce qu'il est.

Qu'est-ce qui lui manque le plus ? Sa femme ou sa bouteille ? Car c'est encore une histoire de picole, une histoire de misère, une histoire de couple mal assorti qui se présente dans la grande salle rémoise. Cette grande salle qui sent l'encaustique, le tabac froid et les meurtres mal digérés. Une histoire de déchéance. Que connaît-il de la réussite, de la situation sociale acceptable ? Que connaît-il de l'amour ? Qu'a-t-il appris de la vie, Georges T. ? À cette dernière question, il a cependant une réponse : plus ça va, moins ça va... En d'autres termes, plus le temps passe et plus la situation se dégrade.

Il ne l'a pourtant pas entamée bien haut, la vie. Dès l'âge de trois ans, il devient orphelin de père. Sa mère travaille de ferme en ferme.

Georges la suit, forcément. Les cours boueuses, les vaches qui meuglent, le fumier qui suinte sous les chaussures ou qui fume au soleil. Une vie de paysan. Rien de désagréable en soi. Beaucoup en sont heureux, en vivent, ont cela dans le sang. C'est leur truc, la campagne. Georges n'en sait rien. Il est là. Il reste là. Sa mère rencontre un gars, se colle avec lui. Bon. Il n'est pas plus méchant qu'un autre. La preuve, le couple finit par se marier. Le seul problème, c'est les sous. Ou plutôt, l'absence de sous. Alors, l'école, hein, il faut bien l'arrêter, s'en aller travailler. En conséquence, il quitte la salle de classe après le brevet élémentaire et devient fermier. Par hasard. Le village qui accueille le bonhomme s'appelle Blaise-sous-Hauteville. Ici, c'est un plat pays. On ne connaît pas encore le mot « touriste ». Il faudra attendre quelques années pour que, entre Vitry-le-François et Saint-Dizier, le département accouche d'un magnifique lac qui attirera les promeneurs, les autocaristes et les grues...

Georges T. rencontre une fille. Par hasard. Pas très chouette, mais gentille. Céline, qu'elle s'appelle. Elle est sourde. Rien de gênant. La seule chose, c'est qu'il doit hurler pour qu'elle le comprenne. Il apprend à parler fort. Une voix de basse, grave et puissante. Qui contredit un peu son allure générale de bonhomme effacé. La jeune femme est rapidement enceinte. Que faire ? Comme les autres. Se marier. Celle-ci ou une autre. Donc il se marie. Travaille à la ferme. Mais un peu, pas trop. Car il n'est pas très courageux. En poussant un peu, on pourrait même dire qu'il est carrément paresseux. C'est fatigant, les travaux des champs. En revanche, lever le coude, ça, il sait. Et plus le temps passe, mieux il le fait. Et un verre, et deux, et trois. Et un litre, et deux, et trois. Dans ces « bons » jours, il engloutit jusqu'à six litres quotidiens. Ça permet de vivre dans un brouillard ouaté, de ne voir du jour qu'un soleil voilé, de ne sentir de la pluie qu'une humidité persistante. Et de ne voir de sa femme – qu'il aime pourtant, il l'affirme, et on peut le croire – qu'une silhouette floue, presqu'absente. Assez pour ne pas se faire casser les pieds. Naturellement, ça joue sur la fameuse situation sociale... Fermier, ce n'est pas mal. Mais à cause de son incurie, il devient métayer. Encore une fois, c'est acceptable. À condition de ne pas trop exagérer... Malheureusement, il exagère. Il y a bien quelques jours où il descend à deux litres. Mais pas en dessous, non. Donc on dégringole encore. Georges T. devient vacher. La déchéance. On y est. Quand on pense que, au début, il a été conseiller municipal dans un petit village de Haute-Marne. Avant de déchoir. Avant de sombrer.

Et puis, il y a tout de même des choses qui énervent. Céline, sa femme, par exemple. Une bonne gamine. Même si, après trente ans de mariage, on n'est plus de première jeunesse. Pas fainéante… tant qu'elle bosse à l'extérieur. Ah ! chez les autres, rien à redire. Céline donne satisfaction, est appréciée, ramène des sous. Mais à la maison, c'est autre chose ! Fini. Rien à en tirer. La baraque est dans un état de saleté repoussante. Jamais elle ne donnera un coup de balai, jamais elle ne passera la serpillière. Et la nourriture ? On n'y touche pas non plus. Ça, c'est du domaine de Georges. S'il veut manger, qu'il s'occupe des repas.

« Après tout, dit le juge qui interroge le meurtrier, c'était elle qui fournissait l'argent dont vous aviez besoin pour vivre ? Vous pouviez faire un effort, non ? »

Pour toute réponse, un haussement d'épaules. Puis un mouvement de révolte.

« Je travaillais, monsieur le président, j'ai toujours travaillé ! »

Le président grimace.

« Les témoignages… Les témoignages… »

Il hésite. Ou joue un rôle. Et dit :

« Il paraît que vous étiez parfois des jours sans rentrer chez vous, tellement saoul que vous étiez incapable de marcher.

– Je n'avais pas de foyer. Elle me faisait des scènes tous les jours, elle contrôlait tout ce que je faisais. »

Le 11 novembre 1956 – anniversaire de l'armistice, jour où l'on doit déposer les armes –, Georges est dans sa cuisine. Il fait froid. La cuisinière réclame son dû. Alors le vacher coupe du bois. À genoux, sur le carrelage cabossé, il fend. Tac, tac. Un coup après l'autre. Debout, près de lui, malgré sa petite taille, Céline le domine. Pas si souvent que son mari est plié devant elle. Sentiment de puissance, d'impunité ? La brave femme – car c'en est une – le toise et crie. Pourquoi ? Nul ne s'en souvient, pas même Georges. D'ailleurs, la cause n'intéresse pas le président. Elle crie, simplement. Dans son brouillard alcoolisé, Georges entend cette voix aiguë lui tomber dessus, lui reprocher n'importe quelle broutille. C'est un torrent. Des mois et des mois de rancœur s'échappent par flots de sa petite bouche. Les mots ne sont pas bien prononcés. La surdité déforme la parole. Georges lève ses yeux glauques sur le visage rouge écarlate de son épouse. Il ne réagit pas. Il baisse de nouveau les yeux et fend le bois. Il a envie de boire du café, et pour cela, il faut du feu. Et pif, et paf. Une gifle suivie d'une seconde. Ébahi, Georges T. regarde Céline que rien n'apaise. Il se met à hurler, lui aussi.

« Me ficheras-tu la paix ?

– Oui, donne-moi un coup de hache, et tu l'auras ! »

Et il le fait.

La cognée, avec son long manche, est d'un maniement facile. Georges lève le bras, le bras vengeur, et abat la lame sur le crâne de Céline. Le fer y entre comme dans du beurre. Du beurre battu de rouge. Le sang gicle. La femme s'effondre. Mécaniquement, Georges assène un second coup.

« Celui-là est bien inutile », constate le président.

Céline T. est morte. Georges garde son calme, comme distancié de lui-même. Il pose l'outil devenu arme, s'essuie les mains sur son pantalon élimé et quitte la maison. Il se dirige vers un endroit qu'il connaît entre tous : le café de Blaise-sous-Hauteville. La patronne lui propose un verre, comme d'habitude.

« Non, je veux simplement téléphoner. »

Elle lui montre l'appareil, gros insecte de Bakélite qui trône sur le comptoir. Il compose un numéro et dit :

« La gendarmerie ? Il faut venir me chercher, je viens de tuer ma femme. »

Il se présente, raconte un peu son histoire et raccroche. Toujours avec calme. La débitante de boissons, abasourdie par tant de flegme, lui dit :

« C'est tout ce que ça vous fait ?

– Que voulez-vous, j'ai fait une bêtise. Ça devait arriver... »

Un an et demi plus tard, le réquisitoire de M. Bonnefoy n'a rien d'un cri de vengeance. Il ne propose même pas le tarif maximum pour ce meurtre impardonnable – comme tout meurtre.

« L'alcool ? Il n'est pas responsable. La vraie coupable, c'est la vie de Georges T. Cette lente déchéance qui fatalement devait arriver à un point de non-retour. À force d'abandons et de refus,

Effondré, Georges T. se demande ce qui a pu lui passer par la tête pour tuer à coups de hache son épouse handicapée.
(*L'Union*, 23 avril 1958 ; document de la bibliothèque Carnégie, Reims, BM, PER CH FOL 1.)

le criminel a lui-même forgé son destin. Et en même temps, celui de sa femme. »

Car la vie du bonhomme n'est qu'une lente descente aux enfers. À un moment, on touche le fond. Et l'instrument de ce fond n'était rien moins qu'une hache.

Maître Lelarge, en phase avec son vis-à-vis, décrit l'immense solitude de Georges. Seul dans sa terne existence, face à une épouse avec qui il ne parlait pratiquement jamais, du fait de sa surdité, du fait de « c'est comme ça, et pas autrement ». T., c'est un homme de la ville transplanté à la campagne, un homme qui voulait voir la foule et qui n'a rencontré que le vide. Et tout cela, pendant quarante-huit ans.

Les jurés ne sont pas d'un autre avis. Pourquoi accabler un criminel qui est avant tout un compagnon du malheur ? Ils estiment que cinq années d'emprisonnement suffiront à éponger sa dette envers la société. Celle-ci s'en accommodera bien. Et peut-être bien que sa femme en fera autant...

Le vieux contumax italien

Affaire Angelo Fiaschi, Reims
Cour d'assises de la Marne, 25 mai 1959

LA COUR D'ASSISES est en ébullition. Crimes odieux ? Menaces sur le tribunal ? Disparition d'un témoin clé ? Affaire politiquement délicate ? Non. Rien de tout cela. La cour d'assises est en effervescence parce que ce jour, 25 mai 1959, la réforme entre en application. Alors, pour commencer, le président a choisi une toute petite affaire. Pas bien saignante, pas bien compliquée. Juste histoire de se roder. Un vieux crime impuni qu'il faut faire payer à un vieux bonhomme qui – pour simplifier les choses – ne parle pas un mot de français. Enfin, qui fait croire que...

La réforme, d'abord. Le code de procédure était bien empoussiéré. Il fallait faire le ménage. De commissions en réunions, les experts ont mis au point une nouvelle formule. Après bien des tergiversations, il est temps de mettre en œuvre les nouvelles dispositions. Allons-y. Tout commence par le tirage au sort du jury. Avant la guerre, il y avait douze jurés. Après la Libération, le nombre est passé à sept. La nouvelle loi en impose neuf. Un juste milieu. Le tirage au sort, qui avait lieu dans la chambre du conseil, se passe désormais en direct. Le président y procède au début de l'audience publique. À ce moment, peuvent intervenir les récusations. Avant cette réforme, le greffier lisait l'acte d'accusation en son entier. On se souvient de longues séances pendant lesquelles l'homme déclamait page après page les faits reprochés aux accusés. Son rôle se borne dorénavant à exposer sèchement les chefs d'accusation. On gagne du temps. Quant au dossier d'accusation, qui était jusqu'alors entre les mains du président, il se trouve dès maintenant entre celles, accusatrices, de l'avocat général. Ledit dossier est d'ailleurs récupéré en fin de débat par le greffier. La Cour et le jury n'y ont plus accès, sauf accord express de la défense et de l'accusation. Enfin – ce n'est pas un détail –, les accusés ne sont plus entourés par des gendarmes, mais par des gardiens de la paix. Voilà en quelques mots les nouveautés instituées par la réforme. Voilà ce qui perturbe cette nouvelle session des Assises de 1959. Voilà ce qui justifie le retard avec lequel commence l'audience. Il faut revoir les fondamentaux et ne pas faire d'impairs. Sinon, les risques de recours en cassation seront élevés.

Bien, se dit le président. Tout est en place. Un peu de retard n'a jamais fait de mal à personne. C'est le quart d'heure rémois, célèbre et systématique. Allons-y. Travaillons, travaillons.

Pendant ce temps, Angelo Fiaschi marine dans l'antichambre. Se demandant à quelle sauce française il va être mangé. Les gardiens de la paix qui l'entourent ne disent mot. Il est vrai qu'ils ne parlent pas italien. De temps à autre, ils regardent leur montre. Et poussent un soupir d'ennui. Soudain, on leur fait signe. Ils se lèvent, font signe au vieux bonhomme de les suivre. Et pénètrent dans le tribunal.

La cour d'assises nouvelle est arrivée. Le président regarde son pupitre, qui lui paraît désespérément vide. Il jette un œil sur celui de l'avocat général et soupire. Le représentant du ministère public pose une main sur le dossier et laisse entrer l'accusé d'un air dubitatif. C'est un petit homme vieux, chauve, tout ridé et voûté qui s'assoit sur le banc d'infamie. L'Italien ne donne cependant pas l'impression d'être si mal en point que cela. Son regard est malicieux, vif. Et roublard. Qu'y a-t-il donc dans ce dossier d'accusation qui fasse que cet homme se retrouve entre deux gardiens de la paix ? L'avocat général ne l'ouvrira pas. Il le connaît par cœur.

Tout comme le président. Tout comme l'avocat. Il s'agit simplement d'une affaire de gros sous. Une affaire qui, des années plus tard, ne ressortira pas des Assises. L'Italien est accusé d'avoir fait une banqueroute frauduleuse. Il n'y a pas mort d'homme !

Tout commence en 1920. À cette époque, Angelo Fiaschi traverse les Alpes. C'est le moment où les Italiens aident à la reconstruction de la France, où la main-d'œuvre étrangère est la bienvenue pour relever le pays des cendres dans lesquelles l'ont précipité les batailles meurtrières de la Grande Guerre. Pour Angelo, c'est un peu différent. Il vient en France moins pour donner un coup de main que pour fuir son pays. Car voyez-vous, Fiaschi est un fasciste. Et Mussolini n'est pas encore au pouvoir. Certaines prises de position un peu radicales ont fait que, pour lui, il valait mieux mettre les Alpes entre sa personne et son pays.

Angelo exerce le beau métier de cordonnier. Il monte son petit commerce à Longwy. Le démonte peu après – des ennuis financiers, certainement, et un manque de considération de la part de ses compatriotes, qui voient en lui un filou. Et en remonte un second à Reims. Il semelle, ressemelle, cloue, taille dans le cuir. Et dans son compte en banque, les traites s'accumulent. Les rentrées potentielles ont le défaut justement de n'être que potentielles. En 1934, il a 43 francs sur son compte. Et son actif se monte à 3 000 francs. Or, il doit plus de 170 000 francs à ses créanciers.

Angelo Fiaschi est en banqueroute. Qui plus est, frauduleuse. Car le fisc, qui lui tombe sur le dos, prouve bien que les dettes étaient savamment orchestrées. Une enquête est ouverte. On creuse un peu dans son passé. On interroge quelques Italiens de France comme d'Italie. Et on découvre que sa passion fasciste n'est pas le seul motif de sa fuite. Déjà, quand il habitait la péninsule, il avait eu maille à partir avec le fisc transalpin. Déjà, il avait détourné de l'argent. Angelo Fiaschi est un récidiviste. Que lui reste-t-il à faire ? Aller en prison ? Pas son genre. Le cordonnier laisse ses enfants – qui ne se sont pas faits cordonniers – à Reims et s'enfuit en Belgique. De là, il regagne l'Italie – enfin fasciste –, qui le laisse tranquille avec ses problèmes financiers. On ne met pas en prison un fier soutien de Mussolini !

C'est par contumace qu'il est jugé en 1936. Le juge décide de lui octroyer un certain nombre d'années de prison – que les archives journalistiques n'ont pas chiffrées. Peu importe, Angelo a disparu. Pas de prison… Mais pas d'enfants. En effet, il y a un revers à cette médaille. Pendant de longues années, Fiaschi ne peut les voir, leur parler. Il semble que des courriers s'échangent de temps à autre. Puis la guerre arrive. Italiens et Français se fâchent. Se réconcilient. Cinq années qui changent le visage de l'humanité. Cinq années qui changent son âme. Le temps s'enfuit. La jeunesse aussi.

En 1959, Angelo a quatre-vingt-trois ans. C'est un vieil homme. Ses enfants lui écrivent une longue lettre. Dans laquelle ils lui assurent que son crime français est désormais prescrit. Condamné en 1936, il peut revenir en France depuis 1956. Fiaschi est heureux. Il va revoir les siens. Il passe la frontière. Se rend immédiatement dans une administration pour se faire établir des papiers réguliers… et se fait arrêter dans la foulée. Car ce que les enfants ne savaient pas, c'est qu'en terme de prescription, la guerre compte pour du beurre ! Cette malédiction suspend le temps de la justice. Pour effectuer le bon calcul, il faut donc ôter les longs mois d'occupation, les longues années vécues sous la botte ennemie, sous le joug totalitaire. Angelo Fiaschi est revenu trop tôt !

Qu'à cela ne tienne. Il se rend au tribunal – il n'a pas le choix, les Assises, ça ne se refuse pas – et déclare qu'il ne comprend pas un mot de français. On lui octroie un interprète. Soit. Alors, c'est la mémoire qui fait défaut. Il y a si longtemps ! Le conseiller Chapart l'aide à fouiller au plus profond de lui-même, se fait scaphandrier. Peine perdue. Le traducteur, avec une mine contrite, ne peut que dire :

« Je ne me souviens de rien. Il y a si longtemps ! »

L'avocat général, le procureur Davenas, pour sa part, se mue en mathématicien. Enfin, il essaie.

« Si l'on considère le prix des chaussures en 1934 et celui de 1959, les sommes dues sont terriblement importantes. On peut estimer la valeur des biens détournés à une dizaine de millions de francs 1959. »

Parle-t-il en anciens ou en nouveaux francs ? Personne n'y comprend rien. Pas même Fiaschi. Un plaisantin note que, si le vieil Italien a l'âge des carpes, il est aussi muet que ces poissons d'eau douce. Peut-être les hommes de justice auront-ils plus de chance en faisant venir à la barre les deux personnes avec qui Angelo travaillait, ces deux personnes qui lui laissaient le cuir en dépôt pour qu'il le vende sur les foires, ces deux personnes qui ne retrouvaient jamais en fin d'année l'argent dû. Là aussi, le sort s'acharne sur l'accusation... et vient en aide au contumax. Car ces deux vendeurs de cuir sont morts depuis belle lurette. Et le syndic de faillite ? Mort. Et l'expert ? Mort. Et le comptable ? Vivant. Bien qu'un peu chevrotant. Celui-ci ne peut que confirmer que Fiaschi tenait très mal ses comptes et qu'il ne se présenta jamais au syndic. Il y a donc banqueroute simple et banqueroute frauduleuse.

L'avocat, le bâtonnier Henri Lelarge, ne dit pas grand-chose. Il attend son heure. Qui ne tarde pas à arriver. Le procureur requiert cinq ans... avec sursis. Maître Lelarge demande une indulgence pleine et entière. Le jury condamne le contumax italien à une peine de deux ans de prison avec sursis. Il serait étonnant que, à quatre-vingt-trois ans, Angelo Fiaschi se relançât dans la cordonnerie et fît une nouvelle banqueroute.

Le vieux bonhomme repart tranquille, en paix avec lui-même, avec ses enfants... et avec la justice française. Et la justice – française en général et rémoise en particulier –, forte d'un peu plus d'expérience dans ses nouvelles prérogatives, peut se lancer dans des débats plus complexes.

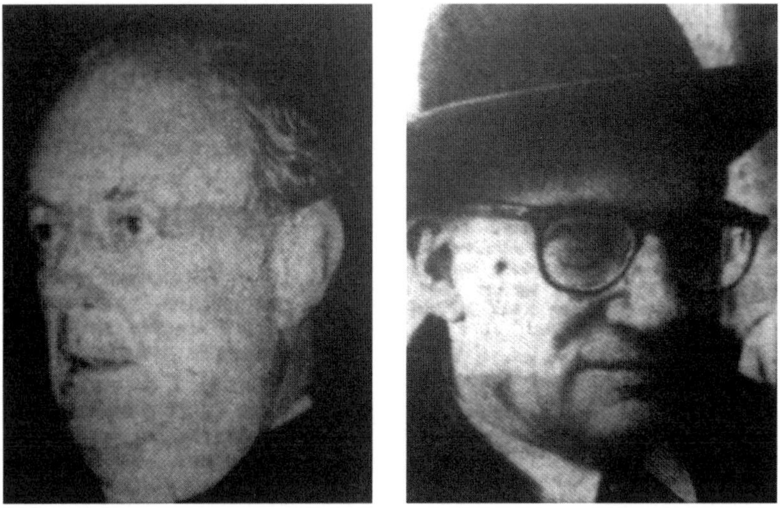

Les deux monstres sacrés du barreau s'affrontent : à gauche, Me *Isorni ; à droite, M*[e] *Floriot. L'enjeu : la vie d'un homme.*
(*L'Union*, octobre 1968 ; document de la bibliothèque Carnégie, Reims, BM, PER CH FOL 1.)

Duel au tribunal

Affaire Joseph K., Châlons-sur-Marne
Cour d'assises de la Marne, 1er-5 octobre 1968

CONTRAIREMENT À ce que l'on pense souvent, le mot « duel » n'est pas étymologiquement lié à la racine latine *duo*, qui a donné le chiffre « deux ». « Duel » vient de *duellum*, qui signifie « guerre, combat ». Et c'est tout à fait en ces termes que l'on peut appréhender la session de la cour d'assises de Reims qui juge l'affaire K. Un combat, une guerre, un affrontement terrible entre deux grands noms du barreau. D'un côté, Me Floriot, qui plaide pour la partie civile ; de l'autre, Me Isorni, qui défend Joseph K. En ce 1er octobre 1968, une bataille de titans se prépare.

Le 8 décembre 1967, la nouvelle fait le tour de Châlons à la vitesse de l'éclair. Une petite fille a disparu. Elle s'appelle Marie-Claude. À 18 heures, elle est près de la cathédrale. Quelques instants plus tard, elle n'y est plus. On ne sait pas où elle est. Elle a été enlevée ! La police quadrille la ville, cherche sans compter ses heures. Les témoins affluent. Hélas ! le corps est retrouvé au fond du canal. Marie-Claude est morte.

Qui a pu faire cela ? Qui s'est livré à cette sinistre tâche ? Qui a tué une petite fille innocente, a commis le pire du pire, est devenu un assassin innommable ? Les hommes de la police judiciaire interrogent plus de cinq cents personnes. Des témoins fantaisistes, des personnages clés, des gens qui connaissent des gens qui connaissent…, des lointains cousins, des proches. Parmi ceux-ci, un certain Joseph K., maçon taciturne d'origine polonaise, âgé de trente-six ans. Rapidement, les policiers se rendent compte que le bonhomme n'est pas net. Conscience tranquille, droit dans ses bottes, voilà qui est indéniable. Mais l'emploi du temps est… un peu confus. Pis, les éléments se liguent contre lui. L'un après l'autre, ses arguments sont balayés d'un revers de main, cassés, réduits à néant. Aucun de ses alibis ne tient. Pas de doute, Joseph K. est coupable… Enfin, presque.

L'homme habite à Châlons, impasse de Saulx. Face à sa maison, se trouve celle de la famille G., famille dont la petite Marie-Claude est du même âge que le fils K. De ce fait, il n'est pas rare que Joseph K. transporte la fillette dans sa voiture pour la mener à l'école. Bougon, réservé, Joseph est un ours au milieu des hommes. De fait, il n'attire pas la sympathie de prime abord. Pourtant, les gens n'ont rien à lui reprocher. Dans sa jeunesse, il a fait un peu de boxe. Il faisait partie du Ring olympique champenois, inscrit dans la catégorie des poids légers.

Sa femme, désespérée, ne voit qu'une seule issue : faire appel aux services d'un ténor du barreau. Un nom lui vient à l'esprit : Me Jacques Isorni. L'affaire fait grand bruit en France. La partie civile, la famille G., n'a d'autre solution que de contacter elle aussi un grand nom : ce sera Me René Floriot. Quand, au tout début d'octobre 1968, s'ouvre le procès de Joseph K., la foule se presse dans le tribunal. Seulement, on ne sait pas très bien si elle a à l'esprit le calvaire de la petite Marie-Claude, la douleur d'une famille, ou le sens du spectacle qui ne manquera pas d'avoir lieu. Car les deux avocats sont des monstres sacrés, des pointures, des vedettes du monde judiciaire. Le risque est que le malheur de ces pauvres gens soit relégué en arrière-plan. Peut-être… Mais l'essentiel est que la justice passe. Qui sont ces deux hommes qui se présentent face à face ? La vérité peut-elle sortir de leur *mano a mano* qui ne manquera pas d'être terrible ?

La parole est à l'accusation. René Floriot. Né en 1902, à Paris, Me Floriot est un bourreau de travail. Il connaît chaque dossier jusque dans ses moindres détails. Rien n'est laissé au hasard. Son nom est mêlé aux grandes affaires criminelles de ces dernières années. Comme chaque homme doit être défendu, il se charge en 1949 du cas d'Otto Abetz. Ce dernier a été ambassadeur d'Allemagne à Paris. Il a participé à la mise en place de la collaboration des Français avec l'armée allemande. A été partie prenante dans la déportation des juifs. Un criminel de guerre. Maître Floriot, avec savoir-faire, lui évite la mort. Abetz est condamné à vingt ans de prison, puis libéré en 1954.

Autre cas d'école, autre procès retentissant : celui du docteur Petiot. Malgré une plaidoirie de six heures, l'avocat n'arrive pas à éviter la guillotine à son client. Il est vrai que celui-ci était coupable de vingt-sept meurtres ! Il reste que cette plaidoirie est un cas d'école, une somme dans la somme de ses interventions... Un autre procès hante les hautes sphères suisses : celui de l'avocat Pierre Jaccoud, accusé d'avoir tué un homme pour une sordide histoire de mari trompé. Jaccoud, qui avait défendu Rita Hayworth lors de son divorce avec Aly Khan, est condamné à sept ans de prison. Floriot lui a évité le pire.

Mais René Floriot ne défend pas que les fripouilles. Il essaie également de sauver la veuve et l'orphelin. En l'occurrence, il accepte de représenter la famille G. à l'occasion de la sinistre découverte du corps de Marie-Claude. Se faisant réquisiteur à la place du procureur, il reprend les éléments prouvant la culpabilité de Joseph K.

K. prétend être passé sur un chantier de son patron, à Pierry, le soir du meurtre ? Prétexte pour se trouver sur le chemin de Marie-Claude. K. va voir son voisin G., le soir de l'enlèvement, et se lamente amèrement sur la mort de sa fille. Or, à ce moment, le corps n'a pas encore été retrouvé. La voiture de K. est repérée près de la cathédrale de Châlons à l'heure où la fille est aperçue vivante pour la dernière fois. Un jeune garçon reconnaît et la voiture et le numéro d'immatriculation. K., qui ne s'occupe jamais des tâches ménagères, a lavé lui-même son pull-over le 8 décembre dans la soirée, après s'être enfermé dans la cuisine. K. a été reconnu comme ayant importuné une autre fillette, quelques mois avant cette malheureuse affaire. K. affirme avoir rencontré son employeur – chez lui ! – à cette même soirée. Imagination débordante... Sobrement, méthodiquement, Me Floriot assène coup après coup. En face, Joseph connaît les affres du boxeur qui se fait assommer, au bord du chaos. Poussé à bout par l'avocat, K. proteste, tente d'expliquer, s'embrouille. Et conclut, exaspéré :

« Vous en faites des salades ! »

D'un sourire ironique, Me Floriot rétorque à l'accusé :

« Chacun sa spécialité. Moi, j'ai fait les salades, et vous, les crimes... »

Floriot jubile. Il tient la main. Mais il n'est pas seul... Car Me Isorni veille.

Jacques Isorni. Ce grand homme est un avocat dans l'âme. Défendre, défendre, toujours défendre. Il plaide pour les communistes pendant la Seconde Guerre mondiale. Il plaide pour les collabos après cette guerre.

« De quel côté étiez-vous pendant la guerre ? lui demande-t-on.

– J'étais du côté des prisonniers. À la Libération, les prisonniers ont changé. Moi, je suis resté du côté des prisonniers. »

Peu importe l'idée. Ce qui compte, c'est qu'elle ait voix au chapitre. Il prend ainsi la défense de Robert Brasillach, qui sera fusillé en 1946. Et il devient peu après l'avocat du maréchal Pétain. Son arme ? L'éloquence... Avec emphase, effets de manches, sanglots dans la voix, larmes – de crocodiles ou non –, il plaide comme au théâtre. Le pouvoir judiciaire n'en est-il pas un des lieux privilégiés ? Il quitte le barreau en 1951 et entre en politique. Il est le seul à proposer une loi – évidemment rejetée – contre la peine de mort. Puis il revient à ses amours. Défend l'un des cadres du putsch des généraux. Et passionne la France entière en prenant à bras-le-corps le cas du Marnais Joseph K., présumé meurtrier de la petite Marie-Claude.

Jacques Isorni assiste en bouillonnant comme mille marmites aux envolées pourtant calmes de son confrère Floriot. Puis, quand vient son tour, il lâche ses chevaux. Maître Floriot mène aux points. Lui veut un K.-O. Il reprend tout depuis le début, convoque les policiers, les uns après les autres, et met au jour une enquête bâclée, des témoins non enregistrés, des procès-verbaux incomplets, voire inexistants. Le boulot des enquêteurs n'a pas été fait correctement. Le sien le sera. Au commissaire Brisset, il dit :

« Ainsi donc, les déclarations capitales ne font pas l'objet de procès-verbaux ! »

Peu importe si les déclarations en question sont capitales ou non – parfois, il s'agit de simples détails –, mais le but est bien d'impressionner les jurés. L'avocat attaque le juge, car le professeur chargé de l'examen du pull et de la chemise de K. brille par son absence à l'occasion de ce procès.

« Comment, c'est un témoin capital, c'est le témoin capital, et il n'est pas là ! »

En effet, le rapport signale qu'il n'y avait nulle trace de sang sur les vêtements.

« Il n'est pas croyable que la chambre d'accusation passe sous silence le rapport d'un expert qui exonère mon client de sa culpabilité ! »

Après la voix douce et calme de Floriot, le ton volontairement agressif de l'avocat a de quoi surprendre. Il s'en prend à la petite fille qui a accusé K. d'avoir tenté de la séduire, deux ans avant le meurtre de Marie-Claude.

« Depuis, cette fille a accusé son propre père de l'avoir violée ! L'affaire vient de se terminer par un non-lieu. La fillette n'était qu'une fabulatrice. »

Peu à peu, l'avocat contre les témoignages, les ravale au rang de simples péripéties, détruit les présomptions – pourtant fortes. Il reprend l'instruction à lui tout seul. Maître Jacques Isorni est persuadé de l'innocence de son client. Il veut gagner. Ce n'est pas pour rien qu'il a enfilé de nouveau sa robe. Il doit lui faire honneur. Et il crie, et il hurle, et il supplie.

« Il fallait un coupable, c'était devenu la nécessité de l'ordre. À partir de cette nécessité, la course au coupable s'organise. Mais c'est à cet instant qu'un certain nombre de défaillances se produisent et que se monte le mécanisme de l'erreur judiciaire, car l'opinion s'impatiente. »

Et pour mettre en avant ce spectre de l'erreur judiciaire, il brandit un livre, un best-seller qui a justement pour thème les erreurs judiciaires en France. Un livre que tout le monde connaît, que tout le monde reconnaît. Car ce livre a été écrit par… Me René Floriot. Isorni reprend :

« La police est de bonne foi à ce moment-là, mais elle n'a pas de preuves. On arrête K. parce qu'on pensait qu'il était coupable, et on va chercher les preuves pour justifier son arrestation. C'est alors qu'on va renverser totalement la loi française. Car on ne dit pas à K. : “Voilà pourquoi vous êtes coupable.” On lui dit : “Prouvez-nous que vous êtes innocent.” On dit ça à un petit ouvrier polonais qui ne boit pas, qui ne fait pas d'excès de vitesse, qui compte ses sous pour se construire une petite maison, à un Slave renfermé par nature. Alors on construit autour de ce garçon un personnage qui n'est pas le sien… Tout ce qu'il dit se retourne contre lui. S'il a de la mémoire, il est coupable ; si sa mémoire défaille, il est encore coupable. C'est le héros du *Procès* de Kafka. »

Il enfle la voix :

« Le procès K., c'est l'affaire Dreyfus du droit commun ! »

Et il termine à bout de souffle, en sanglots étouffés. Oui, Me Isorni en pleure de rage :

« K. est innocent ! Libérez-le, messieurs les jurés, libérez vos consciences. »

Que pouvaient-ils faire d'autre ? Il n'y a ici qu'une alternative : la mort ou la liberté. La première nécessite une certitude absolue… Certitude qui n'existe pas. Alors ce sera la liberté. En larmes, dans les bras de son avocat, Joseph K. apprend qu'il est acquitté. Il répète et il répète encore :

« Je suis innocent, je suis innocent. »

Le soir même du 5 octobre, il est dans les bras de sa mère, dans les bras de sa femme. Il est innocent. La justice l'a dit.

Et Marie-Claude ? Et la détresse des parents G. ? Maître Isorni n'oublie ni l'un ni l'autre. Quelques jours plus tard, il reprend l'affaire à son compte, rédige un mémoire de dix-neuf pages et demande au garde des Sceaux de rouvrir l'instruction. Un autre combat se prépare. Maître Jacques Isorni reprend les armes.

Michèle et Yvon B., croqués par le journaliste Daniel Pellus.
Pourquoi ces deux-là ont-ils laissé périr leur jeune enfant ?
À qui la faute ?
(*L'Union*, juin 1969 ; document de la bibliothèque Carnégie, Reims, BM, PER CH FOL 1.)

Mort de faim

Affaire Yvon et Michèle B., Vitry-le-François
Cour d'assises de la Marne, 25 juin 1969

L'ACCUSATION EST TERRIBLE : privations d'aliments et défaut de soins à un mineur de moins de quinze ans ayant entraîné la mort sans intention de la donner. Et cette accusation pèse sur les épaules de deux parents, Yvon et Michèle B. Pendant des semaines et des semaines, ils ont laissé leur enfant agoniser. Mort de faim à douze mois, au troisième étage d'un immeuble confortable, sans soucis. Au milieu d'appartements aux locataires faciles, agréables, sans soucis. Le drame a eu lieu dans le quartier du Désert, à Vitry-le-François.

L'incompréhension règne au sein des Assises de la Marne. Les questions sont nombreuses. La faute aux parents ? Certainement. Mais sont-ils vraiment des monstres ? Et les services sociaux ? N'auraient-ils pas dû intervenir avant l'issue fatale ? Avaient-ils seulement connaissance du problème ? Eh bien, oui, les assistantes sociales savaient... Mais ne mélangeons pas tout. Dans une affaire de ce genre, il ne faut pas partir dans tous les sens. Ne pas incriminer les uns pour ensuite immédiatement accuser les autres. De la méthode. De la circonspection. La Cour est là pour cela, justement. Déterminer les responsabilités. Le président marque les esprits d'entrée. S'il y a eu des défaillances ici ou là, c'est à voir. Mais ceux qui ont laissé mourir l'enfant, ce sont bien Yvon et Michèle B. C'est leur faute. C'est leur procès.

La famille B. a cinq enfants. Cinq enfants qui forment deux groupes. Le premier, le meilleur, est composé des trois aînés. Ceux-là sont acceptés – aimés est peut-être un mot légèrement trop fort ? Le second groupe est constitué des deux cadets, les moins que rien aux yeux des parents. Philippe a trois ans. Laurent a tout juste un an. Ou plutôt, il avait tout juste un an. Car maintenant, il est mort. Les victimes, les martyrs, les souffre-douleur, ce sont ces deux petits. Philippe ne doit la vie qu'au fait d'être un peu plus âgé, d'être un peu plus fort. Et d'avoir été sauvé par le médecin qui a alerté les services sociaux.

Deux mondes coexistent dans cet appartement bien tenu. Les pièces essentielles, et principalement la salle à manger, sont celles où vivent les trois premiers enfants du couple. Ici, tout est propre, net, bien rangé. Les enfants y mangent chaque jour. À leur faim. Les visiteurs peuvent les voir, leur parler. Constater la totale normalité de la famille. Et puis, il y a les chambres des deux petits. Sales, repoussantes. Sans air, sans lumière. Volets toujours fermés. Chacun a la sienne. Chacun a son bagne, sa prison.

Michèle B. n'a que vingt-cinq ans. Un peu empâtée à cause de cinq maternités successives, elle a le visage épais, caché par des cheveux filasse qui lui tombent sur les yeux, sur les joues. Elle baisse la tête. Ne laisse rien passer dans un regard inexpressif. Apathique. C'est à seize ans que cette fille de marinier rencontre Yvon. Elle tombe immédiatement amoureuse... et enceinte. Lui, à cette époque, a vingt ans. Ils se marient deux ans plus tard.

Yvon est maigre, long. L'air maladif. Il apparaît sans caractère aucun. Peintre de métier, il se contente de faire des enfants à sa femme et de ramener la paie chaque semaine. Pour le reste... Laurent ? C'est tout juste s'il sait que c'est son enfant... Il ne le voyait jamais ! Dans le ménage, c'est Michèle qui gère. Qui décide. Qui organise. D'ailleurs, c'est elle qui prévient le médecin, le 1er avril 1968, quand elle s'aperçoit que leur dernier enfant ne bouge plus. Le docteur appelé au chevet du petit Laurent – quel autre épithète que petit ? – s'appelle M. Tzancoff. Il est atterré ! Il fait peser le maigre cadavre. Car l'enfant est déjà mort. Il ne pèse que deux kilos et quatre cents grammes. À sa naissance, il accusait un poids de trois kilos ! L'homme de l'art refuse de délivrer le certificat d'inhumation. Exige qu'on appelle la police. Et attend la venue du commissaire Cossu, lequel ne manque pas d'avoir un mouvement d'horreur quand il entre dans la chambre. L'odeur est insoutenable. Les lieux sont repoussants. Les parents sont incarcérés sans attendre. Les enfants, placés en foyer. Heureusement pour Philippe, qui était au bord du gouffre. Dans sa chambre, on a retrouvé des clous et des vis. Pour quel motif ? On ne saura jamais. Le corps de Laurent, qui n'est véritablement plus qu'un squelette, est confié au légiste, le docteur Fresneau. Catégoriquement, le médecin affirme que l'enfant est mort de dénutrition et de déshydratation. Voilà plusieurs semaines que le petit garçon n'a pratiquement rien avalé. Les défauts de soins remontent à de nombreux mois. C'est un véritable assassinat !

Madame B. confirme bien à l'instruction qu'elle n'aimait pas son dernier enfant :

« Parce qu'il n'était pas gros... Au début, je m'en suis occupée. Mais j'en avais marre des grossesses ! »

Elle avait tellement peur de tomber enceinte une sixième fois qu'elle s'est mise en contrepartie à haïr Philippe et Laurent. C'est en novembre 1967 que ce dernier commence à dépérir. Elle appelle le docteur Tzancoff, qui trouve l'enfant faible, certes, mais encore en bonne santé. Il lui prescrit des médicaments. Que la mère ne donne pas... Elle ne les achète pas. Elle n'envoie pas les ordonnances à la Sécurité sociale. « Par manque d'argent », explique-t-elle.

« Je voyais l'enfant à chaque fois dans la salle à manger, dit le médecin. Jamais dans la chambre. D'ailleurs, quand j'étais là, la poignée de la porte de cette chambre était enlevée. »

Quant au manque d'argent, est-il réel ? Oui, bien entendu. Car elle empruntait beaucoup aux voisins. Pour soigner ses enfants, alors ? Non. Pour s'acheter des toilettes. Pour mettre de l'essence dans sa voiture, qu'elle prenait chaque jour pour se promener ici ou là. Ou – c'est un comble – pour mener plusieurs fois par semaine à Châlons sa voisine, qui allait visiter à l'hôpital son enfant malade ! Pendant ce temps, les siens croupissaient dans des immondices.

Le docteur Tzancoff est triste. Il ne pressentait pas une telle fin. Pourtant, quelques mois auparavant, un de ses patients, M. Lhomond, était venu le voir. C'est le voisin de palier de la famille B. Et il venait le consulter pour tirer la sonnette d'alarme. Il lui dit :

« J'ai aperçu à la fenêtre de mes voisins un visage d'enfant. Un visage famélique, malheureux. Très affaibli. Il faut faire quelque chose. »

Monsieur Tzancoff comprit tout à coup que cela allait trop loin. Aussitôt, il alerta les services sociaux. À la barre, M. Lhomond déclare :

« Il ne fait aucun doute que si les techniciens avaient fait leur travail, cet accident ne se serait jamais produit. Si les assistantes sociales étaient entrées dans l'appartement, elles se seraient rendu compte. »

C'est la vérité. Pleine et entière. Seulement, ces personnes ne possèdent pas de mandat de perquisition. Elles n'ont que le pouvoir de demander, de solliciter. Pas de pénétrer de force chez les gens. Or, les B. ne les ont certainement pas laissé entrer. Certainement... Car, de cela, Michèle ne dit rien. Les « techniciens », comme dit M. Lhomond, n'auraient-ils pas dû faire le forcing ? Et les employées de la Caisse d'allocations familiales n'en disent pas plus. À chaque question qu'on leur pose, elles répondent :

« Nous sommes couvertes par le secret professionnel ! »

L'une d'elles dit encore :

« Je ne peux rien dire, je ne veux pas que mes déclarations soient interprétées à charge ou à décharge. »

Le docteur Tzancoff tente de les exonérer.

« Leur rôle ne consiste pas à être là toutes les trois heures pour donner un biberon. »

Le tribunal ne saura donc pas tout à ce sujet. Une pétition a été faite contre les services sociaux. Or, personne n'est capable de la montrer aux jurés. Elle a disparu. Il faudra se contenter d'une réponse de Normand. Y a-t-il une part de responsabilité dans les agissements – ou dans les non-agissements – des assistantes sociales ? Peut-être bien que oui, peut-être bien que non. Une certitude existe tout de même : la mère d'Yvon n'avait pas le droit de voir l'enfant. « Je n'y allais pas à cause de ma bru. Je n'ai vu Laurent que deux fois : à sa naissance et à l'âge de deux mois. Cela ne lui plaisait pas. Elle ne m'ouvrait pas la porte. Et quand je lui demandais des nouvelles, elle me répondait : "Il dort." »

Que faire face à tant d'inertie ? Et le fils ? Yvon ? Alors qu'on le présente comme un modèle de travail, un bon père, un homme digne – victime de sa seule faiblesse –, cet homme reste de marbre face à la mort de son fils.

« Mais votre enfant est mort d'inanition !

– Peut-être bien, monsieur le juge... »

Peut-être bien ! Est-ce une réponse ? En tous les cas, c'est la sienne. Il n'ira pas au-delà. Et cette autre question :

« Saviez-vous que vous aviez un cinquième enfant ? »

On sent ici une ironie. Une ironie mordante, mais empreinte de tristesse.

« Vous savez, je rentrais à la maison le samedi soir, et je repartais le lundi matin.

– Combien de fois avez-vous vu votre enfant ?

– En premier, souvent. Dans les trois derniers mois, je ne l'ai pas vu. »

Le procureur se fâche à son tour. Contre les parents, mais aussi devant la banalisation de l'affaire. Car il n'y a pas que les B. qui restent cois.

« Quand j'étais procureur à Lorient, j'ai eu un jour à accuser un paysan qui avait martyrisé son chien. J'ai reçu en ce temps-là quatre cents lettres indignées par jour. Pour Laurent, il n'y a pas eu une seule lettre de protestation. Rien qu'une pétition des habitants de Vitry-le-François, rédigée d'ailleurs huit jours après la découverte du crime. En tant que représentant du ministère public, je me dois de le déplorer. »

Qu'est-ce que cela change ? Rien.

L'avocat y va également de ses accusations. Mais pas contre les B., bien sûr. Maître Libmann tente de détourner l'attention sur d'autres. Les assistantes sociales, cela va de soi. Mais aussi les voisins. La famille. Puis le bâtonnier de conclure :

« Ne séparez pas ces deux êtres qui s'aiment. »

Qu'est-ce que cela change ? Rien.

Yvon B. est condamné à huit années de réclusion criminelle. Michèle en prend pour douze ans. Douze années pendant lesquelles elle ne pourra pas utiliser sa voiture pour s'en aller prendre des nouvelles des enfants des autres…

Le village de Saint-Thierry a connu l'horreur en plein été 1970.
C. et sa bande ont enlevé un homme pour le tuer
à coups de matraque et de poing.
(Collection de l'auteur.)

La brute de Saint-Thierry

Affaire Jean C., Pierre M., Michel D. et D., Saint-Thierry
Cour d'assises de la Marne, 29 septembre 1971

« MA CHÈRE MAMAN,

« Encore un an à tirer. Encore un an à supporter cette horrible prison. Tu connais mes repentances, mes remords. Mes regrets. Chaque jour qui passe ajoute une couche de désespoir au désespoir qui est le mien. Mais chaque jour qui passe ouvre une porte à l'espoir. Aujourd'hui, c'est mon anniversaire. Pas celui de ma naissance, bien entendu. Mais celui de ma sortie. Celui de ma renaissance. Les anniversaires, je les compte à rebours. J'attends avec impatience le moment où je pourrai te serrer dans mes bras, toi, ma petite maman que j'aime tant et qui me le rend bien. Qui n'a jamais douté de moi, même quand j'habitais les profondeurs de la délinquance. Mais j'ai bien changé. En grande partie grâce à mes lectures. Et à l'écriture. Dans un an, jour pour jour, je serai dehors. Bien décidé à vivre une autre vie. Pense dès à présent à m'acheter une machine à écrire. Car c'est bien par cela que je veux exister. L'écriture. J'aurai tellement de choses à dire. Des nouvelles. De la poésie. Des romans. Peut-être des romans noirs. Je connais déjà tant de la noirceur et de l'ombre ! Depuis une semaine, j'en côtoie d'ailleurs un bel exemple. Mon nouveau compagnon de cellule est une brute sanguinaire. Une masse de muscles sans cervelle. Il me fait peur. Mais il ne s'en est pas encore pris à moi. Tranquillise-toi. Je fais attention. Je lui parle gentiment. Et je le fais parler. Les types de ce genre deviennent doux comme des agneaux quand on leur montre de l'intérêt. Je lui ai demandé de me raconter sa vie. Ses malheurs. Car il en a eu, assurément. Voilà pourquoi je vais te raconter son histoire. Je m'en servirai plus tard. Dans un de mes livres. Car il y en aura. Ton fils veut devenir écrivain, ma petite maman. Je veux que tu sois fière de moi.

« Jean C. est un assassin. Je ne sais pas comment on devient un assassin, maman. Un voleur, oui, je sais. J'en suis la preuve honteuse. Mais ôter la vie, ça... Quelqu'un a dit : “Chez les assassins, le monde se partage entre les durs et les mous.” Je suppose qu'il y a d'un côté ceux qui tuent par peur, par désespoir. Par accident. Et ceux qui le font parce qu'ils aiment cela. Des convaincus. Des prédateurs. J'ai la triste impression que mon Jean fait partie de la deuxième catégorie. C'est un dur, ce bonhomme. Il fait peur, je te l'ai déjà dit. Il a une grosse tête carrée, un cou de taureau, un corps d'ours mal léché. Et ses yeux ! Petits, porcins, rapprochés. Un nez écrasé. Il a l'air buté, abruti en même temps que malin. Mais malin seulement pour faire le mal. Il est totalement inculte. Pourquoi m'ont-ils mis avec un gars comme lui ? Apparemment, par manque de place. Mais c'est provisoire, m'a-t-on dit. Heureusement. C'est un Breton. Il est né le 11 novembre 1941. Je lui ai dit que, moi, j'étais né un 12 novembre. Ça l'a fait ricaner. Mais un ricanement qui me prenait en sympathie. Il y a des petits détails qui lient. J'ai peut-être trouvé la faille. Il est fils de fermier. De fermier alcoolique. Son père est brutal. Lui, Jean, a quinze ans, suit la voie du père. Il se met à taper sa mère. À boire beaucoup. Un jour, il casse une armoire à coups de hache. Un autre, il poursuit sa sœur avec un fusil chargé. Il faut voir comment il me raconte ses exploits. L'extase. À dix-huit ans, il subit sa première cure de désintoxication. Peu après, il se dit mêlé à une affaire de viol. Mais il ne m'en raconte pas plus. Ensuite, il fait son service militaire en Algérie. Est démobilisé et échoue à Reims. Là, il épouse une demoiselle D. Le frère de la demoiselle deviendra plus tard un de ses complices. Jean continue à boire. Environ trois litres de vin par jour. Un besoin. Il fait de temps en temps un peu de prison. À cause de sa violence.

« Parfois, mon compagnon d'infortune se tait et regarde le mur. Comme si on avait débranché quelque chose. Puis il repart. Je lui pose des questions sur ses complices. “Des enfants de chœur !” Il répond cela d'un air méprisant. Ils sont trois. D'abord D., son beau-frère. Qu'il méprise tellement qu'il ne l'appelle jamais autrement que D. Pas de prénom, rien. Juste D. Il y a ensuite Michel D. Jeune homme de vingt ans, influençable. Petit gamin tout rose. Il appartient à une famille de douze enfants. “Sa mère lui disait toujours de ne pas me fréquenter !” Cela fait rire Jean. Enfin, il y a petit Pierre. Pierre M. Un gamin qui vient tout juste d'avoir vingt ans, lui aussi. Il est le quatrième d'une famille de quinze gosses. Il travaillait à la Verrerie de Reims. Un gars bien gentil, membre de la J.O.C., la Jeunesse ouvrière chrétienne. Tout comme D., le beau-frère, d'ailleurs. “Je me demande ce que des gars comme ça faisaient avec moi”, ricane Jean. “Certainement une force d'attraction de ta part.” La flatterie, ça marche aussi.

« Je demande donc à mon “colocataire” de me parler du crime. Il me regarde d'un drôle d'air. Je crains un instant qu'il s'emporte. Peut-être suis-je allé trop vite. Mais non. Car sa face de brute s'allonge soudainement. Il a l'expression sereine. Content de lui. Cet imbécile continue de croire qu'il fallait avoir du cran pour faire ce qu'il a fait. Maman, ne jamais devenir comme lui ! Cela s'est passé le 15 juillet 1970. Les quatre bonshommes se promenaient dans Reims. De bistrot en bistrot. Pourtant, ils n'étaient pas ivres. Ils avaient bien bu ici ou là, mais sans excès. Pour quelqu'un comme Jean, il en faut bien plus pour le mettre en vrac... “Non, me dit-il, j'avais simplement envie de faire du mal à quelqu'un.” Les mousquetaires du crime entrent dans le café du boulevard de la Paix. Là, Jean C. repère sa proie. Ce sera un pauvre Arabe sans travail, sans domicile fixe, sans attache. Un pauvre hère de quarante-six ans qui n'est rien de plus qu'un clochard. Mais rien de moins qu'un homme. Il s'appelle Aït Ali Yahia. C'est un Kabyle. Une bourgeoise du quartier le regarde régulièrement faire les poubelles du coin. Il fait partie des meubles. Ce soir-là, l'Arabe consomme tranquillement dans un coin retiré du bistrot. Certainement une petite pièce arrachée à un passant charitable.

C. jette un œil féroce sur Aït Ali Yahia, se tourne vers ses copains et leur dit : “Les dix mois de prison que je viens de faire, c’est à cause de lui... Je me suis battu avec ce gars, et j’en ai pris pour beaucoup ! On va lui faire sa fête.” Les trois jeunes hommes ont tout gobé. Bien entendu, toute l’histoire est un tissu de mensonges. Cette bête féroce a simplement envie de s’amuser, de se “faire un Arabe”. Bêtise, méchanceté. J’appellerai cela, ma chère maman, “de l’incompétence à vivre”. Tu me trouves féroce ? Tu sais pourtant que je suis contre la peine de mort... Mais ce... Tu vois, je ne trouve pas de mots. Je m’emballe, je m’emballe. Continuons.

« Les quatre hommes s’approchent du Kabyle. Et l’entraînent dehors. Là, le premier à lui donner un coup, c’est Pierre M. Il sort un pistolet à air comprimé et abat la crosse sur la tête du clochard. La crosse se casse en deux. Le cuir chevelu s’ouvre. Le sang coule. Peu importe. Les gaillards embarquent l’homme dans leur voiture et quittent Reims à toute allure. Direction, l’ouest. Ils arrivent à Saint-Thierry. Au mont Berté. Sans ménagement, ils sortent Aït Ali de la voiture, le traînent sur le sol. C’est à ce moment que les trois complices de Jean comprennent qu’ils sont là pour tuer. Pas seulement pour donner une correction, pas seulement pour faire peur. Pour tuer ! À coups de matraque, à coups de poing, ils tapent. Michel D. frappe tellement fort qu’il se fait mal à un doigt. Les quatre hommes deviennent fous. Seul Jean C. conserve son sang-froid. À un moment, il écarte les trois autres, sort un couteau. Et égorge Aït Ali Yahia comme on égorge un mouton. M. dira au juge : “J’ai entendu les flots de sang s’échapper...” Il est désormais trop tard. Les voyous sont devenus des criminels.

« Le cadavre est retrouvé le lendemain. Pour brouiller les pistes, Jean et ses amis ont pris le portefeuille de l’Arabe – qui contenait bien peu de chose – et son peigne. Ceci pour retarder l’identification du corps. Mais les policiers ont une intelligence un peu plus développée que celle de Jean. Je suis bien placé pour le savoir ! Rapidement, l’identité de l’homme est connue. Son quartier d’attache. Le café qu’il fréquentait quelques jours auparavant. Et l’entrée des mousquetaires du crime dans ce même café. Jean C., Pierre M., Michel D. et le beau-frère D. sont arrêtés. Voilà, ma petite maman, tu connais toute l’histoire, toute l’horrible histoire.

Après, il y a bien eu une bataille d'experts. Mais de cela, Jean la brute ne sait pas trop m'en parler. Responsable ? Irresponsable ? Débile ? Pas débile ? Tout ça, ça le fait bien rire. Il ne regrette rien, le bougre. Jean est condamné à la réclusion perpétuelle. Pas à cause de ces fameuses circonstances atténuantes qu'il n'obtiendra pas, mais du fait que le crime est qualifié de meurtre, et non d'assassinat. La différence subtile que l'on fait entre l'un et l'autre tient à la préméditation. Un meurtre n'est pas prémédité. Un assassinat, si. Les trois autres passeront entre cinq et sept ans de leur déjà triste vie en prison. Un peu plus que moi.

« Ma petite maman, mon histoire est terminée. Fasse qu'elle ne t'empêche pas de dormir.

« Ton fils qui t'aime et qui t'embrasse. »

Une bagarre à coups de fusil ne peut que se terminer en ces lieux : le palais de Justice de Reims, siège de la cour d'assises de la Marne.
(Collection de l'auteur.)

La fusillade de la rue de Souyn

Affaire Jean-Pierre D. et Joël J., Reims
Cour d'assises de la Marne, 25 septembre 1973

L'ARGENT OU LE SEXE, la haine ou la peur, l'amour ou la jalousie. Voici quelques raisons – mauvaises, toujours mauvaises – qui peuvent expliquer un meurtre. Mais il y en a une autre. Aussi moche, aussi absurde. C'est le racisme. Le racisme ordinaire, bête, méchant. Idiot.

Le 30 décembre 1971, l'avenue du Général-de-Gaulle à Reims s'appelle encore la rue de Souyn. C'est la veille de la Saint-Sylvestre. Le temps est à la fête. Le temps est à la boisson. Pour certains, tous les ingrédients sont réunis pour préparer la nouvelle année. Pour d'autres, ils le sont pour préparer un drame.

Plusieurs étapes sont nécessaires à la venue de l'irréparable. La première a pour acteur un certain Clément D. L'homme regarde la télévision chez sa sœur, Mme N., au numéro 3 de la rue de Souyn. Les nouvelles y défilent en noir et blanc. Près de lui, se tiennent Mme N., Jean-Pierre D., son neveu de vingt-deux ans, et Joël J., pensionnaire de la maison depuis très longtemps, âgé de vingt-quatre ans. L'émission se termine. À moins que tonton Clément ne soit plus en mesure de la regarder. Il a beaucoup bu. Il est près de 10 heures du soir. Il doit regagner son appartement, situé non loin de là, au numéro 41 de la rue de Venise. Clément D. sort. Marche sur le trottoir. Tout du moins, essaye. Car il titube passablement. Au point de heurter un jeune homme qui se trouve sur son chemin. Un Tunisien. Mohamed H. a vingt-cinq ans. Il habite un foyer situé rue Jules-Siegfried. Au risque de se répéter, c'est le temps des festivités. Or, Mohamed rentre d'un pot de fin d'année organisé par le magasin où il est manutentionnaire. Il a un peu bu. Comme Clément. Il titube aussi. Quand les deux hommes se rencontrent, se tamponnent, ils ne s'excusent pas mutuellement. Ils grognent. Échangent quelques insultes. C'est bête, non ? Joël entend les cris au-dehors. Délaissant la télé, il sort et sépare les deux hommes. Le manutentionnaire reprend son chemin. L'incident est déjà oublié.

L'oncle D., lui, n'oublie pas. Il est rancunier. Il est bagarreur. Il aime l'adrénaline qui monte dans les reins quand les discussions s'échauffent, le choc des poings sur les visages, le souffle des hommes qui se battent. Il crie :

« Viens, si t'es un homme ! »

C'est une phrase que l'on entend souvent dans les cours des écoles primaires. Seulement, Clément D. n'est pas un gamin. Joël prend peur. C'est la deuxième étape.

« J'avais peur de l'Arabe. J'avais peur pour Clément », dira Joël J.

Mohamed, voyant la tournure que prennent les événements, prend peur à son tour. Car il a vu une chose : Joël est rentré dans la maison. Et il en est ressorti avec une carabine. Le manutentionnaire a bien raison d'avoir des craintes. Le jeune a pris la peine de bourrer la 22 long rifle de cartouches. Mohamed court et rentre dans son foyer. Clément, voyant cela, rentre à son tour dans la maison de sa sœur. Il s'affale sur un canapé. Il ne ressortira pas. La mèche, la poudre, c'était lui. L'explosion, ce seront les autres. Parce que l'histoire ne s'arrête pas là. Le Tunisien ressort. Accompagné de huit ou dix de ses amis. Des Tunisiens, des Algériens. Des Arabes.

Joël est face à cette meute. Il a peur. Il ne les aime pas. Il lève la carabine et tire. En l'air. Lui aussi veut faire peur. Il tire. Toutefois, peut-être ne lève-t-il pas assez la carabine. Car deux Arabes sont touchés. Abdelkader K. s'effondre, genou gauche brisé. Abdelkader S. tombe à son tour, genou droit partiellement endommagé. Voyant cela, Joël rentre au numéro 3 de la rue de Souyn. La troisième étape peut se mettre en place. Crescendo.

C'est le neveu qui sort. Jean-Pierre D. Et pas par hasard. Car il a dans les mains la carabine que Joël J. a déposée à la maison. Jean-Pierre fait face aux Nord-Africains. Il pose un genou à terre. Épaule la carabine. Vise posément. Appuie sur la détente.

Sa vie était-elle en danger ? Peut-on considérer son geste comme un mouvement de légitime défense ? Il est vrai que les Arabes sont presque dix, et que lui est seul. Mais deux des leurs sont déjà allongés sur le sol, blessés, terrorisés, apeurés. Mais les autres reculent, ne pensent plus qu'à rentrer dans le foyer. Mais Mohamed H. ne se contente pas de reculer, il fuit, il fait demi-tour, il tourne le dos. Mais Mohamed H. a une chemise blanche. Mieux qu'une cible. Bien sûr, Jean-Pierre dit qu'il ne vise pas, qu'il ne souhaite pas la mort. Peut-être dit-il la vérité. Qui peut savoir ce qu'il se passe dans la tête d'un homme écrasé par la pression, par la colère, dépassé par les événements ? Il tire et Mohamed H. tombe à son tour, une balle fichée dans la nuque.

La veille de la Saint-Sylvestre, à Reims, tourne au cauchemar. Deux blessés et un mort.

Le 25 septembre 1973, les avocats se battent à leur tour, mais sur le terrain du droit. Ainsi que sur celui de l'histoire personnelle de Jean-Pierre D. On apprend que l'homme a déjà une vie difficile, qu'il est broyé par une fatalité terrible. La chance, il ne sait pas ce que c'est. Il est condamné à huit ans de prison. Quant à Joël J., lui aussi tributaire d'une enfance et d'une vie particulières, il est condamné à trois ans de prison, dont une grande partie avec sursis. Ayant déjà purgé une part de sa peine depuis Noël 1971, il pourra ressortir libre.

Comme pour la plus grande partie de ces affaires criminelles, le qualificatif que l'on peut attribuer à celle-ci est un mot simple et définitif : un gâchis...

« Champagne Connection »

Affaire Michel M., Nadège D., Laurent P., Eddy L., Yvon C., Catherine A., Jacques et Janny H., etc., Fismes et Reims
Tribunal correctionnel de Reims, 15-17 octobre 1985
Affaire Michel M., Nadège D., Jacques et Janny H., etc., Châlons-sur-Marne
Cour d'assises de la Marne, 28 octobre 1985

« FISMES-LA-BLANCHE », « Fismes-la-Camée ». Impossible, surréaliste, incroyable ! Quoi, cette charmante commune, calme, reposante, « une ville à la campagne », comme dirait Alphonse Allais, serait au cœur d'une sordide histoire d'héroïne ? Allons, les Delon, Gabin et Blier, c'est à la télé qu'ils passent. Ce n'est pas « pour de vrai ». Et pourtant, la foudre tombant sur chacune des têtes des habitants de cette petite ville n'aurait pu faire plus de bruit. Le vendredi 22 juin 1984, la une du journal *L'Union* explose dans chacun des foyers fismois. « Reims : les millions de la drogue ». Sous ce titre, apparaît en grand format la photo d'un magasin fréquenté par de nombreuses Fismoises : celui de Nadège D., qui possède à Fismes l'enseigne *Emmanuelle.* Vêtements et lingerie fine. En réalité, héroïne, braquage et trafic de bijoux. Car si ce trafic, qui alimente toute la France, est bien né à Reims, c'est à Fismes qu'il se peaufine, c'est à Fismes qu'il s'impose.

Les policiers de l'Office central de répression du trafic illicite des stupéfiants sont ravis. Épuisés, mais heureux. Un an de travail, un an de labeur incessant, de planques, de demandes de renseignements, d'infiltrations, d'espoirs envolés. Un an de filatures, de routine, de découragements, d'espoirs retrouvés. Puis le soulagement survient, et, en même temps, l'étonnement. Car plus qu'une simple affaire de dealers, les policiers débusquent un vrai réseau. Un gros et grand réseau.

Commençons par le début.

Le 19 mai 1983, un homme sort de prison. Neuf ans qu'il y était. Cet homme, c'est Michel M., condamné par la cour d'assises de Seine-et-Marne pour une affaire – déjà – de stupéfiants. Il s'était fait prendre en se débarrassant du cadavre compromettant d'un drogué victime d'une overdose. Un militaire qu'il trimballa à travers trois pays pour le balancer sur le parking d'un supermarché hollandais. Cela s'était achevé entre les quatre murs lépreux d'une prison. Dès sa sortie, les policiers savent que cet homme recommencera. C'est un dur. Un truand à l'ancienne. Alors ils le pistent. Lui et les dizaines de personnes qu'il rencontre. C'est qu'il en connaît, du monde, « l'Américain ». Oui, « l'Américain ». C'est son surnom...

D'abord repéré à Reims, Michel M. déménage et s'installe à Fismes le 1er avril 1984. Ou plutôt, y installe sa maîtresse. Pour ce faire, il lui achète un petit commerce, un magasin de vêtements qu'elle baptise du nom sulfureux d'*Emmanuelle*. Depuis des années, le film érotique éponyme cartonne au box-office. Cela s'appelle, maintenant, surfer sur la vague. Ce commerce de lingerie fine – lingerie fine de luxe – est acheté 470 000 francs. Cash. Dès l'ouverture, on peut voir en vitrine des fanfreluches sexy, des sous-vêtements en soie et en dentelle, des déshabillés à 1 100 francs, des combi-shorts à 700 francs. Tout cela sur la place de la Résistance, lieu central du commerce fismois, plus habitué aux boucheries, bazars, marchands de vélos et autres... drogueries qu'aux tenues affriolantes, voire affolantes, qui sont offertes en pâture au badaud. Et puis, la coutume étant la coutume, Nadège et Michel inaugurent leur commerce comme il se doit. Avec champagne et petits fours. Invitant tous les commerçants fismois, le maire... et le commandant de gendarmerie. Rien de tel pour asseoir son honorabilité et son standing. Nadège et Michel M. – qui se fait appeler Michel D., du nom de son amie – entrent ainsi de plain-pied dans la vie fismoise. Ils en profitent pour faire connaissance avec deux sympathiques bijoutiers, déjà bien installés à Fismes, connus et appréciés de tous : Jacques et Janny H.

Mais ce standing, justement, n'échappe pas aux policiers, qui ont – toujours et encore – l'œil sur Michel. Et dorénavant sur sa femme. Car le train de vie du couple est assez important. Grandiose. Nadège et Michel dépensent entre 300 000 et 600 000 francs par mois. Quand on pense qu'un ouvrier gagne de 3 000 à 4 000 francs à l'époque, cela peut laisser rêveur… L'homme achète une Porsche. Puis une deuxième. Et une grosse BMW. Les voitures alignées sur la place de la Résistance font forte impression. D'autant plus que le bonhomme n'a pas le permis ! C'est son nouvel ami, Jacques H., qui se charge de le transporter ici ou là. À Reims ou à Courcy, autre lieu de chute de Michel M. Ce dernier est un flambeur, un beau gosse. Un voyou de trente-sept ans qui connaît le milieu comme sa poche. Parallèlement, les policiers mettent sur écoute une certaine Danièle G. Et arrêtent Pierre-Yves L., porteur d'héroïne.

Soudain, en cette fin du mois de juin 1984, la place de la Résistance troque les voitures de luxe contre des voitures bleu gendarmerie. Exit le tape-à-l'œil. Place à l'efficacité policière. Le service régional de police judiciaire (S.R.P.J.) débarque chez *Emmanuelle*. Bien sûr, pas pour acheter de la lingerie. Sans ménagement, les hommes fouillent, retournent, fouinent. Pas de précaution à prendre. Ils savent ce qu'ils viennent chercher. Et ils trouvent. Rapidement, ils mettent la main sur l'héroïne compromettante. En même temps, ils perquisitionnent chez le couple H. dans le but de trouver un second stock de drogue. Ils dénichent la cerise sur le gâteau : des bijoux. Rien que de très normal chez un bijoutier. Sauf qu'ici, il s'agit de bijoux volés ! Et, cerise sur la cerise, dans chaque magasin : des liasses de billets, des liasses de billets, des liasses de billets ! Ainsi que de la cocaïne et du haschisch.

Les locaux de la police rémoise sont pleins à craquer. Michel M., qui ne se départit pas de sa morgue coutumière, et Nadège D. résistent. Jacques et Janny H., qui étaient encore respectables quelques mois auparavant et qui – ennuis financiers

Magasin fismois, Emmanuelle *était en fait la plaque tournante d'un gigantesque trafic de drogue.*
(*L'Union*, octobre 1984 ; document de la bibliothèque Carnégie, Reims, BM, PER CH FOL 1.)

aidant – se sont retrouvés embringués dans l'affaire, sont effondrés. Et les complices arrivent, les uns après les autres. Car la toile d'araignée du réseau est immense. Elle lie Reims et Fismes à tout l'Est de la France. Elle a des succursales à Paris et surtout sur la Côte d'Azur. Voilà pourquoi les salles du S.R.P.J. sont trop étroites. Car il faut y loger Laurent P., qui traîne ses jeunes années du côté de Reims, de Fismes et de Cagnes-sur-Mer. Ce routard de la drogue – qui n'a que vingt ans – a pris en charge l'écoulement de la « blanche » sur l'ensemble de la côte. Il faut y loger Martine T., Eddy L., France V., Bernard B., Joël R., Claude B., qui sont les bras « fourgueurs » de Laurent. Il faut y loger les membres de l'organisation ayant pilier à Paris et à Compiègne, notamment Danièle G., élément clé de l'affaire. Cette Rémoise de trente-deux ans, qui habite boulevard Jamin, avait son propre réseau, lequel a été « avalé » par le caïd Michel M. Les sentiments ne tiennent pas face à l'argent facile. Danièle tombe avec Michel. Ses complices, Jean-Bernard M., Vincent M., adepte du braquage à main armée, Bernadette L. et bien d'autres sont mis sous les verrous. Sans compter le bras droit de « l'Américain » : Pierrot, grand spécialiste des coffres-forts et des casses. Et Catherine A., autre bras droit – « l'Américain » n'est pas manchot –, qui est le lien entre tous ces réseaux imbriqués les uns dans les autres, et malgré tout cloisonnés avec un professionnalisme sans faille. Enfin, presque... Car pour vivre heureux, ne doit-on pas vivre caché ? La grande vie attire l'œil, cela va de soi. Surtout celui des policiers...

En cette fin de juin, les arrestations se multiplient. Quarante-neuf inculpations sont comptabilisées en fin de mois. Sans compter la centaine de personnes interpellées, petits consommateurs, petits dealers diversement impliqués dans cette « Champagne Connection ».

Les investigations permettent de comprendre le *modus operandi* des trafiquants. M. se rendait souvent en Hollande, convoyé par les bijoutiers fismois, par Nadège ou par Pierrot, afin d'acheter la marchandise. Toutes les deux semaines, « l'Américain » prenait l'avion pour s'en aller superviser Laurent et Eddy, et visiter Bédarieux, Cagnes, Toulon, Perpignan. Bien souvent, les toxicomanes payent leurs « consommations » avec des bijoux volés. D'où l'intérêt d'avoir les H. comme complices. De plus, M., Danièle G. et deux Portugais étaient les principaux protagonistes d'une prise d'otages de bijoutiers à Châlons en décembre 1983. Ces bijoux volés sont retrouvés dans les vitrines fismoises... Le chiffre d'affaires ? Plus d'un demi-milliard de centimes ! Ainsi, les bénéfices net pour les six premiers mois de 1984 sont estimés à plus de 2,5 millions de francs lourds. À Fismes, le S.R.P.J. a saisi deux cent cinquante grammes d'héroïne. Quand on sait que le gramme se négocie à 1 200 francs, que la cocaïne – également confisquée – est à 600 francs, on comprend l'importance des sommes en jeu.

Ces arrestations inquiètent cependant les milieux policiers rémois. Car, d'un seul coup, les dizaines de toxicomanes locaux sont privés d'approvisionnement. Un appel solennel est lancé à tous les pharmaciens. Il n'est pas impossible que les plus « accros » se lancent dans des entreprises désespérées et tentent de dévaliser les pharmacies pour dérober les « produits inscrits au tableau B ». Une surveillance discrète est lancée. Il faut prévenir. Heureusement, rien ne sera à signaler par la suite.

L'Union convoque un grand nom de la toxicologie : le docteur Olievenstein, médecin-chef à l'hôpital Marmottan, à Paris, et bien connu pour ses nombreux ouvrages sur le sujet. Grâce à lui, les Marnais savent tout des trafics, font la différence entre la marijuana et le haschisch, connaissent le profil des consommateurs d'héroïne comme des consommateurs de cocaïne. Et comprennent que tout « l'Est de la France est une région sinistrée par la drogue ».

À Fismes, la stupéfaction demeure. Les habitants parlent volontiers aux journalistes, histoire de décompresser un peu. Car les bruits couraient depuis quelques jours que des Fismois vendaient de la drogue. Qui ? Quand ? Comment ? La révélation de l'affaire lève les suspicions, dissipe les doutes.

« Nous en étions arrivés à soupçonner tout le monde. Ce n'était pas vivable », explique une commerçante.

Le samedi 23 est jour de marché. Devant les étals, on ne parle que de cela.

« On n'en revient pas. »

« De la drogue, dans une petite ville si tranquille, c'est pas croyable ! »

« À la rigueur, qu'un commerçant en difficulté trafique un peu avec de la marchandise volée, cela pourrait passer... Mais de la drogue, c'est trop grave. »

« Vous comprenez, lorsqu'on a des enfants, la drogue, cela fait peur. Ces gens-là n'en prennent pas, ils vendent aux petits, aux paumés... »

Olivier Bollot, antiquaire et responsable de l'union locale des commerçants, dont les H. étaient membres, est abasourdi :

« Pour Mme D., on ne pouvait rien dire, elle venait de s'installer à Fismes. Mais pour les horlogers bijoutiers... Quand je suis allé chercher leur chien, l'inspecteur de la P.J. [police judiciaire] m'a dit pourquoi ils avaient été arrêtés, mais cela me paraît tellement invraisemblable. Ils n'avaient rien changé à leur façon de vivre, le magasin était ouvert aux heures habituelles. Ils étaient toujours aimables. Quand on faisait des repas, c'était le menu à 45 francs. Ils n'avaient rien changé à leur train de vie… »

Le pauvre homme ne s'en remet pas. Pas plus que le maire de Fismes, Paul Caffe, qui conclut une intervention par ces mots :

« Notre commerce, qui irrigue toute la vallée de l'Ardre, est un important pôle d'attraction. Après bien des difficultés, il commence à se réveiller, et il faut souhaiter que cette histoire ne lui porte pas préjudice. »

Comme quoi cette aventure dépasse le cadre d'une simple affaire judiciaire.

Les mois passent. Les toxicos errent à la recherche de leur came. Les dealers sont en prison.

C'est le mardi 15 octobre 1985 que commence le procès de la « Champagne Connection ». Ce procès a lieu dans la salle d'audience de la cour d'assises, mais c'est bien un jugement en correctionnelle qui s'ouvre ce jour-là. Des quarante-neuf inculpés, six ont bénéficié d'un non-lieu. Restent quarante et un prévenus. Du jamais vu à Reims. Le service d'ordre est renforcé. Les chiens policiers rôdent. Les fouilles au corps sont systématiques. On n'est jamais trop prudent.

C'est le président Delteil qui est chargé de mener les débats. Mademoiselle Christine Laï a signé le réquisitoire. À lui seul, il pèse plus de soixante pages. Les accusés arrivent les uns après les autres. Suivis de leurs avocats. Il y en a autant que de prévenus. La foule des grands jours. Delteil entame l'audience en écoutant les consommateurs. Les petits, les sans-grades. Puis en dénouant l'écheveau, il arrive tout doucement à « l'Américain ». Michel M. Ce dernier annonce la couleur.

« Le coupable, le seul coupable, c'est moi ! »

Il prend tout sous son bonnet. Les autres ? Ils ignoraient tout du trafic.

Laurent P., élément essentiel du réseau, n'y est pour rien. Son train de vie ? C'est M. qui lui donnait des milliers de francs pour vivre à Marina Baie des Anges. Les Porsche ? C'est lui aussi. N'est-il pas le compagnon de France V., fille de Nadège D. ?

Le bijoutier de Fismes. Son seul rôle consistait à promener « l'Américain » en voiture. En Hollande aussi ? Bien beau pays. Pourquoi se priver de tourisme...

Nadège D., devenue Nadège M. en prison ? Innocente.

Yvon C., steward arrêté depuis pour avoir ramené de la drogue de Thaïlande ? Pas du tout. Il allait simplement dans ce pays pour se faire masser.

« Vous savez, quand on manque de femme, il faut aller où il y en a... »

Donc, si responsable il y a, c'est M. et uniquement M. Les autres profitent de ce système de défense pour s'y engouffrer. Eh oui, ils sont innocents. S'ils se connaissent, c'est par amitié. En se rendant bien de petits services de temps à autre. Mais pas plus...

« Vous nous faites aujourd'hui la démonstration que vous êtes une grande famille », leur dit le président. Une famille unie, soudée.

L'inspecteur divisionnaire Michel Adam, qui a suivi l'affaire depuis le début, détricote tout le système. Clairement, il explique à la Cour la mécanique M.

Mademoiselle Laï se lance alors dans un long marathon. Il s'agit de dénoncer un à un les prévenus. De les tancer. De les condamner. Comme le président, elle commence par le bas de l'échelle. Pour atteindre le plus haut des barreaux. Le plus haut des barons.

« Quelle belle qualité que celle de vendeur de mort ! dit-elle. Ce procès ne veut pas faire des crânes, mais enrayer un fléau. »

Elle définit les usagers. Continue par les dealers. Remonte la hiérarchie.

Eddy L. :

« Le délégué de M. sur la Côte d'Azur, son action fut menée de façon constante. »

Laurent P. :

« Il ne se drogue pas. C'est intégralement du business. Il a été l'un des lieutenants les plus efficaces de M. »

Jacques H., le bijoutier de Fismes :

« Cet homme déplaisant qui a fourni de la drogue à sa propre fille, qui prenait de la cocaïne, la drogue des artistes, et dont l'aide fut déterminante. »

Catherine A., toxicomane dépendante :

« C'était quelqu'un qui avait beaucoup d'influence sur la place de Reims. Elle a été désignée par beaucoup comme étant à l'origine de leur toxicomanie... »

Nadège D. :

« Elle a secondé son mari et a profité du trafic. »

Les avocats ont fort à faire. Ils parlent, les uns après les autres, adaptant leur défense à l'attaque de Mlle Laï. Maître Bayer, avocate rémoise, est celle dont la tâche est la plus ardue. Ne doit-elle pas défendre « l'Américain » ? Si, elle doit. Et elle le fait plutôt bien. En ne cherchant pas à l'excuser. Elle déplore simplement que tant qu'il n'y aura pas de politique internationale de lutte contre ce fléau, il y aura des réseaux de vente de drogue. Et de parler de l'alcool, et de stigmatiser les accidents de la route, autre fléau. Maître Bayer est une brillante avocate. Elle défend aussi la « Cendrillon » amoureuse de son Michel : Nadège.

Finalement, tous sont condamnés à de lourdes amendes. Quant aux peines de prisons, elles sont variables. Eddy L. : cinq ans de prison dont trois avec sursis ; même chose pour Catherine A. ; Laurent P. : huit ans dont quatre ferme ; Jacques H. : trois ans dont dix-huit mois avec sursis ; sa femme n'écope que de sursis ; Nadège D., épouse M. : quatre ans dont trente mois de sursis. Cela peut paraître assez faible... Michel M., dit « l'Américain » : douze ans de prison.

Fin de l'histoire ? Non, car il reste à juger le hold-up de la bijouterie de Châlons-sur-Marne. Le 28 octobre 1985, la cour d'assises de Reims se saisit de cette affaire. Au côté des Portugais, coupables, se trouvent à nouveau M. et son épouse, Nadège, ainsi que le couple de bijoutiers, les H., soupçonnés de recel. Les braqueurs sont condamnés à huit ans de réclusion. M. en prend pour trois ans de plus. Sa femme, en larmes, libérée de la veille après avoir purgé sa peine, est relaxée. Tout comme Janny H., qui va attendre pendant quelques semaines la libération de son époux, Jacques, condamné à deux ans avec sursis pour avoir caché les bijoux remis par son ami « l'Américain ». Bientôt, ces deux Fismois seront libres. Libres, mais ruinés.

Fin de l'histoire ? Cette fois-ci, oui. Laissons toutefois le mot de conclusion à un autre bijoutier fismois, qui avoue ne pas être surpris de l'arrestation de la propriétaire de l'enseigne *Emmanuelle* :

« Dès le début, on a pensé qu'il y avait du louche là-dessous. Vous pensez, un magasin avec un nom pareil ! »

« Madame Bonjour » et le monstre

Affaire Francis Heaulme, Villers-Allerand et Charleville-Mézières (Ardennes)
Cour d'assises de la Marne, 8-16 décembre 2004

Il est 9 h 45, le mercredi 19 juillet 1989, quand la stupeur s'abat sur le petit village de Villers-Allerand. Il est 9 h 45 quand un agriculteur arpente « les Verillats », inspecte ses champs, jauge sa plantation de luzerne. Il est 9 h 45 quand il trouve le corps de « Madame Bonjour »... L'homme repère une forme allongée dans le champ. Il s'approche. Se penche. Son cœur se met à battre la chamade. Ce qu'il voit est le corps d'une femme. Dénudée. Marquée. Morte. Assassinée.

Sans réfléchir, il fait demi-tour et s'en va trouver à toute vitesse le maire de la commune, lequel appelle les gendarmes. Rapidement, la brigade de la Montagne de Reims, la brigade de recherche et le peloton de surveillance et d'intervention de la gendarmerie (P.S.I.G.) sont sur place. Le lieutenant Guillaumet commence à coordonner l'enquête. Les gendarmes délimitent les lieux du drame, font les premières constatations. Font évacuer le corps sans vie.

L'absence de vêtements rend l'identification difficile. La découverte quelque temps après d'une voiture blanche – une Talbot –

garée près de la nationale 51 permet de lever le voile sur le nom de la jeune dame. Car dans le véhicule, se trouvent les papiers de la victime. Il s'agit de Sylvie R., originaire de la Sarthe et domiciliée à Épernay. Elle a trente ans. Les premiers éléments prouvent que Sylvie a été tuée dans la seconde partie de la nuit. Que faisait-elle à cette heure-ci sur les routes ? Pourquoi s'est-elle arrêtée ? La première question trouve vite sa réponse. Au chômage, la jeune femme avait fait un essai dans un bar de la ville de Reims. Elle en était sortie assez tard. Avait repris sa voiture. Avait emprunté la nationale 51 pour regagner son domicile. Où l'attendait son jeune fils de treize ans...

Dans un premier temps, il convient d'interroger la famille. De fouiller la vie privée de la victime. De s'immerger dans son intimité. Il y a eu meurtre. Il n'y a pas de limites pour trouver la vérité. Il faut mettre les mains dans le cambouis... Son ancien mari ? Innocent. Son ex-petit ami ? Innocent. Ses relations de travail ? Rien à signaler. Car si Sylvie était depuis peu au chômage, elle avait travaillé dans une grande maison de champagne quelque temps auparavant. Et tous n'avaient qu'à se louer de sa personnalité hors normes. Qu'on en juge :

« Quand elle est arrivée, avec sa taille menue et ses mains bien soignées, nous étions sceptiques quant à sa possibilité d'effectuer des travaux manuels. Elle nous a tous surpris. Elle a mis tout ce qu'elle avait dans le ventre pour s'en sortir. »

« Elle ne faisait pas sentir qu'elle était dans le besoin. Elle avait de la personnalité. »

« Elle était vraiment très très gentille, gracieuse et si coquette. Elle était amie avec tout le monde. Elle nous faisait rire... Elle avait de la conversation. Ce n'était pas n'importe qui, Sylvie. »

Voilà pour les collègues. Et le patron ?

« C'était une femme tout à fait remarquable. Très consciencieuse. Nous espérions la revoir bientôt. »

Voilà pour le directeur. Alors qui pouvait en vouloir à cette petite étoile ? Un voisin ? Non, bien sûr que non... Elle est tellement douce, la petite dame de la Sarthe, que tous l'appellent « Madame Bonjour ». Car elle ne manquait jamais de les saluer avec sympathie le matin. Donc ce ne peut être qu'un monstre.

Les années passent. Avec, pour la famille de Sylvie, l'horreur et la tristesse pour compagnes. Le 8 décembre 2004, un certain Francis Heaulme comparaît devant les Assises de la Marne. Heaulme est connu de la France entière. Aux yeux de tous, c'est le mal incarné, le meurtrier en série dans toute sa noirceur. C'est bien lui qu'a rencontré Sylvie en cette nuit de juillet 1989. Il y a déjà quinze ans ! Lente, la justice ? Peut-être. Mais il faut dire que l'assassin en est à son neuvième procès en Assises. Un record !

Retour sur la vie du routard du crime. Heaulme est un enfant battu. Son père, à Briey, en Meurthe-et-Moselle, ne le supporte pas. « Pas assez viril ! ». Il est vrai que l'homme ne paye pas de mine. Trop féminin. Trop... C'est que Francis Heaulme souffre d'une maladie génétique : le syndrome de Klinefelter. Un chromosome incongru qui vient s'inviter au bal de la vie... Et tout bascule. Le jeune garçon devient rancunier, aigri. Il se venge. Sur les animaux, d'abord, qu'il enterre vivants. Sur la bouteille, ensuite, qu'il vide en quantité. Pour ajouter à son malaise, sa mère décède d'un cancer. Son père le couvre d'opprobre. Il doit fuir. Son vélo et sa colère sont ses seuls compagnons. Heaulme est né en 1959. En 1984, il entame un voyage sans retour... Il parcourt la France en tous sens. Fait des rencontres. Des mauvaises... et des mauvaises. Les premières mauvaises sont les compagnons d'infortune qui le poussent au crime, qui l'y accompagnent. Les secondes mauvaises – pour les victimes – sont les pauvres créatures qu'il rencontre et qu'il tue, qu'il tue.

Les articles, les livres, les émissions – radio ou télé – sont légion. Il n'est pas question ici de lancer une énième version de ses sévices. Reste à savoir que les huit années de cavale sont marquées par des meurtres, des massacres. Presque des exécutions.

Novembre 1984. Lyonnelle G. est une jeune fille à collants noirs. Ces collants, ça ne plaît pas à Heaulme. Il y a là quelque chose de décidément trop féminin. Elle est retrouvée peu après nue, étranglée, poignardée, près de Pont-à-Mousson.

Novembre 1986. Avec l'aide de complices – quelle facilité il a à se lier avec la lie ! –, il enlève Annick M. Il l'étrangle et la jette dans un bois, non loin de Metz.

Avril 1989. Francis Heaulme délaisse son Est natal et se fait soigner les nerfs sur la Côte d'Azur. Résultat : il tue un jeune garçon de neuf ans, Joris V.

Mai 1989. Il est à Brest. Un vrai globe-trotter. Ou plutôt un France-trotter. Aline P., quarante-neuf ans, fait les frais de son escapade bretonne. Il la tue sur une plage.

C'est à ce moment qu'un tournant intervient dans sa vie, dans l'enquête qui le concerne. Car un homme s'intéresse à lui. Cet homme s'appelle Jean-François Abgrall. Il est maréchal des logis-chef à la gendarmerie de Relecq-Kerhuon. Il fait le lien entre les différents meurtres, arrête Heaulme, le pousse dans ses retranchements. Faute de preuves, le suspect est relâché et tue à nouveau. Les litres de sang s'accumulent. Heaulme dira plus tard :

« Je vois des coulées de sang sur mes mains. »

Laurence G., quatorze ans, près de Metz ; Jean R., soixante-cinq ans, à Boulogne-sur-Mer ; Ghislaine P., soixante et un ans, et Georgette M., quatre-vingt-six ans, à Charleville-Mézières ; et certainement plus d'une dizaine d'autres... Dont Sylvie R., notre petite « Madame Bonjour », d'Épernay, massacrée sauvagement à coups de pied. Finalement, Francis Heaulme est arrêté. Définitivement. Jean-François Abgrall a gagné son pari. Il a trouvé le meurtrier, le routard du crime le plus important depuis « l'ignoble Vacher ».

Francis Heaulme est jugé en janvier 1994. Il est jugé en septembre 1995. Il est jugé en avril 1997. Il est jugé en mai 1997. Il est jugé en septembre 1999. Il est jugé en novembre 1999. Il est jugé en décembre 2001. Il est jugé en décembre 2002. Entre les années de réclusions et la perpétuité, l'assassin a de quoi rester plusieurs vies en prison. Cependant, en France, les peines ne sont pas cumulables...

Enfin, il est jugé du 8 au 16 décembre 2004 par la cour d'assises de la Marne. Cette dernière affaire – c'est ce qu'on croit à l'époque, mais l'avenir verra encore une fois Heaulme devant des juges, pour le double meurtre de Montigny-lès-Metz, qui avait vu à tort la condamnation de Patrick Dils – concerne les assassinats de Sylvie R. et des deux retraitées de Charleville-Mézières.

Le meurtrier qui apparaît dans la grande salle rémoise est un vieil homme. Il n'a que quarante-cinq ans. Mais son dos voûté, ses cheveux blancs et mal peignés, son sourire édenté, ses rides profondes lui donnent au moins quinze ans de plus. Il dodeline de la tête, comme un vieillard. Il est là, et il est absent. Ses yeux regardent le vide. Le vide de sa vie. Le vide de son âme. De temps à autre, des flammes traversent son visage ravagé, mangé par des lunettes trop grandes. Surtout quand son ennemi intime, Abgrall, parle de lui. C'est que Jean-François Abgrall le connaît bien, ce « Vacher du XXe siècle ». Il l'a poursuivi de Bretagne en Lorraine, de Provence en Pays Nord, d'Alsace en Champagne-Ardenne. Heaulme n'ignore rien des routes de France. Abgrall n'ignore rien de Heaulme.

« Pour lui, explique le gendarme – ou plutôt l'ex-gendarme, devenu enquêteur privé –, ses assassinats sont des pépins. Sa vie n'est qu'une succession de pépins... »

Et le fruit est pourri. Jusqu'au cœur. Heaulme, à Reims, reconnaît le meurtre de Sylvie. Seulement, ses versions divergent d'un moment à l'autre. C'est en 1992, trois ans après les faits, qu'il avoue son ignoble forfait :

« La fille était dans une Talbot blanche, garée sur un parking. Je frappe à la vitre. La fille ouvre. Je lui demande de m'emmener. Elle refuse. Je me fâche. Je lui donne un coup de poing. Puis un coup de pied dans le ventre... »

Une autre version :

« La fille me prend en stop. Je veux aller à Metz. Elle refuse d'aller si loin. Je la gifle. Elle se sauve. Je la poursuis. La rattrape. La frappe. La tue à coups de pied... »

Une autre version :

« La fille me prend en stop. Elle me fait des avances. Elle me touche. Je n'aime pas. Je la gifle. Elle s'enfuit. Elle tombe. Je frappe. À coups de pied... »

Puis il parle de son alcoolisme. De son asexualité. Il regrette. Il demande pardon. La maman de « Madame Bonjour » lui refuse le sien. Bien sûr.

En revanche, pour les deux femmes de Charleville-Mézières – dans le quartier de Mohon –, il nie. Farouchement. Pied à pied. Quel chemin emprunte sa pensée, dans son cerveau torturé, pour accepter certains meurtres, pour en dénier d'autres ?

Vincent Lesclous, avocat général (à gauche), et Me Girault se sont affrontés pour qualifier le parcours de Francis Heaulme, le tueur de « Madame Bonjour ».
(*L'Union*, décembre 2004 ; document de la bibliothèque Carnégie, Reims, BM, PER CH FOL 1.)

Alors que l'évidence crie dans toute son horreur ? Mystère. Car s'il nie à Reims, il avait bien avoué à Bordeaux, bien longtemps avant, alors que le gendarme Abgrall venait l'interroger pour une autre affaire. Un meurtre qui a eu lieu à Périgueux.

« Quand on l'interroge sur un meurtre, il donne toujours des détails sur un autre... »

Système de défense ? Fuite en avant ? Mystère. Quels sont ses arguments ? Il avoue, donc, dans un premier temps. Puis il dit qu'il n'était pas à Charleville ce jour-là. Il était à La Roche-sur-Yon. Puis c'est un Arabe qui a fait le coup. Puis il était bien à Charleville. Il a vu un homme avec un bouc, un homme de quarante ans, un homme d'un mètre soixante-dix-sept – précisément. Il a vu ce porteur de bouc sortir précipitamment d'une maison. Il y est entré à son tour. A vu les « deux mamies » mortes – pas de chance, là où il se trouve, il tombe toujours sur des cadavres encombrants. Pour mémoire, il développera la même argumentation pour les deux petites victimes de Montigny-lès-Metz. Puis il s'est sauvé, de peur qu'on l'accuse des meurtres, lui, le routard innocent... Bref, Francis Heaulme est une victime. Comment le croire ? Il n'y a plus qu'à attendre le verdict.

Francis Heaulme est condamné à trente ans de prison. Trente ans de plus. Il est reconnu coupable du meurtre de Sylvie R. Il est reconnu coupable des meurtres de Ghislaine P. et de Georgette M. Il ne réagit pas. Il est assommé. Par le verdict ou par les calmants qu'il ingurgite à longueur de journée ? Mystère... « Madame Bonjour » n'est pas vengée. Là n'est pas le but. Mais « Madame Bonjour » peut reposer en paix. Les hommes ont jugé que son calvaire méritait d'être reconnu, expliqué, puni. Le monde peut lui dire : « Au revoir, "Madame Bonjour"... »

Bibliographie

FOUCART, François, *Anatole Deibler, profession bourreau*, Éditions Plon, 1992

Journaux

L'Éclaireur de l'Est
Le Courrier de la Champagne
L'Indépendant rémois
L'Industriel de la Champagne
L'Union

Sites Internet

site.voila.fr/guillotine
www.tueursenserie.org
www.maisons-champagne.com

Remerciements

À la bibliothèque Carnégie et à son personnel, qui a dû porter des kilos de documents pour me venir en aide.

Aux archives départementales de la Marne et à leur directeur, M. Gallois.

Au journal *L'Union*.

À Odette Lefèvre, qui la première m'a mis sur la piste de l'affaire Martin, et à Dominique Franque de Luxembourg, qui m'a ouvert les archives de sa famille sur cette même affaire.

À Gisèle Savouillan, pour son aide sur l'affaire des forcenés d'Épernay.

À Anthony Frot, des Éditions De Borée, et à l'ensemble de ses collaborateurs, notamment Étienne Aynès, Édouard Ballureau, Virginie Bourgeon, Benjamin Gay, Fabrice Saputo, Hélène Tellier, etc.

À Fabrice Curlier, journaliste, pour ses recherches sur la prison et la gendarmerie rémoises.

À toute ma famille, qui doit supporter mes conversations meurtrières bien trop souvent.

Et à tous les rongeurs qui parsèment ma vie...

Table des matières

L'empoisonneuse de Moussy
Affaire M.-C. Leclapart, veuve Loret, et L. Grangé, Moussy
Cour de justice criminelle de la Marne,
19 nivôse an XIII 9

Les dernières secondes de François Thiaffey
Affaire François Thiaffey, Vertus
Cour d'assises de la Marne,15 août 1843 19

Les forcenés d'Épernay
Affaire Alphonse, Marie-Rosalie et Louis-Aimé Bouquet, Épernay
Cour d'assises de la Marne, 16 mai 1857 27

Le parricide de Colligny
Affaire Auguste-Étienne-Anthime Ginat, Colligny
Cour d'assises de la Marne, 26 août 1884 39

Le tueur de bergers
Affaire Joseph Vacher, Courcelles, Bénonces (Ain), etc.
Cour d'assises de l'Ain, 26-28 octobre 1898 47

Vignes de feu, vignes de sang
Affaire des émeutes d'avril 1911, Ay, Épernay, Trépail, Cuis, etc.
Cour d'assises du Nord, août 1911 59

Le nomade du bord de l'Ardre
Affaire Jacques-Joseph Lambert, Saint-Gilles
Cour d'assises de la Marne, 13 novembre 1911 69

Mais où est passée la mitrailleuse du 106e ?
Affaire Maurice Deschamps, Châlons-sur-Marne
Cour d'assises de la Marne, 14-16 novembre 1911 79

Deux crimes fismois
Cour d'assises de la Marne, 1914 et 1925 91
Le crime de l'hôtel Véron
Affaire Maurice-Auguste Kaal, Fismes
Cour d'assises de la Marne, 28 avril 1914 91
Le crime du baraquement de la sucrerie
Affaire Jules-Louis Radière, Fismes
Cour d'assises de la Marne, 2 décembre 1925 93

Les *bancabies* d'André Martin
Affaire André Martin, Cumières
Cour d'assises de la Marne, juillet 1914 101

L'assassinat du boulanger de Gaye
Affaire Bataillard, L. Mouillet, N. Di Maccio et X. Anziani, Gaye
Cour d'assises de la Marne, 20 décembre 1920 113

Le crime de « la Belle Étoile »
Affaire Emmanuel Lambert, Germaine
Cour d'assises de la Marne, 16 novembre 1923 125

Le cambrioleur marathonien
Affaire C.-D. Spément, H. Rencurel, E. Braunschweig, M. Dournelle, C. Inard, R. Ramella, M. Bachmann, F. Pain, L. Berrard, R. Bonneau, R. Brault, M. Drouard, femme Rencurel, C. Janiaud, P. Moulin et G. Lescuyer, Cuperly, Vésigneul-sur-Coole, Dommartin, etc.
Cour d'assises de la Marne, 14-29 décembre 1923 131

Un crime gratuit
Affaire Alfred-Paul Dardard, Oiry
Cour d'assises de la Marne, 12 mars 1924 141

Le mystère de Verzenay
Affaire Jean Salvat, Verzenay
Cour d'assises de la Marne, 29 et 30 décembre 1924 149

La triste vie de Louis Godfroy
Affaire Louis-Edmond-Gaston Godfroy, Aulnay-sur-Marne
Cour d'assises de la Marne, 26 et 27 février 1926 159

Sanglante tragédie à Bezannes
Affaire Achille Ferry, Bezannes
Cour d'assises de la Marne, 7 et 8 juin 1926 165

Le double crime de la rue Attila
Affaire Cœuret, Châlons-sur-Marne
Cour d'assises de la Marne, 6 mai 1931 173

Au feu !
Cour d'assises de la Marne, 1934-1936 179
Affaire Joseph Guers, Courcelles
Cour d'assises de la Marne, 5 novembre 1934 179
Affaire Victor Clouet, Venteuil
Cour d'assises de la Marne, 6 mai 1936 181
Affaire Georges Rumé, Soudron
Cour d'assises de la Marne, 5 février 1936 182
Affaire André Aquaire, Reims
Cour d'assises de la Marne, 9 novembre 1934 184

La misère d'un Russe
Affaire Gouloubenko, Châlons-sur-Marne
Cour d'assises de la Marne, 7 novembre 1935 189

Ces délinquants de bonne famille
Affaire D. Sainsaulieu, P. Laval et J. Heidsieck, Essey-lès-Nancy
Cour d'assises de Meurthe-et-Moselle, 1er avril 1935
Affaire D. Sainsaulieu, P. Laval et J. Heidsieck, Reims
Cour d'assises de la Marne, 8 novembre 1935 195

Ces vies qui s'achèvent
Cour d'assises de la Marne, 1934-1936 203
Affaire Henri Robert, Châlons-sur-Marne
Cour d'assises de la Marne, 10-12 juillet 1934 203

Affaire Paul Keller, Somme-Yèvre
Cour d'assises de la Marne, 10 novembre 1935 206
Affaire Joaquim Muro, Suippes
Cour d'assises de la Marne, 7 mai 1936 209
Affaire B. Royk, Kosowski et Pryjma, Sainte-Marie-à-Py
Cour d'assises de la Marne, 8 mai 1936 213

Coupable ou innocent ?
Affaire Jules Astier, Ay
Cour d'assises de la Marne, 6 et 7 février 1940 217

Les fantômes de la guerre
Affaires de collaborations, Fismes, Verzy, Reims et Épernay
Tribunal militaire de Châlons-sur-Marne, 1944
Cour de justice de la Marne, 1944-1945 225

Les états d'âme du receveur buraliste de Cramant
Affaire Paul Brun, Cramant
Cour d'assises de la Marne, 21 février 1946 233

Les coups de poker de Me Lelarge
Affaire Jean-Marie Simonnot, Broussy-le-Grand
Cour d'assises de la Marne, 2 juin 1948 237

Soirée sanglante au cinéma de Courcy
Affaire Marian Wojciky, Courcy
Cour d'assises de la Marne, 6 et 7 juillet 1948 243

Le crime du républicain espagnol
Affaire Galant Marcel Santos, Fontaine-sur-Ay
Cour d'assises de la Marne, 4 juillet 1949 249

La vigneronne d'Avize
Affaire Yvette M., Avize
Cour d'assises de la Marne, 16 et 17 juillet 1951 255

Un drame paysan
Affaire Marcel C. et Marcelle L., Juvigny
Cour d'assises de la Marne, 3 novembre 1952.......................... 261

Petits voleurs et forte tête
Cour d'assises de la Marne, février 1953.................................. 269
Affaire Hubert S. et Henri A., Reims
Cour d'assises de la Marne, 3 février 1953............................... 269
Affaire Gilbert L., Courlandon, Warmeriville, Taissy, Champillon, Sept-Saulx, Berru, Saint-Martin-aux-Bois (Oise), Saint-Martin-aux-Champs, Épernay et Reims
Cour d'assises de la Marne, 4 février 1953............................... 272

Des Arméniens récupérables
Affaire A. Der Krikorian, J. Khatchadourian et S. Akopoff, Châlons-sur-Marne
Cour d'assises de la Marne, 12 mai 1955................................. 277

Le vol du fabuleux trésor de la cathédrale de Reims
Affaire C. Liogier, L. Oudin, E. Chardeau et B. Lefèvre, Reims
Cour d'assises de la Marne, 14 et 15 février 1956..................... 285

Meurtre à la hache
Affaire Georges T., Blaise-sous-Hauteville
Cour d'assises de la Marne, 22 avril 1958................................ 299

Le vieux contumax italien
Affaire Angelo Fiaschi, Reims
Cour d'assises de la Marne, 25 mai 1959................................. 305

Duel au tribunal
Affaire Joseph K., Châlons-sur-Marne
Cour d'assises de la Marne, 1er-5 octobre 1968........................ 311

Mort de faim
Affaire Yvon et Michèle B., Vitry-le-François
Cour d'assises de la Marne, 25 juin 1969................................. 319

La brute de Saint-Thierry
Affaire Jean C., Pierre M., Michel D. et D., Saint-Thierry
Cour d'assises de la Marne, 29 septembre 1971 327

La fusillade de la rue de Souyn
Affaire Jean-Pierre D. et Joël J., Reims
Cour d'assises de la Marne, 25 septembre 1973 333

« Champagne Connection »
Affaire Michel M., Nadège D., Laurent P., Eddy L., Yvon C., Catherine A., Jacques et Janny H., etc., Fismes et Reims
Tribunal correctionnel de Reims, 15-17 octobre 1985
Affaire Michel M., Nadège D., Jacques et Janny H., etc., Châlons-sur-Marne
Cour d'assises de la Marne, 28 octobre 1985 337

« Madame Bonjour » et le monstre
Affaire Francis Heaulme, Villers-Allerand et Charleville-Mézières (Ardennes)
Cour d'assises de la Marne, 8-16 décembre 2004...................... 347

Bibliographie 355

Remerciements.. 357

Chez le même éditeur

Les Grandes Affaires Criminelles de l'Aisne
Bruno Dehaye

Les Grandes Affaires Criminelles des Alpes-Maritimes
Arnaud Gobin

Les Grandes Affaires Criminelles d'Alsace
Laurent Lallemand

Les Grandes Affaires Criminelles d'Ardèche
Marie-Pascale Vincent

Les Grandes Affaires Criminelles de l'Aube
Alain Dommanget

Les Grandes Affaires Criminelles d'Auvergne
Jean-Michel Cosson et Jean-Philippe Savignoni

Les Grandes Affaires Criminelles de l'Aveyron
Paul Astruc, Jean-Michel Cosson et Jean-Philippe Savignoni

Les Grandes Affaires Criminelles du Bas-Rhin
Suzanne Braun

Les Grandes Affaires Criminelles des Bouches-du-Rhône
Charles Bottarelli

Les Nouvelles Affaires Criminelles des Bouches-du-Rhône
Charles Bottarelli

Les Grandes Affaires Criminelles du Bourbonnais
Pierre-Marc Téty

Les Grandes Affaires Criminelles du Calvados
Lionel Acher et Brigitte Sesboüé

Les Nouvelles Affaires Criminelles du Calvados
Lionel Acher et Brigitte Sesboüé

Les Grandes Affaires Criminelles du Cantal
Christian Estève et Jean-Pierre Serre

Les Grandes Affaires Criminelles de Charente
Jean-Charles Gonthier et Annie Ragnaud-Sabourin

Les Grandes Affaires Criminelles de Charente-Maritime
Emmanuel Peraud

Les Grandes Affaires Criminelles de Corrèze
Jean-Michel Valade

Les Grandes Affaires Criminelles de la Côte-d'Or
Marie-Françoise Barbot

Les Grandes Affaires Criminelles des Côtes-d'Armor
Danièle Vaudrey

Les Nouvelles Affaires Criminelles des Côtes-d'Armor
Danièle Vaudrey

Les Grandes Affaires Criminelles de la CREUSE
Jean-Marie Chevrier

Les Grandes Affaires Criminelles du DOUBS
Jean-Michel Bessette et Lucie Jouvet

Les Grandes Affaires Criminelles de la DRÔME
Alain Balsan

*Les Grandes Affaires Criminelles de l'*EURE
Roger Delaporte

*Les Grandes Affaires Criminelles d'*EURE-ET-LOIR
Gérald Massé

Les Grandes Affaires Criminelles du FINISTÈRE
Lenaïc Gravis

Les Grandes Affaires Criminelles du GARD
Jean-Michel Cosson et Gisèle Vigouroux

Les Grandes Affaires Criminelles de GASCOGNE
Sylvain Larue

Les Grandes Affaires Criminelles du GERS
Sylvain Larue

Les Grandes Affaires Criminelles de GIRONDE
Jean-Charles Gonthier

Les Nouvelles Affaires Criminelles de GIRONDE
Jean-Charles Gonthier

Les Grandes Affaires Criminelles de HAUTE-GARONNE
Sylvain Larue et Gisèle Vigouroux

Les Grandes Affaires Criminelles de HAUTE-LOIRE
Jean-Christophe Belz et Christophe Bouyèr

Les Grandes Affaires Criminelles de la HAUTE-MARNE
Alain Dommanget

Les Grandes Affaires Criminelles de HAUTE-SAVOIE
Jean-Philippe Buord

Les Grandes Affaires Criminelles de HAUTE-VIENNE
Vincent Brousse et Philippe Grandcoing

Les Nouvelles Affaires Criminelles de HAUTE-VIENNE
Vincent Brousse et Philippe Grandcoing

Les Grandes Affaires Criminelles des HAUTS-DE-SEINE
Sylvain Larue

*Les Grandes Affaires Criminelles d'*ILLE-ET-VILAINE
Christophe Belser

*Les Grandes Affaires Criminelles de l'*INDRE
Christine Méry-Barnabé

Les Grandes Affaires Criminelles du LOIR-ET-CHER
Pascal Nourrisson

Les Nouvelles Affaires Criminelles du Loir-et-Cher
Pascal Nourrisson

Incroyables Affaires Criminelles du Loir-et-Cher
Pascal Nourrisson

Les Grandes Affaires Criminelles de la Loire
Jean-François Vial et Jacques Rouzet

Les Grandes Affaires Criminelles de Loire-Atlantique
Christophe Belser et Dominique Bloyet

Les Grandes Affaires Criminelles du Loiret
Pascal Nourrisson

Les Grandes Affaires Criminelles de Lozère
Marie-Pascale Vincent

Les Grandes Affaires Criminelles de la Manche
Lenaïc Gravis

Les Grandes Affaires Criminelles de la Marne
Bruno Dehaye

Les Grandes Affaires Criminelles de Mayenne
Christophe Belser

Les Grandes Affaires Criminelles de la Meuse
Alain Fisnot

Les Nouvelles Affaires Criminelles de la Meuse
Alain Fisnot

Les Grandes Affaires Criminelles du Morbihan
Christophe Belser

Les Grandes Affaires Criminelles du Nivernais
Thierry Desseux

Les Nouvelles Affaires Criminelles du Nivernais
Thierry Desseux

Les Grandes Affaires Criminelles du Nord
Bernard Schaeffer

Les Nouvelles Affaires Criminelles du Nord
Bernard Schaeffer

*Les Grandes Affaires Criminelles de l'*Orne
Jean-François Miniac

Les Grandes Affaires Criminelles de Paris
Sylvain Larue

Les Nouvelles Affaires Criminelles de Paris
Sylvain Larue

Les Grandes Affaires Criminelles du Pas-de-Calais
Bernard Schaeffer

Les Grandes Affaires Criminelles des Pyrénées
Gisèle Vigouroux

Les Grandes Affaires Criminelles du Rhône
Albine Novarino

Les Grandes Affaires Criminelles du Roannais
Jacques Rouzet

Les Nouvelles Affaires Criminelles du Roannais
Jacques Rouzet

Les Grandes Affaires Criminelles de Saône-et-Loire
Albine Novarino

Les Grandes Affaires Criminelles de la Sarthe
Alain Moro

Les Grandes Affaires Criminelles de Savoie
Anne-Marie Bossy

Les Grandes Affaires Criminelles de Seine-Maritime
Eddy Simon

Les Grandes Affaires Criminelles de Seine-Saint-Denis
Sylvain Larue

Les Grandes Affaires Criminelles du Tarn
Sylvain Larue

Les Grandes Affaires Criminelles de Touraine
Pascal Nourrisson

Les Grandes Affaires Criminelles du Val-de-Marne
Sylvain Larue

Les Grandes Affaires Criminelles du Val-d'Oise
Sylvain Larue

Les Grandes Affaires Criminelles du Var
Charles Bottarelli

Les Grandes Affaires Criminelles du Vaucluse
Sylvain Larue

Les Grandes Affaires Criminelles des Yvelines
Nathalie Michau